General Intellects

[澳] 麦肯齐·沃克　　姜昊骞 译

21世纪的
21位思想家

Twenty-One Thinkers
for the Twenty-First Century

McKenzie Wark

上海文艺出版社

献给我在新学院的学生——
未来的一般知识分子们

目录

导论
001

第 1 章
艾米·文德林:
马克思的后物学与身物学
018

第 2 章
柄谷行人:
世界的构造
037

第 3 章
保罗·维尔诺:
语法与诸众
060

第 4 章
扬·穆利耶·布唐:
认知资本主义
077

第 5 章
毛里齐奥·拉扎拉托:
机器性奴役
091

第 6 章
弗朗哥·"比佛"·贝拉迪:
作为商品的灵魂
111

第 7 章

安吉拉·麦克罗比：

匠造脆弱不安

124

第 8 章

保罗·吉尔罗伊：

种族之持存

140

第 9 章

斯拉沃热·齐泽克：

绝对反冲

153

第 10 章

乔迪·迪恩：

象征效力的衰落

175

第 11 章

尚塔尔·墨菲：

民主 VS 自由主义

192

第 12 章

温迪·布朗：

反对新自由主义

208

第 13 章

朱迪斯·巴特勒：

界线之上的肉体

229

第 14 章

东浩纪：

御宅族哲学

246

第 15 章

保罗·B. 普雷西亚多：

药物-色情的身体政治

264

第 16 章

全喜卿：

编程政治

283

第 17 章
亚历山大·加洛韦:
界质
304

第 18 章
蒂莫西·莫顿:
从 OOO 到 P（OO）
327

第 19 章
甘丹·梅亚苏:
绝对物的景观
348

第 20 章
伊莎贝尔·斯唐热:
盖亚入侵
363

第 21 章
唐娜·哈拉维:
介人的喜剧
378

致谢
397

导论

昔日的**公共知识分子**而今到哪里去了？只要谈起公共知识分子的形象，大家一般都会用衰落来形容。[1] 再也没有萨特和波伏娃了，也没有帕索里尼、詹姆斯·鲍德温了。我们或许会问，为什么公共知识分子的形象总与这种衰落之感联系在一起呢？或许还可以问：眼下正在写作的人之中，有谁应该成为普遍讨论的一部分呢？

为了回避关于公共知识分子的种种惯性思维和预设，我们不妨换一个词，就用**一般知识分子**（general intellects）吧。马克思有一名篇，现在通常叫做《机器论片段》(Fragment on Machines)，其中谈到了**一般智力**（the general intellect）这个概念。我之后还会再讨论它，这里只是大致说一下：马克思提出"一般智力"，可能是为了探究智力劳动一类事物在生产过程

---

1 Russell Jacoby, *The Last Intellectuals: American Culture in the Age of Academe*, New York: Basic Books, 2000.

中的作用。

现在，我们把公共知识分子的问题和一般智力联系起来看。公共知识分子的衰落或许与智力劳动终于被生产过程吸纳有关。问题不在于当代知识分子个人层面上达不到先贤近乎传奇的高度。当代智力工作者必须在不同于以往的制度下工作。这种制度以精细得多的方式将智力工作者安插到榨取其成果价值的流程当中。一个人就算有心当萨特或波伏娃，他或她也是做不到的。

顺着这个例子再讲两句：当时，萨特和波伏娃靠笔和打字机是能养活自己的。当时存在着以大规模印刷为基础的文化产业。当时的高等教育在迅速扩张，为他们的书提供了读者。[1] 还有一点不能忘记：他们是精英教育制度培育的产物，在他们受教育的国家，精英教育仍然拥有崇高声誉和地位的光环。当然，以上只是一个粗略介绍，但我的基本观点是：在当代，智力工作面临着与过去截然不同的境况。当代知识分子几乎不可能靠写具有智识挑战性的书养活自己，而要有一份全职工作才行，通常是在大学里。

大学也和过去不一样了。大学不再是一种培养有能力管理资本主义社会人才的特殊机构，反而越来越像一门生意。[2] 学术工作必须在管理制度下进行，而学术管理制度正是其他智力劳动管理制度的衍生品。学术工作愈发定量化和层级化。不少

---

[1] Regis Debray, *Teachers, Writers, Celebrities: The Intellectuals of Modern France*, London: Verso, 1981.

[2] Bill Readings, *The University in Ruins*, Cambridge, MA: Harvard University Press, 1997.

岗位转向了临时工。在一些情况下，校方似乎有一种想象：就算抛弃思考历史、社会或政治事件的传统学科，大学也能运转无碍。

因此，公共知识分子的衰落是有原因的，而且不都是知识分子自身的原因。认为当今学术界的问题在于"黑话"太多的诸君，不妨去看看财经杂志。试问：可曾有一种语言比财经杂志的语言包含更多毫无依据、凭空编造、语意含混的词汇？但是，让我们把有关公共知识分子的典型叙事放下，来思考一下**一般知识分子**。我这里说的一般知识分子，不同于马克思所表述的"一般智力"，尽管两者可能存在联系。在我这里，一般知识分子指的是主要从事学术工作且取得相当成就，并试图通过自己的作品来探讨关于当代世界的更具普遍性的问题的人。

一方面，他们是**一般智力**的一部分，因为他们以思考、发言、写作为生，他们的成果被商品化和贩卖；但另一方面，他们又是**一般知识分子**，因为他们试图在甚至将他们也纳入其中的商品化体系之内，找到写作、思考乃至行动的方式来反对这套体系。他们试图探讨一般**境况**，当代的许多人都发现自己处于该境况中。而且，他们会运用自己受过的教育、自身的才能和原创力来这么做。

本书选取了二十一位这样的一般知识分子，大部分是学者，但领域各不相同。当我们探讨如何面对难解的当代境况的某个部分时，值得一读的作品并非只有这些。大多数人可能会同意，当代的境况是相当暗淡的。除非你是那一小撮——所谓的"百分之一"——手中财富迅猛增长的人，否则生活看起来或许就是一派瓦解的景象。[1] 商品化高歌猛进的主要结果似乎是自然与社会生活的双重毁灭。

因此本书接下来要导读的一般知识分子是我认为已经在上述事物的思考上取得一些进展的。但在我看来，如果一般知识分子的工作前提是，他们只是那一般智力的组成部分，唯一的功能是让商品化继续，让利润涌流，那么这种情况很可能会损毁他们的工作，限制他们把握一般境况的能力。

因此，本书提供的评述是欣赏性的，不过是批判性的欣赏。我认为，有两个状况需要得到比通常更多的关注。一个是多种新**生产力**的发展。在我看来，信息技术与传统的手工、热力生产手段在机制上存在质的区别。此外，信息技术正在改变整个社会结构，深入日常生活，形成奇特的监视和控制形式。

第二个状况是信息技术进入各个学科造成的意外影响。[2] 现在，我们已经知道了对地球上的全部资源进行无休止的商品化所造成的全球性后果。气候变化只是如今经常被统称为"人类世"（Anthropocene）的多种迹象中最紧迫的一个而已。

第一个状况带来了一个后果：在我看来，探讨社会、历史、政治、文化等方面的问题时不能将"技术"（techne）问题放在一边。第二个状况的后果则是：我们在处理社会现象时，不能再认为好像有一个稳定的、可以放在一边、可以忽略不计的自然现象作为背景了。本书之后会结合当代境况的上述方面来探

1　McKenzie Wark, *The Spectacle of Disintegration*, London: Verso, 2013.

2　Paul Edwards, *A Vast Machine: Computer Models, Climate Data and the Politics of Global Warming*, Cambridge, MA: MIT Press, 2013.

讨一流的一般知识分子的作品。

尽管我在开篇为当今知识分子的成果做了辩护，反对"公知衰落"的轻率叙事，但我必须要说，严重依赖高校的支持对一般知识分子的事业确实造成了损害。一般知识分子受教育时要掌握一门学科知识，这或许是好事。但是，学科之间的界线有随意性，当代境况的许多方面都要求打破学科框架的桎梏。

熟悉和引用权威或许是一件好事，但矛盾的是，马克思一流的人物之所以成为权威，正在于他们能够打破同时代的旧权威，开辟出一个思维与行动的新问题域。[1] 我要在此指出，本书的不少内容与当代社会运动与斗争场合存在微弱的、遥远的联系。这是智识层面的严谨、力量、融贯与直指当下问题的能力两方面权衡的结果。在一种比较微妙的意义上，目前的劳动分工更加严格了，令一般知识分子失去了与其他类型的劳动，乃至其他智力劳动，甚至同一所大学内其他人的活动（比如自然科学、工程、设计）之间的接触。

本书首先会批判目前对一般智力的公认看法，也就是前面讲的马克思的观点；之后会批判性地介绍一系列具体的一般知识分子，读者可自行选择阅读顺序。开篇两章对马克思的观点给出了富有想象力的解读：文德林论生产方式，柄谷行人论交换模式。接着是意大利和法国工人主义与自主论思想家：维尔诺、布唐、拉扎拉托和贝拉迪。之后分别是英美文化研究学者麦克罗比和吉尔罗伊、精神分析学者齐泽克与迪恩、政治理论

---

[1] Louis Althusser, *For Marx*, London: Verso, 2006.（中文版题为《保卫马克思》）不过，我更认可文德林对马克思改变问题域的理解，后文会详谈。

家墨菲、布朗和巴特勒。然后是两位独特的身体政治学者东浩纪和普雷西亚多、媒体理论家全喜卿和加洛韦、思辨实在论研究者莫顿和梅亚苏，最后是斯唐热和哈拉维的科学研究。

当然，这里肯定会有一些重要议题尚未被囊括。比如吉尔罗伊所说的"过发达世界"（overdeveloped world）理论，尽管该领域在多个欧洲国家、美国和日本都有人研究。[1] 种族、性别、性议题在书中虽有提及，但并未独立成篇，而是放在政治研究、媒体研究等语境下加以讨论。我在这里要强调：一般并不意味着无所不包。

这些一般知识分子基本都是做中层理论：既不是纯哲学，也不是案例研究，而是两者之间的东西。尽管他们将概念应用于当下境况的做法取得了相当的成功，但他们或许还是有些囿于传统意义上的阐释。因此，我希望以彼之道还施彼身，用他们自己的批判策略来发现他们的局限性。

他们蒙受着公知衰落这一相当欠考虑的批评，在这一方面我会维护他们，但我要提出另一个略有差别的批判。我认为，这与如何将学术以外的事物引入学术文本有关——马克思就是一个显著的例子。马克思不是一名哲学家，这一点应该没有太多争议。[2] 他的作品并不适合用欧陆哲学的诠释评注方法来处理，或许需要用一种略有差别的批判式解读方法。我们也许不应该把他放到某个学科的同质化时空领域内，不管是哲学、政治理

---

[1] 吉尔罗伊写信给我说，"过发达世界"这个词借自安德烈·高兹和默里·布克钦。另外，情境主义国际的著作中也用到这个词。

[2] Étienne Balibar, *The Philosophy of Marx*, London: Verso, 2014, 2-6（中文版题为《马克思的哲学》）中就提到过这一点。不过，再提一下也没坏处。

论还是别的学科，而是将他与截然不同于学院的其他行为、思维方式联系在一起。

例如，我最近在做一个尝试，将解读马克思的工作与其他一般知识分子的截然不同的成果联系起来，包括大学以外的媒体实践和大学以内的学科化研究。[1] 通过这两条路径，我们可能会对技术变迁在19、20世纪乃至之后的历史中所发挥的作用形成更切合实际的认识。

为了说明这个问题，我准备阐发马克思的名篇，1858年《政治经济学批判大纲》中的《机器论片段》。"一般智力"这个词便源于该篇。马克思想研究的问题是简单工具到机器体系的过渡。换言之，他试图把握他当时的先进生产力，也就是现在的落后工业生产。他首先谈了世界上的一个现象——机器体系——然后用概念去阐述它。当然，这与目前解读马克思的通常方式恰恰相反：先以《机器论片段》等文本的形式来介绍他的思想，然后通过文本来解释现象。

如果读者理解这两种路径的区别，那么就不难看到，目前流行的解读路径何以会催生**永恒的资本**（eternal capital）这样的话语，许多马克思的当代读者似乎正想要躲进这个概念里去。马克思被视为一名通过历史和现象形式研究揭示了资本的深层哲学内核的人物。这种路径只承认下述意义上的"资本的历史性"：资本可能会有新的历史**表象**，但其**本质**是永恒不变的。[2]

---

[1] McKenzie Wark, *The Beach Beneath the Street*, London: Verso, 2015; McKenzie Wark, *Molecular Red*, London: Verso, 2015.

[2] 该观点在作者的另一篇文章中有详细阐述：McKenzie Wark, "The Sublime Language of My Century," *Public Seminar*。发表于publicseminar.org，2016年5月14日。

这种传统的、旧约式的马克思主义认为，资本这一永恒的形式正等待着被劳动这一资本内部的矛盾因素**否定**。

这种哲学化的马克思解读方式有其内在矛盾。它死死地抱住"永恒的资本"这一范畴不放，而不愿意承认，如果资本确实是不断变化和自我修正的，那么它就没有本质，"表象"不仅要作为现象层面的形式，更要作为实际层面的形式来认真对待。简言之：不存在一种通过哲学手段生成的，以资本的本质为主题的"马克思主义"哲学。所谓的现象形式方面的修正不能仅仅被当成现象来理解，而这就要求我们采用一种更谦虚的路径去认识资本自我修正中可能包含的各种形式的知识。

简言之，对马克思的研究只能是一种**合作式**的智识活动，结合彼此不同却平等的多种认识方式。在这里，哲学不是**执政党**。换一种方式说："技术的本质不是技术"这句话从根本上就是错误的，是对思想的阻碍。[1] 理解技术确实需要多种关于技术到底是什么、技术在做什么的专门知识的协作。把哲学打造为统摄性的"关于本质的技术"的尝试是一种颠倒：**关于本质的技术不是本质**。

如果我们不将马克思的1858年《机器论片段》视为哲学，而是视为一种**低理论**，那么该篇的意义就仅限于当时。[2] 马克思被新兴的技术机器体系搞糊涂了，用"一种推动自身的推动力"（53）

1　Contra Kostas Axelos, *Introduction to a Future Way of Thought: On Marx and Heidegger*, Meson Press, 2015.
2　关于"低理论"，参见 Judith (aka Jack) Halberstam, *The Queer Art of Failure*, Durham, NC: Duke University Press, 2011。

这样神秘化的形式来形容它。[1] 实际上，它并非如此。马克思的讨论中缺失了一整个维度：生产力同时也是**能量系统**。这篇文章完全没有提到一个简单的事实：工业化初期的推动力是整个欧洲北部的森林，之后换成了煤炭，而煤炭资源在我们这一代人之前就基本枯竭了。我们之后会看到，马克思在该篇中使用了**新陈代谢**的隐喻，却并不成功，原因就与此有关。

该篇的主要内容是，工人的技能转移到显然是由资本设计出来的机器的形式中。这就是"活劳动挪用为物化劳动"。活劳动"被纳入总体过程之中"——该篇对此的思考尚不完全（54）。活劳动真实的价值生产能力变成了一个量，一个随同以机械为形式的固定资本而不断消耗的量。

在这里，马克思以神秘化的形式把握住了一个要点：关于"社会脑"（social brain）的知识呈现为资本，而非劳动的一个方面（55）。换一种好不了太多的说法就是："一般社会知识"已经变成了"直接的生产力"（64）。马克思没有追问那个表现为"社会脑"或者"一般智力"（64）拜物教的事物是如何在现实中产生的，而是落入了它的魔咒。社会脑成了资本的一部分，但是，社会脑是由谁，或者说什么在现实中**造就**的呢？

马克思认为，科学对劳动者而言是异己的事物。科学是以资本规定的形式呈现的。科学是一种**生产力**："所有科学都被迫为资本服务。"但是，科学是谁创造的呢？马克思说，"发明已经变成了生意"，但发明者又是谁呢（61）？

---

[1] Karl Marx, "Fragment on Machines," 收录于 Robin MacKay and Armen Avanessian (eds.), *#Accelerate: The Accelerationist Reader*, Falmouth: Urbanomic, 2014。

我们应当记住一点：在马克思的时代，科学与产业的联合尚处于初步阶段。事实上，这个阶段的工业体系并不是科学带来的。能量系统——蒸汽动力——是工匠和自学成才的工程师，而非科学的产物。事实上，作为一门科学的热力学是从蒸汽工业中生发出来的，而非相反。

德国化工业的兴起则有所不同，基于实践经验的工程与基于实验结果的科学实现了有机的共同发展。另一个马克思全未提及而后来大放异彩的行业也有着不同的故事——电气工业。法拉第和麦克斯韦的科学发现和理论对产业发展发挥了更为直接的作用，虽然有相当大的延后。

问题在于，作为现实的、有组织的社会活动，科学和技术并不能很好地塞进劳动与资本的框架中。于是，在马克思那里，这些活动是作为一种名为"科学"的具体事物而无中生有的，"科学"进而又成为作为固定资本的机器体系的一部分。有两种关于现实科学的知识能够帮助我们。一种是科学论，另一种是受马克思影响较大的科学社会关系研究；后者的出现早于科学论，而科学论对后者一直鲜有置评，这很有意思。[1]

现在，我们可以来看贝尔纳的重量级科学社会关系研究专著《历史中的科学》(Science in History)。该书有价值地展现了现代科学是如何通过两个因素的结合而产生的，一个是高级技工的出现，另一个是绅士们利用闲暇时间来破解上帝宇宙奥秘

---

[1] 参见 Mario Biagioli, *The Science Studies Reader*, New York: Routledge, 1999；关于科学社会关系研究，参见 Gary Wersky, *The Visible College: The Collective Biography of British Scientific Socialists of the 1930s*, New York: Holt, Rinehart & Winston, 1979.

的研究活动。简言之，科学的阶级起源是混杂的，而且不能定位到任何一个原有的阶级中——事实上，它指向了一个新的阶级。

考虑到他所处的时代，马克思不可能认识到科学不仅是一种生产力，更会发展为一个迥异于工厂体系的独立工业体系。工厂体系的基础是量化的劳动时间，生产标准化的产品。但是，那些生产**非标准化**的新事物的劳动（或非劳动）过程又怎样呢？或者按照阿斯格·尤恩的理解：那些不生产内容，而生产形式的人又怎么说呢？[1] 他们属于什么阶级？

我并不是第一个提出他们属于另一个阶级的人，不过，我确实尝试给他们起一个听起来比较新潮的名字：**黑客阶级**。[2] 例如，贝尔纳的**科学工人**理论已经很接近了。[3] 但是，我至少提供了一种关于生产关系如何异变，以将他们纳入商品体系的思考：知识产权是私有产权形式的一种异变，它将信息的公地圈住，并催生了**潜在**商品的新范畴。

因此，要想越出马克思《片段》所处的时代，用它来观照当下，我们至少需要特别注意两点。一是科学（以及更广泛的知识劳动）对工业体系的形态设计所发挥的作用；二是马克思基本没有提的能量系统。

通过将能量放回到图景当中，我们就能完善一个马克思在《片段》中用过两次，效果却不能令人满意的隐喻：**新陈代谢**。

1　Asger Jorn, *The Natural Order and Other Texts*, New York: Routledge, 2016, 123ff.
2　McKenzie Wark, *A Hacker Manifesto*, Cambridge, MA: Harvard University Press, 2004.
3　JD Bernal, *The Social Function of Science*, Cambridge, MA: MIT Press, 1967.

马克思所说的新陈代谢只是流通资本，而且他对新陈代谢的理解过于狭隘，只是从分配的角度来看，而没有将其视为能量系统（58）。他将新陈代谢与农业联系起来的地方尤其成问题，农业"纯粹变成了物质新陈代谢科学的应用领域，科学为着社会全体的最大利益来操控它"（62）。

进而，我们可以联系马克思模糊表达的一种思想：劳动不再是向生产提供能量，而是通过**信息**来**控制**生产。他用的是"操控者"这个词，脑子里想的可能是蒸汽机的操控员——又称加速员——这是信息的消极性反馈的一个早期例子，其功能是维持平衡（62）。

在这里，我们可以将马克思关于一般智力的论述与他后期阐发新陈代谢范畴，特别是**新陈代谢断裂**概念的尝试联系起来。他真正的认识突破在于（约翰·贝拉米·福斯特已有过论述），在商品化农业（或许还有其他领域）中，劳动不是新陈代谢的操控者，而是恰恰相反。[1] 凝结于资本机器体系的集体社会化劳动或许是"失控者"，令新陈代谢断裂愈发恶化——我们现在已经明白，气候变化只不过是断裂之一而已。

因此，1858 年的马克思尚不了解他试图勾勒的事物的全貌，好比盲人摸象。而且，正如寓言中那样，各路"盲人"研究者们在摸着这头名为社会劳动的巨兽的各个部分，唯有通过他们的共同努力，我们才能了解它的全貌，描述和认识这头屋子里的大象：**新陈代谢断裂**。尽管自然系统乃至社会系统都遭到了

1　John Bellamy Foster, *Marx's Ecology: Materialism and Nature*, New York: Monthly Review Press, 2000.（中文版题为《马克思的生态学》）

巨大的破坏，商品制度以越来越大的规模、越来越快的速度将物质、能量和信息用作积累财富（即交换价值）的材料。

一般知识分子的一项任务或许是：为那些成果被商品化为某种知识产权的人设想出一种黑客阶级的共同利益，包括艺术家、科学家、工程师乃至人文社科学者。从信息的商品化出发，我们可以设想他们都属于同一个阶级。我们都在处理信息，而这些信息都是一个复杂的自然—技术—社会—文化新陈代谢系统的一部分。但是，几乎所有人都能看到一个前所未见的统治阶级，这个阶级夺取了全世界黑客和工人们共同创造的大部分价值。作为一般知识分子，我们或许可以从小小的隔间里探出头来，环顾四周，学会如何与劳动流程中的其他人展开合作。

马克思并没有掌握思考作为调控者的信息的思维工具，他也只是刚刚开始领会新陈代谢断裂是如何由于商品化生产无视自然条件而日益扩大。马克思对这些新出现的发展动态缺少现实性的知识，于是，他任由概念工具从自己掌握的资料中野蛮生长，最终沦为夸夸其谈。他在一种只有局部被把握的总体，以及一种单纯通过抽象的形式化辩证否定认识到的未来之间建立了错误的联系。他想要独自完成只有通过各种各样的一般知识分子的**合作**才能做到的事业。

但是，马克思在《机器论片段》中关于机器、劳动和时间三者关系的思考还是有一定价值的。马克思认为，机器主要是一种从工人身上获取更多时间的方式（在这里，他忽视了在其他地方凭直觉敏锐意识到的科学所发挥的作用）。马克思说："资本在这里——无意间——将人类劳动和能量消耗降低到了最小的程度，对解放出来的劳动力是有益的。"（59）请注意，此处总算出现了**能量**，但单纯是指人力。他还没有明白，用化石燃料取代人力对资本主义的展开有着极其关键的作用。[1]

机器体系意味着将必要劳动时间减到最小，以及用资本取代劳动。财富的创造可以独立于劳动时间。这本应带来真实财富的增加——对马克思来说就是可自由支配的时间增多——但事实上并没有。结果反而是少数统治阶级的"不劳动时间"增加。机器体系"因此无意间对创造社会可支配时间起到了关键作用"（64）。此外："劳动时间的减少等于自由时间的增多，即用于个体充分发展的时间增多，这反过来又能作用于劳动的生产力，因为劳动本身就是最大的生产力。"（66）

这是漂亮的辩证法，而且至少是针对资本主义的非浪漫思考的开端，这种思考不会整个回避生产方式的问题，只谈无聊的田园牧歌。（马尔库塞的"爱欲"等等。[2]）马克思写道：

> 尽管机械是固定资本使用价值的最适宜形式，但这并不意味着，资本统摄的社会关系是运用机械的最适宜、最终的社会生产关系。

机械可以是其他的东西。资本将机械以固定资本的形态召唤出来，但机械也可以采取**另外的形态**。

---

1 Andreas Malm, *Fossil Capitalism: The Rise of Steam Power and the Roots of Global Warming*, London: Verso, 2016.
2 Herbert Marcuse, *Eros and Civilization: A Philosophical Inquiry into Freud*, Boston: Beacon Press, 1974.（中文版题为《爱欲与文明：对弗洛伊德思想的哲学探讨》）

在科技恐慌大行其道的人文社科领域，我们需要坚持这一点。在这个领域，**政治**就是一切问题的灵丹妙药。但是，这里说的政治并非我们每天都能看到的糟糕的**现实**政治，而是另外的政治，一种**虚拟**政治，它是潜在于现实政治的一种可能性。对这些一般知识分子来说，政治具有现实和虚拟的两面性，但技术从来没有两面性。他们只承认马克思关于技术的思考的前半部分——科技与技术，或者当代统称的"科技"被纳入资本，并采取了资本的形式。至于技术同样有现实和虚拟的两面，也可以具有其他的形态，他们就不讨论了。一般知识分子们可能必须要共同搞清楚一个问题：我们各自工作或研究的具体领域，从政治、文化、科学到技术，都是同一个问题的组成部分，也是任何可能的解决方案的组成部分。

但是，要想在这个方向上取得进步，我们就要放弃本来是马克思随口一说，如今却成为金科玉律的一个概念："一般智力"(64)。它是唯心主义的遗留物，具有拜物教色彩，而非严谨的概念。**根本没有一般智力这个东西**。只有具体的、特殊的知识生产活动。这些活动只有在拜物教的形式下才能变成一般：知识产权。这一阶段的资本主义——如果它还是这样的话——发展出了一整套将所有"黑客"活动的成果商品化的工具，将其凝结为相对较新的财产形式，这些形式不仅用来造成脱离于、不利于劳工阶级的工业体系，**而且对黑客阶级同样不利**。因此，我们不仅要考虑黑客阶级内部各种知识生产之间的合作，更要考虑黑客阶级（新形式的创造者）与工人阶级（标准化内容的创造者）之间的联合。

如今再也没有一种知识生产,不管是科学、文化乃至哲学,是外在于商品形式的。但是,那也不只是"发明已经成了生意"(61)这么简单。毋宁说,它变成了一种**改变了其他所有生意的新生意**。没有永恒的资本,也没有超历史的本质。它的特定表现和抽象形式都会异变。它不能从外部被否定,而单纯地加速它也只会带来新陈代谢断裂。普罗米修斯式的飞跃是不存在的。

相反,我们眼前的任务是搞清楚一个问题:除了通过知识产权将知识商品化这条路以外,"新陈代谢"各个部分的各类知识能够以何种方式进行合作?下一步是**外推**,凭借我们对各类新陈代谢系统运作方式的了解,设计出一个更好的系统——一种可持续的新陈代谢。返祖式的哲学完全不会有帮助,这种哲学试图盗取它根本不知道如何点燃的火种。像经书一样崇拜经典文本同样没用,哪怕是马克思的文本,因为他只是他那个时代的产物。

因此,在本书中,我探讨哲学、政治理论、文化研究等领域思想成果的时候是将它们视为**局部总体化**。学者们从各自特定的工作方式出发来审视这个世界,然后将这种工作方式普遍化为一整套世界观。可惜,他们惯于将一部分思维能量用于维护自身视角相对于其他视角的**至高地位**。对政治理论家来说,政治就是存在的实体;对文化理论家来说,一切事物总是具有文化性——诸如此类。即便是我们时代的一般知识分子,也带有资产阶级思想家的习气,经常主张"总体"是他们的私产。

我要将这些主张放在一边,探求一种使这些局部总体化如同志般联结在一起的办法。作为信息黑客个体,我们只能参与到商品化形式的再生产过程中，这个过程本就具有分离彼此和拜物教的倾向。尽管如此，我们如何能够形成一套联结各个局部视角的共同语言，而非彻底总体化的历史观呢？推动这个问题的进展，也许就等同于开启当代的知识政治。

第 1 章

艾米·文德林：
马克思的后物学与身物学

巨著的标志性特征就是，它能承载多种解读，每一种解读都是融贯的、有说服力的，而且具有足够的开放性，可以展开进一步的阐发。马克思就是如此。与其纠缠于哪一种解读才是正确的、完满的，我认为更有意义的做法是思考因他而出现的**马克思场域**（Marx-field）。那么，马克思场域就是由多种主题变体构成的矩阵，每个变体在具体情境下的意义有大有小。按照这种看法，马克思场域或许具有四个尚无人探索的象限，它们对构建当代批判思想或有助益。

马克思的著作明显吸取了德国唯心主义哲学及其源头（如斯宾诺莎）的养分，同时吸收了当时的物理学和其他学科的科学思维。[1] 后一部分严格来说如今已经过时，只有专家才了解。于是，阐发马克思的主流做法就是不管科学的部分及其推导出

1　Frederick Beiser, *After Hegel: German Philosophy 1840–1900*, Princeton, NJ: Princeton University Press, 2014 是了解德国科学唯物主义的优秀入门书。

的结论,**回到**德国唯心主义哲学乃至斯宾诺莎。

不过,要是**向前**呢?如果我们不是无视马克思对现代科学的概念阐发,而是更新之,那又如何呢?马克思的时代,物理学的发展已经走到将热力学加入力学及力学世界观这一步。如果我们将现代生物学、地球科学和信息科学再加入进去呢?第一步要做的或许是以合理的方式重构马克思与两个受到当代人忽视的思想来源之间的关系。第一个是马克思时代的科学唯物主义,第二个是他对工程和机械的探究。为此,我们可以来看看艾米·文德林的优秀著作《卡尔·马克思论技术与异化》[1]。

文德林认为,马克思与经典哲学著作是一种**呈现**(performance)的关系。他吸取经典养分的方式不是发扬光大,甚至不是从另一个哲学体系内部发出批判,而是更接近我所谓的**异轨**(détournement),也就是借用不同信息来源的元素,并保留这些元素之间的张力。[2] 在此意义上,马克思不是黑格尔主义者,不是政治经济学家,而是为了构建亲劳工观点——更准确地说,是**击败**雇佣劳动的观点——而巧妙地从上述及其他来源中裁切出相互矛盾的内容拼接在一起的活动家-作家。

在我看来,马克思选来异轨的文本是随着时间变化的,不同的思想来源在总体社会冲突下各自发挥作用。他的后期作品并非与"青年马克思"时期作品发生了局部的"认识论断裂",而是选用了不同的文本组合,以发挥与早期作品不同的作用。[3]

---

1 Amy Wendling, *Karl Marx on Technology and Alienation*, New York: Palgrave, 2009.
2 关于"异轨",参见 Guy Debord, *The Society of the Spectacle*, New York: Zone Books, 1994, chapter 8(中文版题为《景观社会》)。
3 Louis Althusser, *For Marx*, London: Verso, 2006.(中文版题为《保卫马克思》)

文德林的观点略有不同。她认为，早期的"人文主义者"马克思仍然在使用精神或本质这样将人类与自然区分开的陈旧范畴。而后期或者说"年长"马克思（难道非要用成熟或科学来形容吗？）的思想来源认为，人类是自然界的一部分，与动物或机器是可以互换的。不过，人文主义的遗绪并没有一扫而光，马克思偶尔还是会用它来反对科学意义上的物质，以使物质免于其在资本进一步发展的阶段中会有的后果。

或许马克思从早期到晚期的转变在于他掌握的资源发生了变化。文德林写道："资本，而不是马克思证明了他早期的人文主义概念框架是错误的。"(5)这个框架的意识形态功能早已改变。贝拉迪表明，对20世纪60年代那些阅读"青年马克思"作品的人来说，马克思会被解读为渴望恢复前资本主义的世界，但在文德林看来，这甚至不是马克思当时的立场。相反，资本主义**本身**同时产生了回到过去的浪漫渴望，以及让这种渴望变得过时的科学世界观。

文德林给这种浪漫渴望起了一个动人的名字，"资本人文主义"。文德林写道："马克思对这种人文主义的运用，与他对科学唯物主义的运用一样，是一种呈现：一场旨在表明资本主义除非依赖据说被它驱除的人文主义观念，否则不能解释自身活动的呈现。"(7)这并不是说某种人文主义被完全驱除了，连晚期马克思也不这样认为。在《资本论》中，他通过解读和改写资本人文主义和资本科学主义来巧妙地得出资本主义的矛盾本质。

但是，这种呈现并非总在他的掌控之中。《政治经济学批判大纲》和《资本论》等重要文本中采用的呈现方法存在差异，而且具有一定开放性——当然，这是长处，而非弱点。[1] 难点在于，马克思既寻求关于人的陈旧哲学范畴——资本已经将其废除——以外的东西，又寻求某种将人降格为交换价值——哪怕在他的时代，资本主义就已经做到了这一点——以外的东西。于是，他的呈现手法存在内部的矛盾。

通过一套**技术**理论，马克思用人的范畴来反对资本的范畴。马克思是最早尝试用概念来把握技术，而非单纯描述技术的思想家之一。科学和技术会不会指向一个新的类存在物（species-being）？马克思的一个成就在于，他认为技术是有**承担特质**（affordance）的，技术是一个可能性空间。知识分子会对理性、文化或政治的可能性提出各种各样的主张，但技术往往只是顽固地停留于现有形式。在马克思看来，至少某些时刻，技术可以是现有形式以外的东西，哪怕它并不能无限地承载普罗米修斯式的加速[2]。

中心点在此处略有偏移，从劳动转向了劳动与科技的相遇。马克思试图创造一门元科学，旨在理解"科学"（例如，政治经济学）是如何运用那些植根于它本身没有觉知到的物质、社会和技术现实的概念。文德林写道："资本主义生产所诞生的幻象决定了人类思维的可能范围。"（13）这个思路对我们当代人很

---

[1] 此处可联系亚历山大·波格丹诺夫的洞见：在某种意义上，马克思的文本是集体创作的产物。

[2] 不过，普罗米修斯的形象或许还有更有意思的解读方式。参见 Jared Hickman, *Black Prometheus: Race and Radicalism in the Age of Atlantic Slavery*, New York: Oxford University Press, 2016。

有用处。当下,所谓的技术乌托邦以及它的所谓的批判者二者似乎具有同样的眼界,这种眼界由资本主义观念中的人文主义-科学主义复合体的意识形态资源所形塑。[1]

文德林回溯黑格尔的若干核心思想,特别是**物化**(objectification)和**异化**(alienation)的区别。物化是按照人的需求塑造世界的社会过程。异化不只是物化劳动,更是劳动者与劳动对象的分离。异化是主体将世界改造为其客体,客体反过来又生成主体这一模式的破坏。在雇佣劳动中,当劳动与其作为生产者的能动性分离,产品与劳动者分离,劳动本身也处于孤立的、类似物的状态时,异化就发生了。这就是马克思为什么不考虑单纯的不平等财富再分配。劳动已经被异化,再分配是不够的(尽管有些人或许会认为这是起点);我们必须从头改变生产方式。论述生产方式的改变,哪怕只是作为一种可能性,是需要文本策略的。

为此,马克思对多种来源进行了一系列异轨,剪切拼贴以发挥各自的效果。他从亚里士多德取来的观点是,平等交换即正义,不以使用为目的的交换是不自然和不道德的。他从卢梭取来的观点是,财富以外的政治权利层面也存在不平衡,阶级会对自由社会造成危害。他从洛克取来的观点是,劳动是财富(至少是财产)的基础,由此观之,封建社会就显得违背自然。他从亚当·斯密取来的观点是,劳动依赖工具和土地,它包含的社会性要多于洛克的认识。

---

[1] Evgeny Morozov, *Click Here to Save Everything*, New York: PublicAffairs, 2014(中文版题为《技术至死:数字化生存的阴暗面》)探讨的就是这个问题。

洛克与斯密的劳动自然论是一种批判封建社会，将其非自然化的策略。下一步，马克思就要将资本主义非自然化。于是，劳动变成一个社会和历史范畴，而不是（或者说"不只是"——此处相当微妙）自然范畴。劳动是异化社会的产物。但是，马克思的著作中自始至终都有劳动平等交换的思想，以及劳动是自己形成的思想。

马克思想要批判劳动表面上的自然性。他运用了亚里士多德的一个区分，然后加以拓展。在使用价值/交换价值以外，他又引入了劳动/劳动力。这两对概念的前一个都能产生财富（使用价值），且具有属性；后一个则产生交换价值，不具有属性。文德林认为，马克思在这里并非不加批判地复述了一遍劳动价值论，而是希望利用它来分析劳动的自我异化。重点不在于劳动是财富和交换价值两者的源泉，而是财富与交换的**分离**。

异化是内嵌于生产的，并在资本主义制度下产生了以劳动为形式的社会活动。再分配不能拯救劳动，因为对绝大多数人来说，异化的产物是残缺不全的生活。此外，劳动不仅被它生产出来的商品所控制，也被它使用的工具，即生产工具所控制。工人变成了消耗品。生产领域的**机器拜物教**又加深了交换领域的商品拜物教。商品**以及机器**都被赋予了神秘性质，作为两者中介的劳动却被忽略了。

文德林写道："机器是马克思异化论的终极'形而上对象'，其地位相当于费尔巴哈的上帝和卢梭的专制国家。"（57）文德林将思考的中心从商品带回到机器上，这样做非常有意义。马克思对机器的研究开始让他的劳动概念和自然概念发生变化。

早期马克思的劳动模型是本体论性质的,源于黑格尔与费尔巴哈对异化的论述,而晚期马克思尝试在此基础上加入一个科学主义-唯物主义和热力学性质的劳动模型。

在热力学的世界观中,人类劳动只是多种能量中的一种。人类不是作用于一个消极的世界;世界在积极地作用于自身,而人类的行为只是这种作用的一个子集。可以说,这已经是现代的多主体世界观了,其中包括非人类主体,最起码包括各种力。[1] 文德林写道:"亚里士多德、黑格尔、斯密和洛克认为劳动是一种由人类精神作用于无生命自然界的创造性活动,现在却变成了单纯的能量转换,自然通过能量转换自行运作。"(61)

这里,马克思用自己的方式对当时的素材进行了重新编码。劳动不再是资本主义异化生产情况下的自我实现,而是对能量的消耗,直到耗尽为止。"与洛克所说不同,个体的发展不在于劳动,而在于从劳动中解放。"(59)这就是马克思独特的自由观:**免于**劳动的自由——所有人都是如此,至少在一部分时间中如此。[2]

劳动并不是精神在世界的自我实现。但是,或许单个的艺术或科学思想仍能保有自由。然而,商品化最终将这个领域也纳入其中,并使其为资本积累服务。但是,正如劳动,创作或

---

[1] 换言之,布鲁诺·拉图尔的观点,即批判总要涉及自然与文化的二分,并不完全正确。同理,简·班纳特认为自己提出的多主体视角在马克思场域中是不可想象的,这也是错误的。参见 Jane Bennett, *Vibrant Matter*, Durham, NC: Duke University Press, 2010。

[2] 参见 Kathi Weeks, *The Problem With Work*, Durham, NC: Duke University Press, 2011。

科学活动——我将其称为黑客阶级——从内部发起了一场针对商品化剥削的反抗,这种施加于该阶级的剥削采取着知识产权等特殊形式。[1] 但是,马克思还不能思考这些当时尚未完全成形的现象。

有时,马克思会运用洛克的劳动观来批判资本主义下的劳动状况。他对**活劳动**大力鼓吹。但是,他晚期的劳动能量消耗论又颠覆了上述视角,这种世界观会联系环境来看待身体及其能量交换;该观点很可能来自路德维希·毕希纳。[2]

在生产范式中,劳动着的身体只是生产的机器,与其他任何机器无异。但是,马克思并不认同将人类、动物、机器的区分抹平,置于广义的**能量论**之下。他并不是"后人类"思想家。"马克思从来没有抛弃黑格尔的论题,即自然物会趋向精神化与理性化。"(65—66)然而,他巧妙地将工作范式、生产范式、热力学世界观组成了一个三角,其中"资本主义是一部有设计缺陷的蒸汽机……这个缺陷会引发爆炸,不论任何人怎样想或怎样做"(66)。

马克思独特的**唯物主义**是对这一区分的巧妙发展,尽管它并不依赖于关于世界的形而上学断言。"马克思转而探究劳动得以构建和转化世界与自然的历史偶然性。"(67)为此,马克思吸收了 1848 年革命以来德意志地区盛行的科学唯物主义。[3] 在

---

1 McKenzie Wark, *A Hacker Manifesto*, Cambridge, MA: Harvard University Press, 2004.
2 参见 Beiser, *After Hegel*。
3 文德林肯定了 Anson Rabinbach, *The Human Motor*, Berkeley: University of California Press, 1992 中提出的直觉认识。

缺少自由公共空间的德意志，科学唯物主义是一股进步力量。但是，马克思拒斥这股思潮的庸俗唯物主义，对其朴素实在论或决定论并不感冒——于是，他坚持伊壁鸠鲁哲学中的偏斜概念（swerve），也就是他的博士论文题目。[1]

科学唯物主义大体分为两期。前期包括费尔巴哈和李比希，后期包括路德维希·毕希纳、卡尔·福格特、雅各布·摩莱肖特和能量守恒定律的发现者之一赫尔曼·冯·亥姆霍兹。他们的写作带有政治意味。毕希纳认为，宇宙本身不是君主国，而是共和国，按照自身的法则运行，而不受来自上方的意志统治。在一个只由能量转化控制着的单子宇宙中，能量似乎暗示着某种自然的平衡。"政治领域得到了新的认识，它不再是契约论中那种与自然界对立的反物理学，而是从自然中编织出来的，此处的自然被视为一个能量系统。"（74）

按照这种世界观，一切能量都源于太阳。万事万物都是作为运动和热——两者是等同的——的物质。不同于有起始时间和终止时间的力，能量总是处于状态之间的转化。这一图景逐渐将活力论排除在外——如哈拉维所指出的，大约七十年后，李约瑟仍致力于这一目标[2]。蒸汽机取代钟表成为最重要的喻体，包含效率、耐用性、安全性等设计问题。

能量论改变了关于劳动的话语：工人不抵抗的原因不是缺少精神，而是缺少能量。劳动有其客观的限度，于是诞生了一

---

[1] Karl Marx, *Collected Works*, vol. 1, London: Lawrence & Wishart, 1975, 25ff.
[2] Donna Haraway, *Crystals, Fabrics and Fields*, Berkeley: North Atlantic Books, 2004.

门关于工作的科学——人体工学。研究过营养学的摩莱肖特甚至写了一本工人食谱。科学唯物主义者与主张改良劳工状况的政治活动结成联盟,马克思对此当然也是高度怀疑的。

相反,他开始运用能量论来思考**剩余价值**,也就是资本家从工人处无偿获取的价值。但是,马克思仍然借用了李比希活力论这种形式的早期科学唯物主义,而李比希活力论是一种虽非宗教,亦非唯物的观念。他有时仍然认为人类主体是特殊的,用《大纲》中的话说,就是"活的、塑造形象的火"。从劳动的视角看,劳动并不只是多种能量节点之一。这种"塑造形象"的观念隐含着信息概念的可能性,但这种可能性仍然被视为人类独有的。

马克思坚持从道德角度批判将一部分人类贬低为单纯的劳动力再生产的行为。在他看来,贫困与财富是彼此相连的,单凭再分配并不能改变工作领域中的剥削和异化。但是,在这一点上他的思想走得并不远。"人类活动不能贬低为劳动,这是马克思没有形诸理论的最重要思想之一。"(87)

能量论丰富了马克思对美好生活的看法。他反对女婿保罗·拉法格的《懒惰的权利》,也抵制夏尔·傅立叶提出的乌托邦设想,即用游戏取代工作。[1] 能量论似乎指出了生活资料社会化生产的必要性,尽管未必是资本主义形式的生产。但是,社会化生产所需的时间或许可以尽可能减少和平等分摊。

---

1 Paul Lafargue, *The Right to Be Lazy*, Chicago: Charles H. Kerr, 2011; Charles Fourier, *Theory of the Four Movements*, Cambridge: Cambridge University Press, 1996(中文版题为《四种运动的理论》)。

文德林写道：

马克思的政治经济学批判之所以成为可能，是因为作为洛克的自主理论、斯密的财产理论、黑格尔的主体理论之基础的劳动概念，已经不可修复地改变了。劳动没有赋予人类尊严，将人类置于宇宙的顶点，也没有通过与自然力属于不同类型的人力将自然精神化，而是将人类置于接续自然和自然力的位置。(84)

借用能量论的世界观，资本成为一个熵系统：

资本主义就像一台设计不良的蒸汽机，它只能以最高速度运转，尽管最高速度会带来更高的总体热量耗散。总热量的增加既不能转化为生产力，也不能充分释放，反而带来了炸毁机器本身的危险。(91)

晚期马克思谈"作为自然对立面的"政治主体理论少，谈危机理论多。文德林说道："资本主义的生活方式是不可持续的……它挥霍掉了本应努力保存的能量。"(92)

马克思对人类发展存在"自然"限度这种论调的批判有意义，但也有问题。在霍布斯那里，人口过剩会威胁和平，而在马尔萨斯那里，稀缺是上帝的意志。马克思正确地看到，这些所谓的自然限度同样也是社会限度。李比希的农业科学已经表明了如何通过化肥提高农业生产力。文德林没有将这一点与马克思借用自李比希的另一个概念，即**新陈代谢断裂**联系起来。他至少部分意识到了克服限度本身的限度。直到萨特那里才说明**稀缺**的概念如何能够从本质主义的人性观和关于自然的预设两者中解脱出来。[1]

从李比希和其他人的思想出发，马克思试图维护人类与动物诸种关系的区分，遵循自然的和违背自然的。人类是一种独特的力量，因为人类能够在理性和科学的基础上与自然建立技术性的关系。人类能够运用"智力"来设计技术。于是，在马克思那里，技术有时具有两面性，既深陷于资本主义生产方式，但又具有更广阔的潜力——如果我们能运用智力来设计技术的话。

如果说洛克认为封建制度是反自然的，那么对马克思来说，资本主义就是反自然的。它是一台粗制滥造的蒸汽机，迟早会发生大爆炸。它是一种异化的、不能持久的物化形式，因为它遍布着裂缝。文德林说道："马克思预言的危机也是自然的复仇。"（97）但是，这是一种拖延的逻辑，是坐等机器爆炸，而不是试图在它尚能运转时加以改进。"稀缺"是必然的，但对马克思来说，它是一种社会限度，而非自然的限度。

在《大纲》中，马克思在技术的承担特质中看到了为全体类存在物生产财富的可能性。若能摆脱资本主义的生产关系，一种重新设计的技术或许能够实现无异化的物化。但是，正如我在导论中所说，马克思在名篇《机器论片段》中的思考仍然

---

1 Karl Marx, *Capital*, vol. 3, London: Penguin, 878ff（中文版题为《资本论》）; Jean-Paul Sartre, *Critique of Dialectical Reason*, vol. 1, London: Verso, 2004（中文版题为《辩证理性批判》）。

与**活力论**的人类本质观念有紧密联系，认为机器是对人类本质的强化。人类是一个使用机器，也被机器使用的物种。工人与他们的本质分离，他们需要恢复使用工具的本性。

到了共产主义社会，机器就可以用来生产财富。此处"财富"的定义是人们的自由时间增多，更多的需求得到满足，换一种说法是生产率不依赖人类劳动而发生净增加。财富也是科学，马克思有时将科学理解为一股社会力量。"马克思……将科学与政治变革相联系，是最早将技术和政治综合起来的人之一。"(103)资本主义将劳动与劳动力分离，数量与质量分离，从而将价值分为使用价值和交换价值，而共产主义也变卖创造出来的财富，但压抑交换价值的机制。

《片段》区分了固定资本和流动资本，固定资本凝结于特定的使用价值（机器）中，而流动资本在交换中实现自己的价值（货币）。与水和空气等自然资源一样，技术的一般水平是资本"免费"从共有资源中获取的。但是，资本也会关注控制科学和技术，对于一种给定的资本积累机制而言，科技既可能削弱之，也可能强化之。

固定资本取代了劳动，提高了生产率和利润，但资本在这里是瞎忙活。随着固定资本的增多，利润率（理应会）下降。工人被淘汰了。追求利润就要加大工作强度，或者延长工作时间。资本的问题——乔治·巴塔耶对其洞若观火——不在于稀缺，而在于丰裕，或者说要努力在丰裕中维持稀缺。[1] 针对这个

---

1 Georges Bataille, *The Accursed Share*, vol. 1, New York: Zone Books, 1991.（中文版题为《被诅咒的部分》）

问题，马克思只是最模糊地勾勒了作为非工具主义使用价值的共产主义，而巴塔耶、马尔库塞和哈拉维分别通过不同的方式重拾这个主题，只不过使用价值变为礼物、愉悦或情境。[1]

马克思呈现了一幅共产主义条件下人类与机器共生的图景，不同于寻常的对抗或异化叙事。文德林写道：

> 马克思希望将人类描绘为物质的存在，而非精神的存在，并维护人的物质性所具有的价值。这就意味着，人类必然要被设想为19世纪科学中那种复杂的、类似于物质的结构。19世纪的科学将人类描绘为类似机器，同时具有价值的形象。人类必须具有物质性的荣耀，而无需借助神或内在的神性。此外，人类活动不能保有任何神秘的属性，神秘属性是活力论对创造性劳动提出的解释中的固有要素。(118)

此处的要点是：人类与机器的物质综合体——哈拉维笔下的赛博格——可以不同于它在资本主义条件下的样子。

好社会的标志是人类和技术的共同发达，可能还在于二者不再能分清彼此。因此，在马克思看来，人类或许**应该**被当作固定资本——同时应该尊重机器。文德林说："作为一种规定性的理想，人类不应该努力变得更像神，而是应该更像机器。"(119) 或者用我的话说：目标不是**后物学**（meta-physics，通称形而上学），而是**身物学**（meat-physics）。

---

[1] 最激进的一种设想或许是贡斯当的版本。参见 Mark Wigley, *Constant's New Babylon*, Rotterdam: 010, 1999。

《大纲》大量讨论了技术的可能性,《资本论》则很少。在《资本论》中,马克思仅限于探讨资本主义下技术的负面影响。但是,在《资本论》中,连续与不连续,或者说能量论世界观与活力论世界观这两种对立的叙事之间仍有一定的空隙。超越自然意义上的共产主义神学只能得到活力论这一脉的支持。[1]文德林说:"革命受惠于前热力学时代的活力论形而上学:革命重申人类相对于自然界的优越性。"(126)

现在,更好的做法似乎是从马克思的能量论策略入手,然后返回来以更具批判性的立场看待他的活力论策略,因为活力论策略至少提出了多种形式的,作为对热力学抹平区分的反动性回应的——借用文德林的词——资本人文主义。文德林提出过一个有趣的观点:厌女症、反犹主义和种族主义都是面对一种无所不包的、在其中没有任何一种由人类独占的特殊劳动类型的异化体系而做出的反应,其目的是以另一类人为代价来声明人类的权利。[2]

文德林充分利用了马克思写于 19 世纪 50 年代,后来结集为《政治经济学批判大纲》的工程学和自然科学笔记。直到 20 世纪 50 年代德文版出版之前,这些笔记基本无人知晓。主编马恩全集初版时,马克思恩格斯研究院首任院长大卫·梁赞诺夫认为它们不值得收入。马克思关于查尔斯·巴贝奇的《论机械与制造业经济》的笔记尤其有意义。巴贝奇——他也是计算机

---

[1] 安德烈·普拉东诺夫是这方面出色的批评家。参见 *The Foundation Pit*, New York: NYRB Classics, 2009(中文版题为《基坑》)。

[2] 文德林的观点取自 Moishe Postone, *Time, Labor and Social Domination*, Cambridge: Cambridge University Press, 1996(中文版题为《时间、劳动与社会统治》)。

原型差分机的发明者——在工厂做过广泛的"实地调研",对当时的工厂状况有着独到的见解。[1] 他认为,从概念上讲,技术由三个部分组成:发动机、运输方式、工作工具。这个简单的模式促进了马克思对技术形态学的思考。

第一个部分,即发动机,已经发生了很大变化。"在19世纪的科学与技术领域,最频繁的变化就发生在可用能源领域。"(138)对熟悉水力和风力的一代人来说,蒸汽机肯定是很神秘的东西,尽管下一代人已经不觉得它难以理解了。这就好比詹明信当年认为计算机是搞不懂的东西,而我十一岁的儿子不仅了解计算机的操作部件,而且知道如何给计算机编程。[2]

蒸汽动力改变了人们的世界观。它不依赖神祇带来的风吹水流。机器中凝结的人类劳动能够取代自然的能量来源,并将能量均匀地分配。不过,这并不是普罗米修斯式的胜利。人类战胜自然的能力提高了,却要以工人为代价。在马克思看来,资本下的机器是吸血鬼。劳工需要的技能降低了,被贬低为"看护员和调控员"(颇有控制论的味道,很有意思)。无聊的工作是对工人"动物精神"的冒犯。

文德林重拾了《资本论》的科技恐惧色彩中令人不安的这一面,它将可怕的机器与自然的人类摆到对立面。这种浪漫主义性质的资本人文主义传给了日后的许多马克思主义流派(不过,它并没有传给波格丹诺夫和普拉东诺夫、贝尔纳和李约

---

[1] Nick Dyer-Witheford, *Cyber-Marx*, Champaign, IL: University of Illinois Press, 1999.
[2] Fredric Jameson, *Postmodernism, Or, The Cultural Logic of Late Capitalism*, London: Verso, 1991.(中文版题为《晚期资本主义的文化逻辑》)

瑟——但人们常常忘掉了这些流派）。比方说，吸血鬼的说法就有反犹的一面，与威胁着田园正常生活的"外来者"形象存在联系。但是，"我们必须问一问：在 19 世纪，对经济生活提出一种不反犹的经济批判是可能的吗"（152）。马克思呈现出了当时的田园情怀以及对科技的恐惧——或许是无意的，但是按照哈拉维的看法，马克思写到怪物主要是用于**展示**。[1]

文德林特别认同马克思对女工现象的焦虑。蒸汽动力降低了劳动对体力的要求，而且现代工具系统正在取代由男性控制的手工艺，于是出现了女性参加有偿工作的"令人不安"的现象。[2] 文德林写道：

> 如果我们不像改良主义者那样看，而是将劳动中的、具有活跃的性意味的女性肉体理解为一种积极的，而非消极的丑恶现象，那么我们甚至可能得出一个结论，即工业化为女性解放的若干方面创造了条件……做工的女孩并不一定就是粗鲁的、满口脏话的男孩。她或许只是一个粗鲁的、满口脏话的女孩，或者——这样还要更好——是一个粗鲁的、满口脏话的混合体，其存在本身就在挑战维多利亚时代严格的性别规范。（166—167）

普雷西亚多清晰地延伸了这条思路。另一方面，马克思确实留

---

[1] Donna Haraway, *Modest_Witness*, New York: Routledge, 1997, 213ff.
[2] 这一点可以和利奥塔对马克思的精彩解读以及《力比多经济》(*Libidinal Economy*)中的"小女孩"联系起来看。马克思同样具有维多利亚时代的焦虑。

下了一些线索，探讨在大部分劳动力被拉平和同质化的资本主义条件下，性别和种族是如何成为新的社会区分手段。女性或有色人种的特征不再是缺乏行会掌握的技艺，而是——正如吉尔罗伊强调的那样——生理特征本身。

马克思在探讨科技问题的笔记中将科学和技术视为"厚重的、具有历史沉淀的活动"（180）。这个观点来自对巴贝奇的选择性解读。两人都对阶级和科学的社会角色感兴趣。巴贝奇认为技术会教育工人；马克思则认为技术会使工人疏离，但又将其组成一个抽象劳工阶级。与马克思不同，巴贝奇并没有忽略工人的去技术化和再技术化问题。巴贝奇希望成立合作社；马克思呢，他自然认为除了让整个机器爆炸以外，别无解决之道。

有意思的是，巴贝奇强调工人阶级在技术变革中的**主体性**，马克思则不讲这个问题。维尔诺、迪恩、全喜卿等差异极大的作者们都不讲主体性，劳工要么与科技是纯粹的敌对关系，要么只是科技的后果。利用巴贝奇的思想，我们或许可以给E. P. 汤普森的《英国工人阶级的形成》续写一章，讲述工人阶级在科技本身的形成中发挥的作用——换言之，**自下而上地实践科学论**（science studies）。[1]

奇怪的是，马克思沿袭了马尔萨斯等人的思路，即我们需要为"自然"的运行做出牺牲而不应妄加干预，此处的"自然"就是资本主义自身的本质。马克思场域的另一条分岔路径或许可以沿着李比希或巴贝奇往下走。这两人认为，为了公众的利

1　E. P. Thompson, *The Making of the English Working Class*, New York: Vintage, 1966.（中文版题为《英国工人阶级的形式》）

益，自然应该被干预。按照我的解读，文德林对马克思的理解是，他有策略地对两大传统进行了异轨，一个是哲学，一个是科学唯物主义。两者都是意识形态。马克思的策略是通过两种意识形态之间的矛盾来揭示超越它们的道路。

文德林没有强调马克思借自李比希的另一个主题，**新陈代谢断裂**。或许可以在这一点上从能量论的角度来批判某些人类世资本人文主义的残留形式。按照这些人的看法，好像只要我们骑竹子做的有机自行车，吃素食奶酪就万事大吉了。文德林的书开篇相当精彩，为我们打开了一条通过马克思之后的重大科学发现——生物学、地球科学、信息科学——来理解马克思的路径，对他的策略加以重演和修正，形成一套针对当下现状的批判理论。时过境迁，资本已经不再依赖剥削劳动了。但是，这也为我们打开了一种奇异的世界观。"不是人类主体性为更美好的社会奠基；相反，是社会在人类主体背后，为未来的人类主体性奠基。"（135）资本的丑恶正是克服资本的可能性的条件。

第 2 章

柄谷行人：
世界的构造

从马克思场域中生发出新的思路有许多种不同的方式。文德林是重新将马克思与受到忽视的科学唯物主义思潮联系起来，柄谷行人探讨的则是马克思对德国唯心主义哲学的继承，这样做的人有很多，但他的论述极具原创性。他的《世界史的构造》是一部令人震撼的综合性历史理论著作。[1] 柄谷行人将世界历史视为一部**交换模式**的历史。他反对经典马克思主义的历史观，即历史就是前后相继的生产方式构成经济基础，而政治、宗教和文化是上层建筑。[2]

马克思主义的经济基础与上层建筑模型总是让我将社会构成设想成一座三层小楼，第一层是经济，第二层是政治，第三

---

[1] Kojin Karatani, *The Structure of World History: From Modes of Production to Modes of Exchange*, Durham, NC: Duke University Press, 2014.（中文版题为《世界史的构造》）

[2] Marx, "Preface" to the Contribution to the Critique of Political Economy.（中文版题为《政治经济学批判》序言）

层是意识形态（或者说文化）。柄谷行人提出了另一种模型，更像是三架贯通整个社会的电梯。经济基础与上层建筑的三层社会构成模型存在不足，令阿尔都塞等马克思主义者强调政治和文化"层次"的**相对自主性**和物质特殊性，墨菲与巴特勒等人甚至更进一步，倾向于认为政治领域具有绝对自主性乃至优先性。柄谷行人看到了经典三层模型的两个问题。其一，它丢掉了整体的、系统的历史观。其二，政治只有在西方才能——哪怕仅仅是想象——取得相对于经济的自主地位。

于是，柄谷行人摒弃三个水平层级，想像了三架（也许是四架）垂直贯通整个社会构成的电梯，这里的电梯就是交换模式。模式 A 是**联合**，或者说是礼物互酬。模式 B 是**暴力**，或者说统治与保护。模式 C 是**商品交换**。此外还有一种超越其他三种模式的模式 D，我们之后再来谈。柄谷行人没有批判马克思，而是认为我们应该完成他的历史唯物主义研究，用马克思研究模式 C 的方式来研究模式 A 和模式 B。

自马塞尔·莫斯以来，交换模式 A 就被认为是远古社会的主流模式，但它其实并不存在于游牧民族中。[1] 他们不能囤积物资，他们把物资作为纯粹的礼物聚集在一起。这是一种流动的、平等的社会。氏族社会只有在定居后才形成礼物互酬的关系。礼物互酬下的氏族社会成员是平等的，却不再自由。

马克思提出的原始共产主义观念与此相关。人类学研究并不很支持这一观念的存在。马克思和恩格斯的理论来源是研究

---

1 Marcel Mauss, *The Gift*, Chicago: HAU Books, 2016.（中文版题为《礼物》）

氏族社会的路易斯·摩尔根,但他们其实应该把目光放到游牧社会,而非定居社会上。[1] 柄谷行人的研究目标就是设想一种对平等、自由的游牧生活的复归。

《世界史的构造》主要不是讲模式 D,而是讲模式 A、B、C(联合、暴力、商品交换)三者间的互动。柄谷行人首先将它们设想为三架纵贯社会构成的电梯,但之后又将其彼此相连,形成了一个类似于博罗梅安环的形式。最先提出这种三元模型的著作是黑格尔的《法哲学原理》。马克思历史唯物主义的发端就是批判黑格尔的这一模型。[2]

> 但是,马克思在这样做的时候将资本主义经济视为基础,而认为民族和国家属于意识形态上层建筑。他从来没有理解"资本-民族-国家"的复杂社会构成。于是,他得出了一旦资本主义体系被废除,国家和民族便会自然消亡的观点。

但是,国家和民族不只是上层建筑,不能"单纯通过启发民智"来消解(xvi)。

于是,柄谷行人重新考察了马克思对黑格尔和黑格尔唯心主义国家民族观的批判,"按照马克思用唯物主义扬弃黑格尔的方式来扬弃马克思"(xvii)。他宣称要将马克思《资本论》的方

---

[1] Lewis Morgan, *League of the Iroquois*, New York: Citadel, 1984.
[2] Karl Marx, *Early Writings*, Harmondsworth: Penguin and New Left Review, 1975, 243ff.

法拓展到国家和民族，或者说交换模式 A 和 B 上（国家和民族分别是这两种模式目前的形态）。这里的唯物主义指的是交换模式，而非生产方式。"如果我们认定经济基础等于生产方式，那么就不能解释前资本主义社会。"（4）我并不信服这个论点，但我们还是来看看柄谷行人的交换模式能解释什么吧。

柄谷行人思想的一个常量就是**世界体系**的研究方法，他不将社会构成视为具有内部发展过程，且内部过程优先于外部关系的东西。[1]（不过，我们之后会看到一个奇怪的例外。）资本-民族-国家这个博罗梅安环是世界体系，而非任何单个民族-国家的产物，三种模式之前的种种安排方式同样如此。

因此，尽管柄谷行人与莫斯一样认为模式 A 是前现代社会的主要模式，但他认为模式 A 的礼物交换不是从社会内部产生，而是产生于社会之间："与其说互酬是共同体的原则，不如说它是形成规模更大、分层更细的共同体的原则。"（5）模式 B，即掳掠和暴力，也在社会之间发挥着重要作用。被征服者为免受掳掠，便接受了征服者的保护，通过再分配的姿态来维持和平。有意思的是，他认为卡尔·施米特论述的政治领域内的友敌关系只是交换模式 B 的一个子集，因此在某种意义上也属于"经济"范畴。[2] 柄谷行人的理论特别吸引人的地方在于，它比当前的大部分理论都有更强，而非更弱的"经济主义"色彩。三种模式全都是"经济"模式——只不过是交换模式，而非生产方式。

1　Immanuel Wallerstein, *World System Analysis: An Introduction*, Durham, NC: Duke University Press, 2004.

2　参照 Gopal Balakrishnan, *The Enemy: An Intellectual Portrait of Carl Schmitt*, London: Verso, 2002。

模式 C 是商品交换，或者说双方在既没有模式 A 的互酬义务，又没有模式 B 的暴力强迫情况下达成同意。模式 C 中的双方都认可对方在交易完成后便是自由的，不受社群或统治者的束缚。模式 C 的这种不受约束的自由是城市社会形态的重要元素。

这种理论中不存在独立的政治、文化或道德领域。一切历史上的社会构成都包含全部三种模式。模式 A、B、C 都会产生不同种类的权力，依次是社群、国家和国际法。并非每一种形式的权力都基于强制。模式 A 的礼物互酬是权力，模式 C 特有的商贸货币"自然法"也是权力。柄谷行人虽然没有明说，但他暗示模式 A、B、C 似乎是不同**量级**的组织相继出现的条件。

按照柄谷行人的理论，对所有历史阶段的社会构成来说，外部关系至少与内部关系同等重要——除了一个例外。他提到马克思不仅吸收了黑格尔的养分，也吸收了莫泽斯·赫斯的作品，赫斯将费尔巴哈对宗教的批判推进一步，对民族和国家展开批判。柄谷行人注意到，马克思从赫斯处借用了 Stoffwechsel 这个概念，指的是人类与自然之间的交换，通常译作"新陈代谢"（metabolism）。

至少在脚注中，柄谷行人意识到这会导向约翰·贝拉米·福斯特阐述的马克思生态学一类的思想，导向将人类史视为自然史一部分的观念，强调马克思在《资本论》第三卷中提出的**新陈代谢断裂**：当人类整体的劳动干扰了地球体系内的分子循环时，断裂就会发生。例如，马克思通过李比希的经典研究认识到，现代农业干扰了氮循环和磷循环。[1]

柄谷行人的历史唯物主义完全关注于社会关系——除了自然变化突兀发生的个别时刻。柄谷行人胆敢谴责 V. 戈登·柴尔德不够马克思主义，但柴尔德至少认真考虑了劳动与自然之间的新陈代谢。柄谷行人让交换关系优先于生产关系。我认为他的这一论证思路很有趣，但不能苟同。

可惜，柄谷行人也有人文主义对科学思想的不屑，而且对人文思想凭自身能取得的成果抱有幼稚的乐观。假如没有科学和技术，我们甚至都不会知道气候变化是什么，更不用说其他的新陈代谢断裂了，这些断裂都属于人类世的症候。因此，尽管柄谷行人在通过唯物主义的方式来思考文化、道德和政治现象方面取得了一定的进步，但我觉得他还**不够**唯物，哪怕是按照文德林那种微妙的唯物主义概念也不够。尽管他的理论对影响社会构成的外部因素有所关注，但它完全不涉及社会与自然界互动这方面的外部因素。不管是三个水平层级模型，还是三架电梯模型，这些对社会构成的设想往往忽视了身处地下的基坑。[2]

一个长期困扰历史唯物主义的问题就是马克思模糊的"亚细亚生产方式"概念。柄谷行人的观点令人耳目一新，他认为亚细亚生产方式是一个合理的概念，只不过最好不要认为它仅限于亚洲，正如封建模式不仅限于欧洲那样。"亚细亚"指的是交换模式 B 主宰模式 A 和 C 的专制国家，或者说帝国。通过有

---

[1] John Bellamy Foster, *Marx's Ecology: Materialism and Nature*, New York: Monthly Review Press, 2000.（中文版题为《马克思的生态学：唯物主义与自然》）

[2] Andrey Platonov, *The Foundation Pit*, New York: NYRB Classics, 2009.（中文版题为《基坑》）

趣的视角转换，中国显得是"正常"的发展形式，而古希腊、古罗马则是失败的近似物。

借用魏特夫的理论，柄谷行人将前资本主义世界从空间上分为**专制帝国、边缘地区、次边缘地区**和**"域外"**。[1] 边缘地区会并入专制国家，次边缘地区则不一定，尽管它们经常也会采纳专制帝国的某些方面，例如书写系统。希腊和罗马是专制国家的次边缘地区。德意志是罗马的次边缘地区。封建制度在罗马根深蒂固，而在德意志，贸易和城市得以在封建制的掌控之外萌发。资本主义发源于世界帝国的边缘地带，带来了现代世界体系。俄国和中国摆脱了这样的命运。社会主义者无意间为旧专制国家赋予了新的形式。[2]

模式 C，即商品交换，在一个社会构成内的兴起并不意味着模式 A 和模式 B 就被废除了。模式 B 后来变成现代国家。绝对主义创造出了有常备军而没有统治精英之间互酬交易的国家。绝对主义将早已存在于专制国家内的状况确立下来。后来，模式 A 以民族这一"想象的共同体"的形式复归——在地方共同体遭到削弱或废除之后。[3]

---

[1] Karl Wittfogel, *Oriental Despotism*, New Haven: Yale University Press, 1957.（中文版题为《东方专制主义》）我更倾向于接受 Joseph Needham, *The Great Titration*, Toronto: University of Toronto Press, 1969, 190ff（中文版题为《文明的滴定》）的论述。
[2] 不过，Wang Hui, *China: From Empire to Nation-State*, Cambridge, MA: Harvard University Press, 2014（中文版题为《现代中国思想的兴起》）从中国的视角出发，对上述范畴进行了全面的解构。
[3] Benedict Anderson, *Imagined Communities*, London: Verso, 2006.（中文版题为《想象的共同体》）另见 Harold Innis, *The Bias of Communication*, Toronto: University of Toronto Press, 2008（中文版题为《传播的偏向》）。

这种世界体系理论实际上包括三个前后相继的阶段。远古社会是微型世界体系，以模式 A 为主。接着，以模式 B（也就是马克思所认为的"亚细亚生产方式"）为主的世界帝国吞并了各个微型世界体系。现代世界市场体系则是以模式 C 为主。柄谷行人进一步提出，我们即将迎来"第四次大转折：走向世界共和国"（28）。

在微型世界体系中，战争存在的原因是没有能压倒各个氏族的力量。互酬是一种中间状态，不会将各方消融在更高的统一体中。互酬可能导向联盟，却不能造就国家。那么，狩猎采集者为什么要定居呢？原因是气候变化。人类在冰河时代四散开来。气候回暖导致植被复生和猎物减少。熏鱼的囤积引发了一场"定居革命"（45），由此诞生了依然基于互酬的农业氏族社会，各个社会结构之间维持着各自的自主性。

这种礼物互酬延伸到了人类之外。巫术是礼物的一种形式。巫术是通过献祭形式控制他人的一种尝试。[1] "祭品是礼物，献祭者让自然欠了自己一笔债，以此封印了自然的灵气（anima），并将其转化到一个'物'（It）中。"（53）巫术将自然去精神化了。定居不仅意味着要与他人共处，更意味着要与死者共处，而且要努力通过礼物来安抚死者。

柄谷行人不重视深翻犁等发明的意义。"就技术与自然的关系而言，古代文明达到的创新没有多大影响。"（61）在他看来，从青铜器到铁器的转变对国家兴起（武器）的意义要大于对农

---

[1] Alexander R. Galloway, Eugene Thacker and McKenzie Wark, *Excommunication: Three Inquiries in Media and Mediation*, Chicago: University of Chicago Press, 2013.

业的意义。前现代世界最重要的技术就是行政管理。"统治人民的技艺并不依赖赤裸的强力;相反,这些技艺会制定种种形式的规训,让人们自愿遵守规矩和劳作。"(61)宗教的意义在于组织劳动——柄谷行人的这个观点很接近波格丹诺夫。[1]

在另一次视角翻转中,他论证道:"国家的兴起不是农业革命的结果:恰恰相反,农业革命是国家兴起的结果。"(63)贸易和战争带来城邦,城邦进而带来农业:"城市的兴起不能与国家的兴起相分离。换言之,交换模式 B 与交换模式 C 是密不可分的。"(65)

有意思的是,他将国家视为模式 B 的发展,是一种**非互酬**的交换形式。霍布斯认为,社会契约是因恐惧而被迫签订的;柄谷行人则将社会契约视为从劫掠转向一种交换的模式,即用贡献换取保护。国家终结了横向的互酬,同时终结了献礼和复仇两种行为。国家不是在单个共同体中,而是在世界帝国的空间内产生的:"主权者来自外部。"(71)国家源于统治与被统治的社会构成之间的交换。

农业氏族共同体是在国家之后产生的,而且是由国家产生的。"互酬不承认任何更高的权威。亚细亚专制主义下形成的农业共同体保留了某些方面的互酬,例如互助和平等化。但是,这些共同体失去了互酬的另一面:自主。"(74)位于次边缘地区的希腊人建立了城邦,秦汉帝国则建立了专制国家的典型形态。"一旦中央集权秩序确立,专制国家就会主动吸收源于氏族

---

[1] Alexander Bogdanov, *The Philosophy of Living Experience*, Leiden: Brill, 2015.

社会的传统。这就是专制国家组织的农业共同体表面上看是氏族社会的延续的原因。"(75)

于是,模式 B 依赖于一种经过调整和扩展的模式 A:

> 农业共同体是一种想象的共同体,其框架来自专制国家——正如现代的民族不能脱离中央集权国家的框架而独立存在一样。亚细亚专制主义的形态是专制国家与农业共同体的混合。(76)

王朝兴衰更替,但模式 B 的专制国家和模式 A 的农业氏族一直存在。落后的希腊和罗马没有发展出这样的形态。

马克思、韦伯、魏特夫和李约瑟都认为中华专制国家是水利国家,其管理水平的提高是发展抗洪灌溉技术的结果,简言之就是新陈代谢决定了人与人的交换。柄谷行人不认同这个观点:"水利社会建立的文明不只包括征服自然的技术,还包括治理人民的技艺——国家机器、常备军、官僚体系、书面语、交通网络。"(79)不过,我们会怀疑这是不是一个假的区分,新陈代谢是否真能完全从属于纯粹的主体间交换。

治人者与治于人者都是从何而来?毕竟,"人们不会自愿选择成为官僚"(79)。货币经济是官僚系统的前提条件。那么,正如模式 B 的专制国家依赖于调整后的模式 A,它同样需要模式 C 的发展。但是,货币并不产生于社会构成内部,而是产生于社会构成之间。"卡尔·马克思反复强调,交换起源于不同社群之间的交换。"(81)模式 C 中的权力以货币为形式,而国家是离不开货币的。柄谷行人强调了货币对维持常备军的作用。[1]

对柄谷行人来说，货币不需要劳动价值论就能阐明。货币的力量植根于社会契约。货币是王，国王是王，两者的道理是一样的。国王之所以是王，是因为其他人是他的臣民；而其他人之所以将自己想象为臣民，是因为他是王。货币同理。货币是王，却是虚位之王，任何人都可以占有它。货币是国家铸造的，但货币的流通却并非源于国家。在另一次视角翻转中，柄谷行人论证道，"贵金属货币在世界范围内流通的力量并不属于国家。恰恰相反，国家铸币的能力依赖于这种力量"（92）。

模式 B 依赖于模式 C，但又试图限制和抑制它。[2] 模式 C 脱离了控制。"交换追求的不是使用价值，而是交换价值，因此是没有极限的。"（94）模式 C 是一种永恒而无限扩张的模式。但是，还债既需要模式 A 的互酬习惯，也需要模式 B 的制裁，两者都是它的现实条件。"模式 C 远远不是唯物的、理性的经济基础，它本质上是一个信用与投机的世界，一个有风险的世界。"（97）

在中国这样的专制国家，贸易由希腊罗马所没有的国家官僚系统经营。其中，市场可能会有破坏性的作用。在希腊，"让市场决定价格在政治上相当于让大众决定公共议题"（101）。但是，没有限度的模式 C 破坏了城邦，导致了不平等和奴隶制。雅典民主是一次以日益扩大的奴隶制为后盾，在城邦内部保存一个由统治者构成的共同体的尝试。

---

[1] David Graeber, *Debt: The First 5,000 Years*, New York: Melville House, 2014（中文版题为《债》）也持这个看法。

[2] 参照 Gilles Deleuze and Félix Guattari, *Anti-Oedipus*, London: Penguin, 2009, 217ff。

专制国家存在于世界帝国体系之内，存在于彼此间传播并向外扩张的世界宗教、世界语言、世界公法构成的语境之中。只有部分专制国家建立在水利的基础上，柄谷行人拓展了专制国家的概念，使之远远超出亚细亚生产方式的范畴。有些专制国家以水利为基础（中国、秘鲁、墨西哥），有些以海运为基础（罗马），有些以游牧为基础（蒙古），还有些以游牧加贸易为基础（伊斯兰）。柄谷行人写道："我们发现，马克思对亚细亚、古典和封建生产方式的区分并不是前后相继的历时性阶段，而是在一个世界帝国空间内的位置关系。"（124）总结一下：三种交换模式并行，彼此联系，但模式 A、模式 B、模式 C 相继在不同的历史时期占据主导地位。

模式 D 又如何呢？它与模式 B 构成相反的两极。交换模式 D 指的是，在市场经济（模式 C）之上恢复互酬社群（模式 A）。它是一种从未现实存在过的理想形式，但是，它至少在世界各大宗教的初创时期得到了表达。然而，这条思路或许可以更"唯物"一些。格雷伯在《债》一书中提到，当贵金属被用于装点神庙时，铸币以维持军队所需的物质手段就退出了流通。因此，接受黄金献祭的神虽然是虚构的，人所做出的牺牲却是真实的。[1]

柄谷行人强调宗教与巫术的区别，而非二者的连续性。祈祷朝向的是超脱凡世的神，而且要通过身为天界入口守门人的祭司王进行。它不像巫术那样是横向的、平等的。"巫术向宗教

---

1 Graeber, *Debt*.

的发展不过就是氏族社会向国家的发展。"(131)但是,这并非宗教的本意:"普世宗教最初是以否定这一类世界帝国和世界宗教的形式出现的。但是,一旦普世宗教的形式稳定下来,它就会发现自己被挪用,成为世界帝国的统治机器的一部分"(133)。宗教是牺牲模式发展史的一部分。[1]

世界帝国(模式 B)需要世界宗教(模式 A)和世界货币(模式 C)。"用马克思的话说,货币崇拜是一种拜物教。随着世界货币的兴起,这种拜物教就变成了一神论。"(134)货币将个体从社群和互酬中解放了出来。但是,宗教还表达了其他内容:"在帝国形成的过程中,由交换模式 B 支配的交换模式 C 会在某个时刻废除交换模式 A;这时,为了抵制交换模式 A 的废除,普世宗教就以交换模式 D 的形式出现了。"(135)

宗教既恢复,又抽离了模式 A 的互酬性。例如,犹太人的神是一种新的类型。犹太人的国家败亡后,犹太人并没有抛弃神。"国家的失败不再意味着这个国家的神的失败……这就意味对神人互酬关系的拒斥。"(139)神的权柄超越了社群、国家和货币。

基督教强调耶稣对国家、金钱以及共同体的拒斥。耶稣宣讲的神爱是一种绝对的、无法回报的礼物。普世宗教示意了超越模式 A 的特殊互酬性的关系:"普世宗教之为普世,并非通过否定特殊性,而是通过不断地意识到普世性与特殊性之间的矛盾。"(143)比方说,圣保罗的意义不只在于超越的普世主

---

[1] Raoul Vaneigem, *La Résistance au Christianisme*, Paris: Fayard, 1993.

义。[1]"神的超越性和内在性构成一个不可分割的、自相矛盾的统一体。"（144）

普世宗教兴起于模式 C 已经相当普遍的时期，而且从市集那里借来了普遍性的隐喻（格雷伯对此有详细论述）。世界宗教对国王和祭司持批评态度，但是，它要么成为国教，要么只能消亡。"佛陀的事业就是解构原有的各个宗教。"（152）孔子宣讲仁的道理，而孟子甚至比他还要强调社会改良。老子不仅反对国家，而且反对氏族社会，朝后指向游牧的生活方式，道家成为"乌托邦主义与无政府主义的源头"（156）。本质上，柄谷行人的目标不是复兴模式 D 的宗教力量，而是复兴它的**社会**力量，再次推动平等且自由的交换形式的发展，只不过如今是在组织更复杂、规模更庞大的社会之中。

世界经济体系与世界帝国的区别在于，前者并非以强制为基础。柄谷行人认为，模式 C 之所以能在欧洲挣脱模式 B 的束缚，与其说是因为欧洲在世界历史的中心，不如说是因为它所处的边缘位置。他引用李约瑟的观点，即直到近代晚期为止，中国在技术和社会组织方面都是相当先进的。"世界经济体系出现于西欧不是因为那里的文明先进，而是因为那里是次边缘地区。"（160）蒙古帝国崩溃后，清朝、莫卧儿帝国、奥斯曼帝国等专制国家兴起。欧洲殖民了各大帝国的边缘地区和域外空间。俄罗斯和中国对被边缘化的状况发起过抗争，而且都曾试图建立另一套世界体系。

---

[1] 读者可比较柄谷行人和巴迪欧对保罗的看法。Alain Badiou, *Saint Paul: The Foundation of Universalism*, Stanford CA: Stanford University Press.（中文版题为《圣保罗》）

简言之，世界经济体系只能出现在这种地方：不存在由一个强大专制国家控制的世界帝国。世界经济体系最终一定会由现代民族国家组成。令民族国家成为可能的是君主专制国，君主专制国与专制国家略有区别，因为模式 C 在前者那里更强大。在君主专制国中，资本与国家通过重商主义的形式结成联盟。绝对君主拒绝接受高于其上的权威，不管是皇帝还是教会，而且会尽全力废除领域内共同体的自治权。

绝对主义造就了一个主权国家统治下的、多少具有同质性的民族，这是该民族自己要求掌握主权之前的一个必要步骤。绝对主义打造了国家与民族之间的博罗梅安环。西方列强不能直接挑战奥斯曼帝国、莫卧儿帝国、清帝国的权力，却将民族自决学说传播开来，并且谴责帝国的统治。"主权国家的存在必然会导致其他主权国家的建立。"（168）国家的本质会在战争中表现出来，因为一个国家其实是相对于其他国家而存在的。

绝对主义国家为现代国家的"资本—国家—民族"博罗梅安环创造了可能性。国家必然要通过义务教育和征兵来创造民族形成所需的手段。以国家为形式的模式 B 产生了以民族为形式的模式 A，同时为模式 C 的可能性创造了条件："从来没有哪个时代国家不干预经济。"世界市场体系产生了现代国家，而不是相反。"如果我们只站在国家内部去看它，那就永远不能理解国家特殊的权力形式。"（174）

马克思主义者将国家视为上层建筑，指望国家在革命后自然消亡。但是，1917 年俄国革命之后，国家实际上得到了强化。"马克思对资本主义本质的洞见很深刻，但他对国家的理解并不充分。"(175)在《资本论》中,他没有谈李嘉图感兴趣的税收问题。柄谷行人转向《路易·波拿巴的雾月十八日》找寻马克思对"资本—国家—民族"这一博罗梅安环更细致微妙的理解。[1]

按照柄谷行人的解读,马克思在该文中努力把握路易·波拿巴独特的结构性作用:"他作为皇帝的权力基础在于,他将礼物互酬交换的外在表象投射到了由国家机器执行的掠夺再分配交换的实质之上。"(178)柄谷行人认为,路易·波拿巴与俾斯麦发挥的结构性的、最高统治者的作用是国家具有自主权力的证据。

模式 C 一直存在,但不久前它还一直被早期形式的模式 A 和模式 B 压制。与柄谷行人对模式 A 和模式 B 的分析一样,他认为模式 C 源于世界体系之中,或者说社会构成之间,而非单个社会构成的内部。不同价值体系之间的商品交换能带来利润。作为整体的资本必然要与劳动进行等价交换,但资本又必须要榨取剩余价值。资本必然要走出去,寻找新的消费者。"为了让资本积累继续进行,资本必须不停地吸收新的无产者。"(192)

资产阶级偏爱金融和商业资本多于工业资本(凯恩斯所说的**流动性偏好**)。荷兰已经在金融和商业资本方面领先,英国只好去发展工业,并通过国家来实现。"认为资本主义市场经济是自主发展起来的,不受国家的影响,这种想法是大错特错。"(197)

工业资本的独特之处在于,它发现了**劳动力**。工业资本将

1　Karl Marx, "The Eighteenth Brumaire of Napoleon Bonaparte," in Karl Marx, *Surveys From Exile*, London: Verso, 2010.

劳动力商品化，而劳动力的供给归根到底是有限的。工业资本必须在世界体系范围内扩张，寻找新的人口转化为工人。此外，"工业无产者与消费者是同时出现的"（188）。

工业资本还需要不停地更新技术，通过提高劳动生产率来增加相对剩余价值。资本正在迅速达到资源和废物处理能力的极限。柄谷行人有机会阐发潜藏于自己书中的新陈代谢断裂这一主题，但他没有这样做。"但是，人与自然的关系当然很重要。然而，我们需要对强调这种关系而忽视人与人的关系的意识形态保持警觉。"（206）当然，这本身也是一种意识形态，而且事实上是人文学界的主流意识形态。

柄谷行人最有意思的论点之一是：民族是一次以现代形式复兴模式 A 的（失败）尝试。

> 民族出现于社会构成内部，旨在通过想象力恢复在资本-国家统治下处于解体中的交换模式 A 和共同体。民族是由资本-国家形成的，但同时是针对资本-国家带来的状况而发出的抗议与回击，也是弥补资本-国家缺陷的一种尝试。（209）

民族取代了宗教，将永恒感赋予人民。民族是在专制君主的统治下形成的，专制君主对内打散社群，对外拒不接受帝国或教会的权威，以此将人民团结在一起。对专制君主来说，民族法胜过帝国法（自然律）。

民族主义的培养与劳动力人口的管理（福柯及其追随者将

其称为"生命权力")是相关联的。但是,民族主义也是一种反抗形式。它发源于浪漫主义,而浪漫主义的愿望是恢复资本-国家所失落的共同体情感。"18世纪末的欧洲不仅兴起了安德森所说的'想象的共同体',更兴起了想象本身。"(214)

浪漫主义的源头是康德,康德认为,知性与感性通过想象力结合。但是,浪漫主义者没有看到,民族是想象出来的,而把它当成真实的存在。"就连黑格尔哲学也忘记了一点:在本质意义上,这个连环是由以民族为形式的想象所生成的;他忘记了民族只存在于想象中。这还能解释黑格尔哲学为何完全不能预见这个连环被取代的可能性。"(224)柄谷行人耸人听闻地将"知性—感性—想象力"映射到了"国家—资本—民族"之上,仿佛康德的范畴勾勒出了现代性本身的组织形式。

大多数现代思想家解读马克思时都要结合另一位哲学家,有结合马克思与斯宾诺莎的(阿尔都塞、奈格里、维尔诺),有结合马克思与黑格尔的(卢卡奇、阿多诺、齐泽克),还有结合马克思与尼采的(德勒兹、利奥塔)。柄谷行人结合的对象是康德,特别是他的**目的王国**。目的王国是一种规定性理念,主张将他人当作目的,而非手段来对待,也就是自由本身的互酬。"康德彻底地否定了宗教——然而,他吸取了宗教的根本道德观。"(230)

分配正义与此不同。分配正义的假定是:由模式C产生的不平等原样不动,由模式B进行二阶调节,对通常在模式A(作为"想象的共同体"的民族)框架中提出的要求做出让步。柄谷行人则认为,康德的目的王国既要求废除国家,也要求废除资本。目的王国是一个世界共和政体,不仅有国内和平,更有国际和平。这种模式D只不过是一个规定性理念,一种超越的幻想。与统一的自我一样,目的王国是一个能够促成思想和行动的理念,本身却并不真实,也不可能实现。"归根到底,人还是忍不住要为历史找到一个目的或目标。"(232)

柄谷行人不接受雅各宾派的社会主义。雅各宾派自视为法国大革命的继承者与完成者,在自由、平等、博爱的口号下诉诸想象的、理想化的资本—国家—民族博罗梅安环——这个口号只在拿破仑帝国时期实现过,而且是以革命战争的形式实现的。[1] 相反,柄谷行人转向了蒲鲁东的前马克思社会主义及其对国家主义的反对。"由于平等是通过再分配实现的,而再分配只能由国家执行,因此平等总是或多或少地导致雅各宾主义和国家权力的扩大。"(235)他在《跨越性批判》一书中有一大段论证,他提出,认为更高级形式的联结主义只有在人民将自己从共同体中解放之后方可实现的麦克斯·施蒂纳是一名社会主义思想家。[2]

与国家社会主义政治的真正源头拉萨尔相比,马克思在国家方面的观点与蒲鲁东要接近得多,尽管马克思去世后,恩格斯的立场与国家社会主义接近得多。继恩格斯之后,考茨基和伯恩斯坦鼓吹在德国实施国家社会主义。卢森堡和托洛茨基则认为,由于边缘国家的超剥削状态以及世界体系必然具有的跨

---

[1] 参见 McKenzie Wark, *The Spectacle of Disintegration*, London: Verso, 2013, 79ff。我更青睐傅立叶的看法。
[2] Kojin Karatani, *Transcritique*, Cambridge, MA: MIT Press, 2005.(中文版题为《跨越性批判》)

国属性,革命会发生于边缘地带。列宁会接受这个论证,并将其与雅各宾主义和国家主义式的社会主义融合起来。

柄谷行人希望复兴另一个传统。他同意列宁主义者的一个观点,即工会容易被资本主义同化,只在资本主义框架下提出局部的、具体的要求。于是他转向合作社运动。"工会是在资本主义经济体系下对资本的抗争,而合作社则是脱离资本主义体系的运动。换言之,前者以生产为中心,后者以流通为中心。"(243)

实际上,马克思确实认为有必要夺取国家政权,但目的是让合作社共同体成为可能。柄谷行人将合作社共同体与拉萨尔式的国家社会主义路线的危险进行了对照。"国有制不是斯大林主义的产物;恰恰相反,对国有制的信念产生了斯大林主义。"(250)柄谷行人认为,马克思破除了以1848年革命为高潮的雅各宾政治。"巴黎公社是其荣光的最后一次爆发,而非昭示着未来。"(253)马克思也知道这一点,尽管他坚决支持巴黎公社。

与齐泽克相反,柄谷行人反对政治跃进。捷径是没有的。"马克思主义者试图利用国家手段来主宰资本主义,这就落入了国家布下的圈套。"(257)而且,通过民族来取消资本-国家也是不可能的。那是法西斯主义的道路。出路在于重新思考模式D,它将成为"受压迫者的复归"(xi),或者说是在模式B和模式C主导的境况下互酬关系回归的一种方式。但是,模式D并不会真的让共同体复辟。它是一种在后共同体、无共同体的情况下恢复互酬关系的规定性理念:"社群主义对回归游牧生活的依赖要大于对生产资料公有制的依赖。"(xii)

模式 D 脱离了具体的社会构成，与维尔诺的**出走**（exodus）不无相似。在更高的层次上克服"资本-民族-国家"只能以一个新世界体系的形式实现。对资本-国家-民族世界体系的否定只能来自合作社的实践以及对模式 D 的新想象。但是，另一种历史思想的资源甚至就包含在他自己的文本中。这种思想要求对新陈代谢和生产投入更多关注；归根到底，新陈代谢与生产是一回事。

柄谷行人给世界市场体系划分阶段的标准是各个阶段最重要的世界性商品。重商主义阶段是纺织品，自由主义阶段是轻工业，金融资本主义阶段是重工业，国家垄断资本主义阶段是耐用消费品，跨国资本主义阶段则是**信息**。布朗会将最后一个阶段称为**新自由主义**，但是，对于这样一个帝国主义世界体系来说，新自由主义的叫法太正面了。不管表象如何，当前的阶段是一个旧霸主美国处于弱势的世界体系。这是一个资本流出扩大的时代，相应的，作为旧世界体系核心的各个国家削减了再分配正义的力度，因为"国家-资本摆脱了平等主义的要求"（279）。

即便模式 C 走向全球化，国家也并未消亡。国家和民族不再是单纯的上层建筑。如果说资本有尽头的话，那或许与中国和印度进入世界市场体系，制造新的工人-消费者的过程终于难以为继有关。这还没有提新陈代谢断裂所产生的废物正在给全世界带来麻烦。

促成变化的关键要素或许是内部的现实发展过程，而不是外部的规定性理念。我们可以想象出这样一种状况：在由下而上的加速推动下，资本-国家-民族体系演变为一种新的模式。[1]
但是，这违背了新陈代谢的系统性约束。那么，我们或许可以试图描绘出一种因面临稀缺而不得不发生的组织层级变化。萨特提出了一套关于稀缺的世界历史观（柄谷行人完全不谈这个问题），尽管很有意义，他却把稀缺与暴力和实践惰性（物化、消极情感的单调重复）联系在一起。但是，稀缺似乎还可能引发第三种可能性，那就是从旧的组织形式中生发出新的组织形式。

波格丹诺夫认为，人有一种出于自己的劳动实践替换组织观念，并将这种观念施加于世界的倾向。[2] 这样来看，康德的目的王国显然就是大写的哲学活动本身了。其他组织实践也可能将自身的活动替换为世界观。于是，不仅模式 A 可能产生规定性理念，模式 B 和 C 也不例外。模式 B 的替换产物是我所说的**密涅瓦的嗡鸣**（drone of Minerva），这是一种基于全面监控和遥控强制的反应性管制，主要由正在衰落的国家实施。[3] 模式 C 的替换产物是（布唐所说的）**金融化**以及决策权的完全集中，这种集中采取将一切可能性定量和定价的形式。

上述规定性理念，或者说代换，有一个共同点：它们都有使其成为可能的现实基础。它们预设了一个由通讯和计算向量组成的现实存在的世界。模式 A 和模式 D 同样可以进行这样的

---

1 McKenzie Wark, "Spinoza on Speed," *Public Seminar*, November 19, 2014, at publicseminar.org.
2 Bogdanov, *Philosophy of Living Experience*.
3 McKenzie Wark, "The Drone of Minerva," *Public Seminar*, November 5, 2014, at publicseminar.org.

拓展。我在《黑客宣言》(A Hacker Manifesto)中说过，紧张的阶级关系让这种对世界的抽象认识发生了裂痕。同样的向量、同样的信息基础设施既让控制和商品化成为可能，也让更抽象的礼物形式成为可能。于是，免费分享信息的政治运动就成为思考新可能性的主要形式。

尽管我认为柄谷行人在很多方面都能给人启发，但在我看来，我们需要的是一种——或者说两种——更庸俗的马克思视角。一种视角以马克思按照新陈代谢来理解劳动与自然活动相互作用的思想为基础。另一种是复兴传统英国马克思主义者对生产力的兴趣。与许多其他人一样，柄谷行人似乎依然认为重视生产力是马克思主义的主流；然而，自1968年反体制运动和新左派意识形态兴起以来，实情恰恰相反。所有马克思主义哲学流派共同抵制这样的庸俗观点。但是，就当代而言，一种连通新陈代谢、稀缺性、废物与技术组织形式变化的辩证法（如果这还是辩证法的话）或许会是更有帮助的视角。

第 3 章

保罗·维尔诺：
语法与诸众

保罗·维尔诺开出了一份有趣的时代诊断报告。在《诸众的语法》(下文简称《众语》)一书中，他写到了**资本性的共产主义**(communism of capital)。[1] 这种想法在马克思那里就有一些端倪，他对当时联合股份公司——资本借此汇聚资源，摆脱狭隘形式的私有制的局限——的组建做出了类似的观察。可与之类比的是，20 世纪 30 年代的危机导致了资本性的社会主义诞生，其中包含了国家与垄断控制的各种混合物。

我们会发现，近年来围绕欧盟、全球贸易协定、跨国巨头的斗争也具有类似的矛盾性质。为了维持私有产权、剥削和积累，资本采纳了大量的共产主义元素。当下的共产主义形式与 30 年代大不相同，无关霸权和国家，更多是跨国基础设施。

维尔诺对当代生产方式提出了一种相当传统的认识。他将

---

[1] Paolo Virno, *A Grammar of the Multitude*, Los Angeles: Semiotext(e), 2004.

其称为**后福特主义**。但是，他的作品在许多其他方面极具原创性。与安东尼奥·奈格里类似，他是透过自身经历来审视当代生产方式的崛起的：在 20 世纪 60 年代和 70 年代，他参加过意大利左翼军事组织并因此下狱。他与奈格里的另一个相似点是，他开创了一套不同于推崇葛兰西的意大利官方的马克思主义思想。

在维尔诺看来，70 年代意大利**工人主义**（workerist）政治运动的一个特点，即激进地拒斥工作，正是当下劳动形式的先驱。正如农业商品化首先产生了流民和路匪，之后才产生了城市工人阶级，后福特主义首先产生了"都市人"（metropolitans），他们对进厂做工不感兴趣，而是摆弄新兴的通信技术，探索上下班的稳定生活以外的都市生活形态。[1] 与麦克罗比不同，他对这种拒斥的看法带有男权色彩，不过，毕竟他所言不虚。

在马克思"机器论片段"的基础上，维尔诺认为，"对劳动社会的超越"终于出现了（《众语》101）。维尔诺说："马克思提出了一个很不马克思主义的论点：抽象知识——以科学知识为首，但不只是科学知识——正在变成第一生产力。"（《众语》100）后福特主义存在一个矛盾：生产既要利用质性的创造性知识，又用劳动时间单位来衡量一切。劳动时间不再是衡量尺度，一个原因就在于它所依赖的隐性无偿劳动。

马克思认为，**一般智力**凝结为固定资本、机器，等等。维尔诺则认为，一般智力是**活劳动**，它又被称为大众智力（mass

---

1 参见 Christian Marazzi and Sylvère Lotringer (eds.), *Autonomia: Post-Political Politics*, Los Angeles: Semiotext(e), 2007。

intellectual，贝拉迪语），或者**众**（a multitude）。接下来，他又通过**异乡人**、语言的**共同之处**、智力的**公共性**、表演的**精湛技艺**、**个体化**、作为劳动力的**生命政治**、**投机**和**闲言**等主题来探讨"众"的概念。

众与群（a people）不同，这意味着众是没有变成一的多。国家创造了作为一的群，众则偏重霍布斯思想中的自然状态（下文将详谈）。有国家之前是众，有国家之后就是作为一的群。"众是一个消极概念：它是没有变成群的多。"（《众语》23）众的结合因素是共同的语言思想资源和普遍的共同经验。

维尔诺从三个方向探讨众。第一个方向是**恐惧**和**苦恼**。共同体让人免于恐惧，而能让人免于苦恼的唯有宗教。恐惧是相对的，苦恼则是绝对的。但是，两者的界线已经模糊了。国家不再让人免于恐惧。群是由某种恐惧捆绑成一个整体的，而国家能够让人群免于那种恐惧。众没有这种内与外的区分。众永远没有家园，永远是**异乡人**，尽管众依然会"踏上寻求保护的危险旅程"（《众语》35）。

众的家园在于语言的**共同之处**（commonplaces），例如多与少、正与反、相互作用的修辞格。言语所处的特殊位置会消逝，只留下共同之处。无家可归的感觉与对俗套的依赖，两者相辅相成。如今，我们总是暴露于作为总体的世界。我们都是**异乡人**。

智力经常被认为是一种私人的，或者说个人的能力。维尔诺说："认为'心灵生活'与公共性对立的传统由来已久，只有一位思想家是例外。马克思在一篇文章里将智力呈现为外在的、共同的东西,一种公共物品……马克思说的是一般智力。"(《众语》37)对其他人来说,智力是一种孤独的形象,是共同体外的异乡人;而对异乡人来说,一般智力就是他们的**公共领域**。"'无家可归'者构成的众信赖智力,信赖'共同场所':于是,众——按照它自己的方式——就是思想者组成的众(即使这些思想者只有小学教育程度,就算挨打也不读书)。"(《众语》39)

一般知识分子的公共生活远远不是乌托邦。维尔诺写道:

> 如果智力的公共性不对公共领域,不对多数人共同参与公共事务的政治空间屈服,那么后果是很可怕的。没有公共空间的公共性:这就是"众"的经验中消极的一面——如果你愿意,也可以说是恶的一面。(《众语》40)

与东浩纪的思想不同,众不会汇聚为**公共意志**,因为它已经是**一般智力**了。众的一般性认知和语言能力被运用于生产,不会形成公共领域或政治共同体。后福特主义的生产领域和国家危机中都有众的身影。"于是,当代的工人阶级、处于从属地位的劳动力及其认知-语言协作都具有众的特征,而非群的特征。然而,这里的'众'不再像'民粹'那样受到国家性的感召。"(《众语》45)借用马克思在《资本论》第 33 章中对美国西部工人的评论,维尔诺提出,众的本能的政治模式就是从国家机关中**出走**(exodus)。

第二种看待众的方式是,将其视为劳动(创制 [poesis])、政治（实践 [praxis]）与智力之间区别的崩溃。劳动是人与自然的有机交换，劳动是有产品的。政治发生于社会主体，而非自然质料之间，政治的结果并不外在于政治自身。后福特主义下的劳动吸收了政治的属性，成为政治与劳动的融合体。后福特主义下的劳动已经有太多政治，诸众不需要更多了："现在看来，政治行动是对劳动经验的赘余重复，而这是灾难性的……当代政治所提供的传播网络与认知内容具有的恶性的多样性远远超过当代生产过程。"（《众语》51）

精湛技艺（virtuosity）是以自身为目的，不凝结为最终产品的活动；精湛技艺也是一种需要他人在场的表演。后福特主义的劳动已经变得类似于精湛技艺的表演——政治早已是如此——因为它是公共行为，而且没有自身以外的目的："一切精湛技艺本质上都是政治的。"（《众语》53）政治与劳动的区分瓦解了。后福特主义下的生产性劳动变成某种近似于表演艺术的事物。[1]

文化产业就是后福特主义的一个范例。"随着文化产业的诞生，精湛技艺就成为面向大众的劳动。"（《众语》56）农民走得慢，工人走得快，文化产业从业者则是漫游。文化产业没有可度量的、可见的产品。维尔诺写道：

> 在有形产品的生产被交给自动化机器系统的同时，由活劳动提供的服务越来越接近语言–精湛技艺性质的服

1　Hito Steyerl, *The Wretched of the Screen*, New York: e-flux, 2013.

> 务……在文化产业内部——甚至在本雅明和阿多诺考察过的早期文化产业形式中——我们能发现一种生产方式的早期迹象；这种生产方式在之后的后福特时代将普遍化和提高到**金科玉律**的程度。(《众语》58)

会被雷蒙·威廉斯叫作残余文化形式的东西竟然包含着方兴未艾的可能性。[1]

> 资本主义……表明它甚至可以对精神生产进行机械化和分块化，正如它之前对农业和金属加工所做的那样。工作的序列化、单项任务的无意义、用计量经济学的办法来对待人的感受，这些都是屡屡出现的老调。在文化产业这个特例中，这种批判确实延续了某些反抗完全被福特主义的劳动过程组织形式同化的要素。(《众语》59)

这些要素后来构成后福特主义的基础。

维尔诺对居伊·德波的《景观社会》的见解很有趣。[2] "按照德波的看法，景观展现了女人和男人**能够**做什么。货币本身反映的是商品的价值，因而表现出了社会**已经**生产出来的东西，而景观通过一种另外的形式展示了社会的总和**能够**是什么，**能够做什么**。"(《众语》61) 景观包含和展示了自身的可能性的条

---

1 Raymond Williams, *Culture and Materialism*, London: Verso, 2006.
2 Guy Debord, *Society of the Spectacle*, New York: Zone Books, 1994. (中文版题为《景观社会》)

件,以及自身的否定的条件。

维尔诺说道,景观

> 是变成商品的人际交流……因此,景观具有双重性质:它既是特定产业的特定产品,但同时又是总体生产方式的本质……可以这么说,景观是由社会生产力本身呈现的,因为社会生产力愈发与语言-交流能力,与**一般智力**相重叠。(《众语》60)

文化产业是生产资料产业。"文化产业生产(或再生,或试验)传播手段,而传播手段随后又必定会在当代经济体中更传统的部门中充当生产资料。"(《众语》61)

在后福特主义下,工人的知识会被主动探求,而不会被压抑。"马克思所说的一般智力就是科学的意思。"(《众语》64)但是,马克思的科学驱动生产论具有多重含义,维尔诺只关注了其中一重。维尔诺只看到了社会合作,却忽视了马克思关于自然科学越发重要的洞见。

如今,生产依赖于劳动、政治和智力三个领域的混合。智力变成一种具有公共性的生产力;劳动变成政治性的精湛技艺。比起"铸于钢铁中"(《众语》65)的一般智力,维尔诺对活劳动中体现的一般智力更感兴趣。一般智力不是凝结于固定资本,而是在交流活动中自我阐发。这里说的一般智力是话语官能本身,而不是具体的话语行为。它是没有剧本的精湛技艺,是纯粹的潜能。

困于雇佣关系的一般智力表现出了某些病态。

  关键的问题是这样的：有没有可能将如今已经结合在一起的东西分离开，即智力（一般智力）和（雇佣）劳动，有没有可能将如今已经分离的东西结合起来，即智力与政治行动？……将政治行动从当前的瘫痪状态中解救出来，在雇佣劳动领域以外、与雇佣劳动对立地发展智力的公共性，这两件事本是一件事。(《众语》68)

  能不能有一个非国家、非劳动、非代议制的公共领域让诸众去表达呢？能不能通过公民不服从、逃离、退场、**出走**的方式实现从奴性到共和德性的转化呢？

  常有人秉承阿多诺的精神，设想不幸福和不安全感是个体在大生产和支配的世界中异化的结果。维尔诺的看法与吉尔伯特·西蒙东一致，认为集体（collective）是**个体化**（individuation）之为可能的条件，而非其否定。[1] 西蒙东关注前个体状态下的感知和语言特性，维尔诺又加入了对主流生产关系的讨论。维尔诺感兴趣的不在于个体，仿佛个体早已存在且永远存在，而在于**个体化**。这是一个永远不会完成的主体生成过程。前个体与个体化是情感性的关系。恐惧和惊慌都是个体化不完全的表现，前者是害怕"我"没有世界，后者是苦恼世界没有"我"。

  奇怪的是，主体只有加入集体才有可能实现个体化。但是，

---

[1] Gilbert Simondon, *On the Mode of Existence of Technical Objects*, Minneapolis: Univocal, 2017.

对诸众来说，集体不是**公共意志**的场所，而是**一般智力**的场所。于是，问题就是要在国家之外创建后政治、非代议制的民主形态。就历史而言，这种形态出现于后福特时代，但也许会发掘出类存在物的深层能力，通过这种能力在集体内部，以不与集体对立的方式实现个体化。"'多'能够保全自身的'多'，而不会渴望国家的一，因为：1. 作为个体化的单（singularities），他们已经抛弃了内在于各种前个体存在的统一性/普遍性；2. 通过集体行动，他们会强化和推进个体化的过程。"（《众语》80）

马克思所说的**社会个体**（social individual）就是由语言和社会协作形成的众。"尽管看起来有些矛盾，但我相信，在今天，马克思的理论可以（或者说应该）被理解为一种现实而复杂的个体理论，一种严格意义上的个人主义：一种个体化理论。"（《众语》80—81）因此，在维尔诺看来，**生命政治**完全是一个作为一般性生产潜能的劳动力的问题。"只有在当今世界，在后福特主义的时代，现实的劳动力才能充分完成实现自身的使命。"（《众语》81）

劳动力是一种非现实的潜力，同时又作为商品被购买。劳动力只是俗套的说法，而非专有名词。

> 生命处于政治游戏的核心，奖品就是非实体（而且本身不在场）的劳动力。出于这个原因，而且只出于这个原因，谈论"生命政治"是合理的。受到国家管理机器关注的活肉体是一个尚未实现的潜力的有形符号，是尚未客体化的劳动的表象；马克思说得好，"作为主体性的劳动"。（《众语》83）

但是，在雇佣劳动下，虚无主义进入了生产。这里的问题不再是现代化产生了漂泊无根、偶然意外、不确定性和失范等理性内核的副作用。相反，生产活动将这些后果用作资源。"曾经隐藏于技术-生产权力阴影中的虚无主义，如今成为这种权力的重要成分，成为一种劳动力市场极其重视的特点。"(《众语》86)结果就是**投机**和犬儒大行其道。正如麦克罗比所说，后福特主义下的工人漂移不定，商谈游戏规则，只对规则有反应而罔顾事实。金钱将规则和事实等同起来；一般智力总在它们之外。一切生产的基础都是由这种**质性**的潜能构成。

这就指向了对**闲言**的一种有趣的再评价。海德格尔认为，闲言是受到"一"支配的不真诚生活的表现；维尔诺则将闲言视为西蒙东笔下的前个体领域。对海德格尔来说，闲言偏离了真实的任务，而对维尔诺来说，"根基的缺失允许人进行创造，每时每刻试验新的话语"(《众语》90)。闲言是表演性的，与好奇——爱知的倒错形式——存在关联。在好奇中，感官篡夺了思维的位置，但在维尔诺和本雅明看来，这是拓展人类感官能力的一个机会，分神成了审视虚拟体验的手段。

维尔诺在下面一段总结中令人震惊地拓宽了主题：

> "众"对人类动物（human animal）的本体状态做了一种完整的历史性、现象性、经验性的展示：自然生物的无技艺、存在状况的不确定或潜在性、确定环境的缺失、作为特化本能缺失之"补偿"的语言智力。地下的根似乎已经长到了地上。(《众语》98)

维尔诺在其他著作中更充分地阐释了自然性在历史性中重演这一主题。

在《众：创新与否定之间》（下文简称《众间》）一书中，维尔诺探讨了米歇尔·福柯与诺姆·乔姆斯基之间那场著名的"人类本性"论辩（其实算不上论辩）。[1] 乔姆斯基对人类动物的先天语言能力的政治后果持乐观态度，维尔诺对此不敢苟同，他强调人类的**不稳定**，人类的**恶**。不过，有趣的是，这种不稳定未必意味着需要国家。恰恰相反，对国家主权的批判必须建立在一种坦诚的认识上：人性本恶，但恶的意思是人没有特定的自然栖息地，而以文化为自然。

我们这种类存在物是由语言官能的开放性来界定的。在维尔诺看来，语言有三大特性：**否定性**、**可能性**与**无限性**。与墨菲一样，维尔诺认为否定会导致分离——你**不是**我们的一员——由此削弱同情心。可能性导致过度和不确定，任何事情总有可能是别的样子。无限性会使人面对世界及其不完整性，从而引发无聊。语言不会缓解侵犯。语言的三大特性都可能会加剧侵犯。

人类的本性是危险的，因为人类能够**改变**自己的行为习惯。恶与善源于同样的本能缺失。维尔诺写道："真正彻底的恶，无可抑制、带来极大痛苦的恶，它与良善生命有着同样的根源。"（《众间》21）仅举一例：否定带来不同，你不是我们的一员。

1　Paolo Virno, *Multitude: Between Innovation and Negation*, Los Angeles: Semiotext(e), 2008; Noam Chomsky and Michel Foucault, *The Chomsky-Foucault Debate: On Human Nature*, New York: New Press, 2006.（中文版题为《乔姆斯基、福柯论辩录》）

但是，公共领域随后可以否定这个否定：你不是我们的一员，但不同却可以是共处的原则。发挥效用的制度不会压抑或否认人类作为语言动物的这种不确定性。

国家的建制正在衰落。与墨菲的看法不同，我们的使命不是修补建制，而是从中退出，另建制度。维尔诺对否定采取了一种非辩证法的理解——以**歧义**、**摇摆**和**摄动**为特征——以便在类存在物所具有的开放性与后福特时代的偶然状况之间找到一条道路。"如何才能让过剩的冲动和对世界敞开成为一剂**政治解药**，破解这两者自己分泌出的毒素呢？"（《众间》24）

人为什么要服从制度呢？维尔诺发现，霍布斯在这一点上的看法有些矛盾。在霍布斯那里，服从的义务既是国家的因，又是国家的果。霍布斯的自然状态是前语言冲动的状态，而维尔诺认为，语言包括在自然之中。霍布斯认为，自然律是回溯性的，是国家造成的结果；维尔诺认为，语言是自然的，自身就有**规范**的倾向。霍布斯的公民国家的作用是让人免于恐惧，但却变成一个伪环境。冲动与语言的联系同时隐藏于霍布斯的自然和国家概念中。在维尔诺看来，语言对冲动的表达既是自然的，也是政治的。

"众"是反国家的，因此不是"群"，因为群是国家的产物，产生之后才诉诸事实来合法化自己的起源。国家的脆弱性在**例外状态**中显示出来，也就是伪环境被突破，重新向世界敞开的危机时刻。[1] 对墨菲和其他认为政治必然导向国家的思想家来

---

1 Giorgio Agamben, *The State of Exception*, Chicago: University of Chicago Press, 2005.（中文版题为《例外状态》）

说，例外状态是恐惧的时刻，不守规矩的"众"重新呈现出混沌冲动的自然状态。霍布斯认为，国家建立之前是没有法则的。维尔诺比较认同维特根斯坦。维特根斯坦认为，早在国家出现之前，习惯与恒常性（regularity）已经存在于语言的使用和规则（rule）的应用中。规则没有如何应用这些规则的规则，也没有应用那一应用的规则，如此以至于无穷。总有某些异于规则、先于规则的东西存在。

霍布斯将服从建立在克服自然状态的基础上，维特根斯坦则认为某种原始的恒常性根植于语言动物的特殊行为之中：提问、回答、否定、推测、感谢、仇恨、祈求。维尔诺写道："恒常性的概念标志着语言不断将自身导入前语言冲动，并深刻地将冲动重组的临界点……维特根斯坦不认为退出自然状态时才有规则的应用，而是将自然生活置于由历史决定的制度的中心。"（《众间》34）

他想要构建的是一种不依赖国家和国家主权的制度理论，但同时又不主张人类的自然状态美好和谐，以此回避侵犯的问题。在维尔诺看来，我们这种类存在物作为语言动物在本性中已经具有某些关于将规则应用到具体例子的恒常性了。如果后福特时代其实就是一种永久的例外状态，即使从表面来看，国家由于自身的危机而变得极具侵犯性和警惕性，那么，维尔诺的看法或许就是有意义的。

国家的危机源于国家无法在恒常性之外维持一个属于政治规则的伪环境。"恒常性是出走的各种制度代谢变化的对象，它是歧义的，甚至是摄动的：对世界敞开、否定、可能事物的模态，这些因素同时呈现为极度的危险，也同时呈现为一种真诚的、抵挡恶的资源。"(《众间》38)在恒常性的背景下，规则既是控制的手段，也是控制的对象，它是语言动物的政治等价物："有时侵犯，有时团结，既有合力协作，又有派系斗争的倾向，既是毒药，又是解药：这就是众。"(《众间》40)

在后福特时代，众不是由国家的统一性结合起来的，而是通过西蒙东的**超个体**（transindividual）和马克思的**一般智力**。"众"需要能够代谢转化歧义性与摇摆性而非单边决定的世俗制度；需要对世界敞开，而不是建造伪环境的制度；需要可以约束恶，而不是加剧恶，或者幻想自己能够将恶根除的制度。

语言是一种纯粹的制度，它让其他所有的制度成为可能。与其他所有制度相比，语言的自然性更强，历史性也更强。它是非实质的，没有肯定的现实，而是一个否定的场。在语言的基础上，可不可能有一个"非代议制的、非实质的、基于差异和差异之间的差异的共和政体呢？"(《众间》51)

这种制度可能会采取**仪式**的形式。仪式必须抑制两种极端情况：无为之力，无力之为。仪式必须应对意义的过剩和不足。仪式是一种通过坚守混沌来抵制混沌的方式。它可能类似于宗教制度的黏合，也可能类似于罗伯托·埃斯波西托（Roberto Esposito）所说的**免疫**，免疫约束恶却不声称能够打败恶。没有敌基督者，但也没有弥赛亚。不过，这就意味着不再无辜的生活（哈拉维也讨论过这个主题），没有可以达到或返回的纯真状态。毋宁说，它是对无规则的恒常性（自然）与无恒常性的规则（国家）两者间**摇摆**的一种捍卫。

这样的制度可能会运用否定性、可能性与无限性的力量，这三者正是我们这种类存在物的语言官能的属性。从**否定性**中会产生**否定之否定**，产生公民社会以及对异乡人的接纳。从**可能性**中不仅会产生对可能事物的臆想，还会产生关于不可能事物的、起调和作用的话语。从**无限性**中不仅会产生绝对性，还会产生朝向无目的重复的歧义性。国家的问题就在于，它对主权的主张创造了一个伪环境，阻止人向世界敞开。

我认为这已经是一个有力的论证，而维尔诺在《当词语成为肉体》和《既视感与历史的终结》中做出了更深刻的阐述[1]，展开讨论了我们作为语言动物和记忆动物的类存在物。除了特定的言行之外，人还能够看到和知道由言行官能的可能性所构成的本体状态。这是一种相当独特的自然史哲学。

现在，我要点出维尔诺的一些毛病。首先，他只谈论人类，而不谈哈拉维所说的**多物种乱象**（multispecies muddle）——实际上，我们存在于多物种乱象之中，而且作为它而存在——这似乎有些过时。而且，相较语言，我更希望对其他一些将人类定义为不可定义的范畴保持开放，不论是游戏（赫伊津哈）、装饰（尤恩）或激情（傅立叶）。[2] 此外，不可定义性未必是人类所独有，游戏的、向世界敞开的物种可能有很多。假如维尔诺

---

[1] Paolo Virno, *When the Word Becomes Flesh*, Los Angeles: Semiotext(e), 2015; Paolo Virno, *Déjà Vu and the End of History*, London: Verso, 2015.
[2] Johan Huizinga, *Homo Ludens*, Kettering, OH: Angelico Press, 2016（中文版题为《游戏的人》）; Asger Jorn, *The Natural Order and Other Texts*, New York: Routledge, 2016; Charles Fourier, *Theory of the Four Movements*, Cambridge: Cambridge University Press, 1996（中文版题为《四种运动的理论》）.

对自然史的思考能够宽广一些，超越乔姆斯基那种认为存在一种普遍语法的自然主义性质的唯物主义，那么，他探讨的世界可能就不会那样永恒不变了。人类世甚至让自然具有历史性和暂时性。

其次，有人可能要问：后福特主义到底在多大程度上定义了现状？具有枢纽意义的 20 世纪中叶可能更接近 JD·贝尔纳对科学（包括信息科学）应用于生产的一手发现，而不是阿多诺对文化产业的一手发现。[1] 当代媒体世界及其闲言主要来自前者，而非后者。国家陷入危机的主要原因可能是技术基础设施承担了国家的部分职能，而不是语言性劳动。[2] 语言性劳动更多是过发达世界的特殊经验，而非普遍特征。

再次，人们可能会质疑工人主义思想中的活劳动拜物教，质疑仪式会不会也要求接纳死劳动。但是，这就意味着我们要对劳动多做一点思考。在维尔诺看来，没有最终产品的智力劳动"将马克思置于尴尬的境地"（《众语》54）。但是，只有当我们仍然在考虑工人的产品，而不考虑黑客的产品时，马克思才会尴尬。要记住：工人快走，黑客漫游。那可能是一种完全不同的生产关系和产权关系。

无论如何，在这个民主的表象开始褪去光芒的时代，维尔诺提出的概念母体可谓适逢其时，它既顺应当前的历史时刻，又对当前时刻的自然存在境况有深思熟虑的理解。与奈格里相

---

[1] 读者不妨比较阿多诺的 *Minima Moralia*, London: Verso, 2006（中文版题为《最低限度的道德》）与 JD·贝尔纳的 *The Social Function of Science*, Cambridge, MA: MIT Press, 1967（中文版题为《科学的社会功能》）。

[2] Benjamin Bratton, *The Stack*, Cambridge, MA: MIT Press, 2016.

比，维尔诺对外在于国家的众不那么乐观，但两人截然不同的路径却为从布唐、拉扎拉托到贝拉迪、普雷西亚多的一批一般知识分子打开了思路。

第 4 章

扬·穆利耶·布唐：
认知资本主义

从历史角度思考资本主义大致有三种路径。一种是马克思的价值理论，基本将资本视为永恒之物。资本的表象可能会变化，但本质总是相同的，直到革命——这么说有点怪——永远不会到来。[1]

第二种思路更具历史思维。例如：调节学派对所谓的"福特主义调节机制"给出了令人信服的描绘[2]，认为资本主义是分阶段的，每个阶段都有质的不同。但是，在这种思路下，当前阶段容易变得棘手，只能以否定的方式来描述，即缺乏上一个阶段特点的阶段。于是，它会说**后**福特主义。总体来说，当一个人用"后-"、"新-"、"晚期-"等修饰词来描述变化时，他并没有真正在思考一个历史时期的特殊性，而只是说它与另一个

---

1 McKenzie Wark, "The Sublime Language of My Century," *Public Seminar*, May 14, 2016, at publicseminar.org.
2 Michel Aglietta, *A Theory of Capitalist Regulation: The US Experience*, London: Verso, 2015.

时期相似或不相似。

第三种思路试图界定 21 世纪社会构成的特殊性。扬·穆利耶·布唐的《认知资本主义》或许就是一个极好的例子，这本英文书呈现了法语学界已经进行了一段时间的研究的成果。[1] 正如布唐所说，"认知资本主义是后福特主义的一种替代性范式，或者说融贯的研究项目"（113）。它不再以福特主义为圭臬，更不会陷入种种关于永恒资本的理论中。它的注意力放在"财富生产的新向量"上（135）。这项研究难度很大，就连资本主义的铁杆粉似乎也不太知道如何描述它。但是，布唐想要从后情境主义思想——不管是鲍德里亚还是其他人的，在这些人看来，资本成了一种绝对的东西，政治完全被排除了——退后一步："这种资本主义果真如此绝对吗？"（3）

它或许需要一种新鲜的分析，"针对马克思主义思想这块硬盘的一款轻量级磁盘整理程序"（8）。"我们——尤其是我们——在衡量一种依赖于生命延续时间和知识极大丰富的财富时，还要死守着工时的价值、资源的效用或稀缺性这些视角不放吗？"（4）

与维尔诺、拉扎拉托等人类似，布唐的方法受到意大利工人主义传统及其对活劳动视角的坚定支持的影响。[2] 而且他的出发点也是马克思的《政治经济学批判大纲》，尤其是《机器论片段》这一篇，又尤其是**一般智力**这个概念。假如马克思乘坐时

---

[1] Yann Moulier Boutang, *Cognitive Capitalism*, Cambridge: Polity, 2012. 另见《Multitudes》杂志。

[2] 参见 Christian Marazzi and Sylvère Lotringer (eds.), *Autonomia*: Post-Political Politics, Los Angeles, Semiotext(e), 2007。

光机来到今日的加州，他或许会发现，这里至少有一部分工作是不能再用稀缺性和体力劳动来解释的。重商主义和工业资本主义之后是认知资本主义。

鼎盛时期的工业资本主义——调节学派将其称为"福特主义"——的特点是能源廉价、外籍劳工输入、原料廉价、完全就业、固定汇率、低实际利率乃至负实际利率、通货膨胀、工资与生产力同步增长。但是，与聚焦于该体系如何崩溃的调节学派不同，布唐对取而代之的体系的特征更感兴趣。

布唐很少使用"新自由主义"这个词。它已经被滥用到成为类似语言学中的"操作词"（operator）的程度了，用途是从反面描述当下时代应该意味着什么。金融业的崛起当然是当下时代的一个关键特征，但布唐（与布朗不同）认为，背后的原因并不是经济学意识形态或金融投机行为。金融业的崛起还有待解释。

他的解释很有趣。随着智力活动转化为可交易的资产，工作非物质化了，公司的定义也模糊了。当生产不再仅仅关于劳动和实物时，金融化就是评估生产价值的一种方法。金融业预测未来，也将未来现实化（actualize），而私有企业则在未来从知识社会——在这种社会中，谁"拥有"什么的边界从来不是清晰的——中掘取价值。

但是，认知资本主义也有自己的问题。在我们所处的时代，无限的资源掘取与资源的限度发生了冲撞。这是一个"外部性的复仇"的时代，也是一个随着"城市化为非城"（22）而猎取"生物储备"（20）的时代。全球城市危机见证着资本所依赖的正外部性的枯竭。[1] 这正是认清那些被马克思认为资本无偿使用的自然和人力资源的另一种方式。[2]

认知资本主义似乎完全不能解决这些问题。它确实解决了网络效应的问题，尽管并不圆满。如今，价值创造依赖于公共物品、复杂过程和极难定价的事物。金融化是对这种复杂状况的一个回应。

与拉扎拉托一样，布唐也谈"非物质劳动"（31）。我向来不喜欢这个词，尽管理由与布唐和拉扎拉托的其他批评者不尽相同。我认为，坚持认为信息科技具有物质性很重要。实际上，信息改变了我们对唯物主义中的"物质"可以是什么的想法。对布唐和拉扎拉托来说，资本主义已经发生了变化，因为"重点不再是人类劳动力的消耗，而是创造力的消耗"（32）。于是，未来的创新潜力被纳入到对未来可能性的定价中去。

有人认为，非物质劳动是对马克思抽象劳动这一范畴的更新。抽象劳动指的是构成社会必要劳动时间（或者说是当商品成功售出时，其价值实现为交换价值的那一部分劳动时间）的具体劳动的总和。但是，我们真正需要做的或许是更彻底地反思信息在生产中的作用。

布唐认为，一种新的资本主义形式已经在资本主义较发达的中心地带——吉尔罗伊将其称为"过发达世界"——出现了。

1　Mike Davis, *Planet of Slums*, London: Verso, 2007.（中文版题为《布满贫民窟的星球》）

2　Paul Burkett, *Marx and Nature*, Chicago: Haymarket Books, 2014.

> 我们将这种变化中的资本主义——它现在必须要应对一种新的依附性劳动（主要是雇佣劳动）——称为"认知资本主义"，因为它必须应对集体的认知性劳动力，应对活劳动，而不再是仅仅应对被"化石燃料"能源驱动的机器所消耗的肌肉力量。（37）

与意大利工人主义者一样，布唐强调活劳动，只是他的认知资本主义更加依赖它。

认知资本主义不仅限于"科技"部门。我在《精神感应》一书中论证道，只要看一看《财富》五百强企业就会有一个惊人的发现：这些企业全部都重度依赖认知性劳动，不管是以研发的形式，物流的形式，还是用来管理品牌光晕和产品线要用到的无形资产的形式。[1] 而且，这不是生产力的外生发展那么简单。这不是丹尼尔·贝尔等人提出的"信息社会"假说，一种回避资本主义复杂性的理论的复兴。这个故事与权力和霸权有关，而不是单纯的技术线性发展。

与维尔诺或奈格里相比，布唐指出一种对"资本"更复杂的理解方式。在维、奈两人看来，资本基本总是同一个东西，而且永远仅是对工人抗争的一种反应，目的是为自身创造价值。布唐还想区分知识和信息，以避免造成信息拜物教。知识性工作是生产信息的方式。这一点是有益的。但是，我不禁想：凝结于固定资本的死劳动取代了活劳动，那么，物化于信息系统

---

[1] McKenzie Wark, *Telesthesia: Communication, Culture and Class*, Cambridge: Polity Press, 2012.

的**死认知**会不会取代知识工作者的活劳动呢？这可能才是"大数据"时代的关节。或许在经过 K-I-K' 循环的"原始积累"阶段后，这个过程如今已经被吸收到 I-K-I' 的成熟形式中。在这种形式中，为了获取更多的信息（I'），信息系统按照自己的形式来塑造活知识的生产。因此，我对布唐的一个关键主题表示怀疑："目前的新形势是：不会消耗，也不会降格为机器中的死劳动的活劳动占据了核心地位。"(54)

我认为，去关注作为工作类型的知识，而不是一上来就屈服于资产阶级的范畴，大谈所谓"知识产权"或"人力资本"等，却不去思考知识是在何种地方、以何种方式生成的，这当然是有帮助的。布唐还与调节学派主张的国家主导计划保持距离，这个学派追求的目标是回到某种加上凯恩斯主义调节工具的工业社会，而且认为金融纯粹是寻租。

我会更想进一步了解布唐归功于"二战"后法共的科学与劳动联盟政策。这种政策在英国叫作"贝尔纳主义"，命名来源是它的马后炮鼓吹者 JD·贝尔纳。[1] 我认为，这一传统的好处在于它不像布唐等人那样认为问题在于新的劳动类型，而在于劳动与一个截然不同的阶级——我在别处将其称为黑客阶级——的潜在联盟。[2]

既然布唐认为认知性劳动与体力劳动的差别那么大，我不禁怀疑为什么还要把它视为劳动，而不是一个截然不同的阶级

---

1 Gary Werskey, *The Visible College*, New York: Holt Rinehart & Winston, 1979.
2 McKenzie Wark, *A Hacker Manifesto*, Cambridge, MA: Harvard University Press, 2004.

所进行的社会活动。布唐至少是考虑过这一可能性的，他提到了贝拉迪的**知识无产阶级**（cognitariat）和乌苏拉·胡斯的**赛博无产阶级**（cybertariat）。但是，在我看来，布唐对当前生产方式的思考中最薄弱的一块是：由这种生产方式产生，反过来又复制它的阶级。[1]

我认为，这种生产方式的表现就在于新的产权关系，即所谓"知识产权"的出现。知识产权变成私有产权，同时范围扩大到包括更大范围的信息产品。布唐意识到了这一点：

> 生产方式与资本主义生产关系正在变化的一个表现就是，与法理相关的法律争议如今变得极其重要。从来没有这么多人谈论产权问题，一方面是挑战产权，另一方面也是重新定义产权。（47）

我们或许可以讲得更进一步。

当然，布唐不属于那种认为"新经济"奇迹般地变得"失重"的人。他指出，当代生产方式并没有消灭物质生产，只是调整了物质生产的时间和空间安排。

> 除了时间和空间参数的彻底变化以外，对资本主义的描绘也在发生根本性的调整，而且这种调整影响着我们对于行动，对于主体（agent/actor）行为的构想，以及我们关于

---

[1] Ursula Huws, *Labor in the Digital Economy*, New York: Monthly Review Press, 2014.

生产、生产者、生活着的人以及地球生命境况的概念。(48)

我要问两个布唐没有提出的问题：如果这不仅是资本主义的新阶段，而是一种全新的生产方式，那会如何呢？如果这不是资本主义，而是某种比资本主义还糟的东西，那又如何呢？我认为这是一个必要的思想实验，如果我们还希望"资本主义"是一个有效的历史概念的话。可以说，在某些条件下，资本主义已经转变成了某种完全不同的东西；我们需要认识这些条件。

只要有人提出这样的看法，他的反论很快就会自动落入这一种或那一种意识形态修辞。[1] 一个例子就是，如果有人认为这不是资本主义，他或许就会赞同某种版本的加州意识形态，然后被各路新一代 PPT 思想家欺骗。[2] 但是，为什么认为一个事物已经终结就自动意味着必定相信有某个事物继之而起呢？这个关系根本就不存在。毋宁说，它指出了只能设想资本永恒的当代马克思主义者的想象力匮乏。布唐提出资本主义处于新阶段似乎已经让他们很难接受了，不消说，提出资本主义被另一种事物取代的思想实验对他们来说简直就是**不可想象**的了。因此，在这一点上，我甚至要比布唐更进一步："这难道不是立即就对资本主义生产方式整体，而不只是主流资本积累体系提出了质疑吗？"(115)

说句题外话。布唐对一个显而易见的事实很感兴趣：在过

1　Wark, "The Sublime Language of My Century."
2　Richard Barbrook with Andy Cameron, *The Internet Revolution*, Amsterdam: Institute of Network Cultures, 2015.

发达世界的某些部分，企业已经接受了加州的意识形态，然而，它们又"发现和发明了新的价值形式"(49)。他试图对其分门别类。认知资本主义会影响所有部门。新技术全面提高了非物质的力量。但是，技术变迁不再是一种外生资源，而恰恰是资本积累的目标所在。价值生产变得依赖于社会合作与默会知识。

市场的复杂性意味着，提高效率再也不能只靠规模经济了。消费已经成为研发过程中具有生产性的一部分。如今，信息正在实时管理生产周期。大多数生产过程都有多种类型的投入，包括新类型的劳动。包括生产系统集聚在内的新空间形式出现了。产权发生了危机，同时成功的企业试图获取正外部性。

认知资本主义寻求能够使其从传统劳动以外的事物——包括某些作者所说的"非劳动"或者"数字劳动"——中获取价值的空间和制度形式。[1] 于是，作为市场和层级以外的第三种组织形式的网络兴起了。[2] 在时间、注意力和关注是稀缺物时，网络则能很快发现资源。"劳动"变成与连接、回应、自主和创造有关的东西，这种劳动是很难用时间单位来衡量的。（不过，它还是劳动吗？）

除了财富和权力以外，这种新的劳动（或者说非劳动）的动力还有**知识力比多**（libido sciendi），也就是求知欲：

> 在认知资本主义中，作为人类投入一项事业时的效能

---

[1] Trebor Scholz (ed.), *Digital Labor: The Internet as Playground and Factory*, New York: Routledge, 2014.
[2] Manuel Castells, *Communication Power*, Oxford: Oxford University Press, 2009.（中文版题为《传播力》）

要素之一的第三种激情——或者说欲望——受到了系统性的剥削……我指的是知识力比多——对学习的激情，对求知游戏的爱好。(76)

对于这种关于当代经济驱动力的思考，普雷西亚多提出了一个相当有趣的批评，他认为这种思考带有反身体的、男权主义的偏见。激情或许是一个更宽泛的问题，因此，我在《瓦解的景观》一书中才会回溯夏尔·傅立叶和他提出的十二种激情理论。或许更好的说法是，当代经济的一个特点就是对全部十二种激情进行生产性的使用，**知识力比多**可能只是其中之一。[1]

派卡·海曼早在《黑客伦理》中就表明，布唐所说的认知劳工与我所说的黑客阶级，在工作中与时间和欲望的关系都相当不同。有些时候，这两类人可能都会受到自由至上意识形态的鼓动，但加布里埃拉·科尔曼的民族志作品已经表明，真实的黑客呈现出的意识形态场域要更复杂：不能归入传统的劳工阶级意识形态，但也没有完全沉醉于小资产阶级的梦想，不管那是不是自由至上主义。[2]

布唐认为，工作在福特主义之后取得的发展就是吸收源于

---

[1] McKenzie Wark, *The Spectacle of Disintegration*, London: Verso, 2013.
[2] Pekka Himanen, *The Hacker Ethic*, New York: Random House, 2001（中文版题为《黑客伦理与信息时代精神》）; Gabriella Coleman, *Coding Freedom: The Ethics and Aesthetics of Hacking*, Princeton, NJ: Princeton University Press, 2012.

工作异化形式的反叛因素。[1]

> 工作给自己披上了艺术家或大学的外衣。创造力的价值只有被宣传成一种价值观——起初是实验性地宣传，之后是作为生活典范来宣传——才能被一种智力资本主义剥削。(88)

因此，至少在部分程度上，"作为个体的'黑客'更接近创作艺术家和象牙塔里的教授，而不是冒险家或着魔的个人主义者"(90)。不过，上述看法没有充分考虑 Brogrammer 的兴起，这些人在美国精英大学里念的是编程，而不是商学院，而且对他们来说，技术只是创业的手段而已。民族志意义上的阶级现实状况总是复杂的。

即便如此，尽管创业文化专门要塑造一种小资产阶级个性，但并非每一名黑客都着了此道。许多黑客都会发现，现在有一种二度剥削，不是剥削劳动本身，而是剥削黑客技能，以及发明和信息转化的能力。谁知道呢？有人甚至可能会质疑说，新兴生产方式并没有将劳动和创造分裂开来——极富先见之明的阿斯格·尤恩情境主义政治经济学批判的基础正是这一分裂。[2]布唐认为，这种新的区分就好比重商主义时期资本主义下"自由"工人和奴隶的区分——对此我必须指出，后一种区分是两

---

[1] Luc Boltanski and Eve Chiapello, *The New Spirit of Capitalism*, London: Verso, 2007.（中文版名为《资本主义的新精神》）
[2] Asger Jorn, *The Natural Order and Other Texts*, New York: Routledge, 2016.

个阶级的区分。

有人甚至可能会提出这样的问题：统治阶级内部的冲突是否会指向另一种统治阶级的形成？一部分统治阶级坚持将信息封闭在严格的私有产权形式之内，而另一部分不如此。一部分统治阶级已经丧失了生产与实物捆绑在一起的信息商品，并像对实物一样对其收费的能力。不仅电影和音乐一类的产品如此，药物也是如此，复杂制成品也越来越是如此。你现在只花一小半的价钱就能买到一台很好用的高仿 iPad。

此外还有一个冲突来源，因为有另一种价值生产方式是完全以不确定、不可靠的方式将社会知识转化成产品。一种表述方式是说，统治阶级尚不知孰轻孰重，或者说不知道两种倾向是否可以同时发生，这种生产方式对他们来说是一种不稳定性。另一种表述是说，统治阶级分裂成了不同的类型，一类仍然依赖于榨取剩余劳动力和出售商品，另一类则依赖于**信息不对称**，并通过控制信息向量基础设施来亲自指挥社会创作的过程。

布唐认为，市场是其他生产资料生产出的价值的扩增器和向量。

> 与只有站在地面上才能力大无穷的巨人安泰俄斯一样，以生产出价值（而非商品或使用价值）为目标的认知资本主义需要通过活的活动（living activity）来扩增它与处于运动中的社会的接触点。（108—109）

如今，创业的点子都关于如何将社交网络转化为价值。创业者冲浪不造浪。与马克思一样，布唐也认为价值创造是在幕后发生的，而且被某种市场拜物教所隐藏。如今，拜物教的对象不是商品，而是商业场上的伟人，仿佛全世界是刚刚从史蒂夫·乔布斯的脑子里诞生出来似的。认知资本主义的基础是知识社会，但两者并不是同一个东西。

分开看待认知资本和工业资本有策略上的意义。"于是，真正的挑战，就是尽可能缩短认知资本主义与工业资本主义能够为控制、限制或打击知识社会的解放力量，而建立反自然的联盟关系的阶段。"（112）我们或许可以利用两种资本之间的嫌隙来为各种被剥夺者谋福利。

布唐有一个可爱的比喻。他说，统治阶级早就知道如何在工蜂采蜜时剥削他们的生产性劳动，但才刚发现如何在工蜂"授粉"时就开始剥削（117）。布唐所说的作为认知资本主义基础的知识社会就是授粉，即人与人以外的事物共同创造世界的行为。于是，"认知资本主义在更大的尺度上重现了马克思所描述的生产社会化与资本家私人占有价值之间的矛盾"（120）。

布唐理解巴特勒或麦克罗比所说的**脆弱不安**（precarity），这种状态源于当前的阶级斗争处于缺乏组织的阶段，"认知资本主义的总体路线是让大众无偿为其工作"（133）。认知资本既依赖于以社会-民主契约为基础的知识社会的授粉活动，同时又抓住每一个机会去打击它。"知识成为原料，但如今也创造出了真正的'阶级'分裂。"（131）

目前，唯一能够理清这团乱麻的方法，哪怕仅仅是部分理清，就是金融。这是一个悖论。"可以说，金融是'治理'认知资本主义固有的不稳定状况的唯一方法,尽管它引入了新的不稳定因素。"(136)因此,"认知资本主义学派认为,灵活生产与金融化都从属于永久创新(价值的本质)的实现。"(139)

公司的价值已然无形化,而会计准则并没有很好地体现公司具有的知识价值。金融能够评估和体现公司实际上所依赖的外部性的价值。价格是通过交易各方的共识形成的。金融市场本身就属于作为一种资源的公共物品的长期体现。"我们甚至可以说,认知资本主义的主要活动之一就是生产各类公共物品,其中公开交易的股票是重要一环。"(145)这是一个极具原创性和煽动性的假说。

在临近结尾的"花粉社会宣言"一章中,布唐提出,现在的"社会财富丰裕,但社会组织资源贫乏"(149)。随着认知资本主义取得对生命本身的权力,"人类赛博格"出现了(150)。布唐认为,社会合作的私有化是一种倒退。尤其是考虑到"环境问题的紧迫性",我们必须要问一问,在这种汲汲于进一步掌控它无偿获取的外部性的生产方式中,到底孰轻孰重,孰先孰后(173)。"金融魔法师,金融海盗,金融征服者们唯独忘了一件事:授粉需要蜜蜂的存在!"(189)

第 5 章

毛里齐奥·拉扎拉托：
机器性奴役

我对菲利克斯·加塔利的作品略有了解，但毛里齐奥·拉扎拉托对他或许懂得更多。他的《符号与机器：资本主义与主体性的生产》一书表明，加塔利独著或与吉尔·德勒兹合著中阐发的"反社会学"（anti-sociology）确实有当下的意义（120）。[1] 拉扎拉托的出发点是他所谓的当代主体性危机。

资本主义在推出新的主体性，比如新款 iPhone，只是如今的主体性基本都是同一个模子的升级版——就像 iPhone 一样。我们都被认为是以自我为对象的创业者，而这是一个不可能完成的任务，从而引发了抑郁——贝拉迪可能会认同这一点。这种版本的资本主义——如果它还是资本主义的话——已经不再打出"知识社会"的旗号了。它带来的只是债务奴役和彩票奖券。与重复了一遍又一遍的口号不同，这里面没有多少"创新"

---

1 Maurizio Lazzarato, *Signs and Machines: Capitalism and the Production of Subjectivity*, Los Angeles: Semiotext(e), 2014.

或"创意"可言。

拉扎拉托看不起那些只处理语言与主体性的关系,而无视他所谓的"机器性奴役"(machinic enslavement)的批判理论。齐泽克、维尔诺、巴特勒都列入他的鄙视名单。他们仍然过于囿于语言。从他们对待语言、主体性和政治的方式来看,仿佛它们发生在一个——用阿尔都塞的话说——"相对独立于"生产本身的领域。[1] 他们的立场看似是"政治"的,但更严格来说,其实是唯心主义的。当代批判理论既需要研究——以及干预——社会服从领域,也需要研究机器性奴役。

机器已经侵入日常生活。不存在语言、主体性和政治的独立领域。资本主义的犬儒思想坚持说我们都是单个的主体,而事实上,我们只是由人类和非人类事物构成的冷漠网络中的非人化节点。我们都处在刘易斯·芒福德所说的"巨机器"当中。[2] 这种状况需要的不是反霸权意识形态,而是创造出一种同时包括机器和主体的新网络。那么,这就是一个两方面共存的问题:一方面是主体的形成,主要但不仅仅是通过语言;另一方面是产生超越个体影响的机器。主体化总是混合的过程,而且不只包括语言。真正的"创新"需要的不只是语言游戏。唯有先悬置主流的意指,新鲜事物才可能出现。

有意思的是,主体的生成不仅发生在上层建筑领域。拉扎拉托写道:"加塔利和德勒兹完成了马克思的发现……:财富

1　Althusser, *For Marx,* London: Verso, 2006.（中文版题为《保卫马克思》）
2　Lewis Mumford, *The Pentagon of Power*, New York: Harcourt Brace Jovanovich, 1974.（中文版题为《权力五边形》）

的生产取决于抽象的、无限定的、主体性的、不可归约为政治或语言表征领域的活动。"(23) 这就是从政治经济学转向**主体经济学**。马克思主要研究商品的生产，在他那里，工人的生产只是商品生产的一种影响。加塔利和德勒兹希望拓展马克思的分析，可以说是"另辟蹊径"，研究制造主体（消费者）而非客体（商品）的平行生产过程。

社会服从提供了角色：你是男人，你是女人，你是老板，你是工人，等等。它为单个主体提供了身份——以及身份证。但是，这并非全貌。另一方面是作用与其恰恰相反的**机器性奴役**。它生产去主体化的流和碎片。它将主体转化为机器部件（控制论意义上的从属单元）。社会服从造成主体，机器性奴役造成**分体**（dividuals）。机器性奴役将自我分割，并将其碎片作为"亚人"的行动者放置在机器流程的此处或彼处。这些机器组配体（assemblage）——很像哈拉维说的赛博格——是人类与机器的混合物，但在人类的部分只是部件，而不是主体，而且是由某种符码组织起来的地方，机器组配体采取了加塔利所说的**非意指符号学**（asignifying semiotics）的形式。它不是由语言组织起来的，没有任何含义，也无法被解读。

机器性奴役作用于前人类的（pre-personal）、前认知的、前语言的情动（affect），以及超个体的情感。我们不妨考虑一下大数据，它一方面处理的是碎片化的数据流，另一方面要应对庞大的聚合体，它们对于确定主体是次要的，而主体，或令人寄托希望（希望他们是消费者），或令人心怀畏惧（畏惧他们是恐怖分子）。

拉扎拉托简略地提到产权在联系去主体化的机器世界与生成主体的话语世界中所扮演的角色。"通过确保创造和生产是独属于'人'的活动，它将清空了一切'灵魂'的'世界'作为自己的'对象'，作为其活动的工具，作为达成其目的的手段来使用。"（35）财产的形式让个体化的主体成为某种东西的作者，因而也是所有者；而这种东西实际上更多是各种人的主体性、各种机器、各种技术资源的不同碎片形成的机器组配体的产物。于是我们就得到了这样的神话，史蒂夫·乔布斯创造了iPhone——并从中收割了大部分奖赏。

拉扎拉托从加塔利处吸取了一种观念，即寻求同时处理服从和奴役的策略。这些策略在德勒兹与加塔利所说的**摩尔视角**（molar）和**分子视角**（molecular）中也有体现。[1] 我们可以从机械论的、分子式的视角去批判摩尔式的二元对立，然后再从奴役打开缺口，形成某种偏执狂消费主义以外的东西，作为一种因应的、补偿性的主体性模式。

诚然，资本有语言的维度，但它没有劳工流通、货币，以及作为一个生产体系的非意指符号重要。分体是用统计学来治理的，而不是通过意识形态或压抑来操控的。"对资本主义来说，重要的是掌握非意指符号学机制（经济机制、科学机制、技术机制、股市机制，等等），以达到将权力关系去政治化、去个人化之目的。"（41）

在某种意义上，意识形态或许仍然会存在，但只是次级的

---

[1] Félix Guattari, *The Anti-Oedipus Papers*, Los Angeles: Semiotext(e), 2006, 418.

影响因素。"媒体、政客、专家的意指符号被动员起来,目的是在单个主体的眼睛、意识和代表中间支持、证成与合法化一个事实:'别无选择'。"(41)意识形态不占主要地位。资本主义并不在乎个体或语言。

它根本就不在乎人。在这个问题上,马克思还是太人类中心主义了,以为剩余价值与人的能动性紧密相连。加塔利大胆地提出,此外还有**机器剩余价值**。[1] 资本不仅剥削工人,也剥削机器组配体,而且不关心有机和金属成分的相对比例。一切劳动都是赛博格劳动。生产力主要依赖对分体部件的奴役,而非真正的单个主体的形成。

资本剥削的是服从与奴役的**差值**。真正的工作都是机器干的,余下的价值在工人和老板中间分,工人只能拿到工资,剩下的都归老板。拉扎拉托在这里的观点与布唐一致:我们再也不能将个别的主体指定为价值的"创造者"了,不管是在劳动价值论中,还是在与其对应的资产阶级意识形态中,后者认为财富是天才创业"领导者"独创的。

拉扎拉托写道:"在思考的从来不是个体。"(44)从事生产的也从来不是大企业。大企业"免费"占用了机器"公共资源"的无主价值,并以利润或租金的形式获取了这些价值。正如资本占用公共自然资源一样,它在这里也占用了社会公共资源,或者说社会-机器公共资源。[2] 与此同时,**分体**能动者(agent)必须要重新拼成或多或少整全的主体,资本要他们以为自己是

---

[1] Félix Guattari, *Chaosmosis*, Sydney: Power Publications, 2012, 133ff.
[2] Paul Burkett, *Marx and Nature*, Chicago: Haymarket Books, 2014.

存在主义意义上的自由能动者,他们既是投资者,又是负债人,在收购灵魂的市场上将自我作为通货贩卖。

与麦克罗比和**社会工厂**(social factory)的理论家一样,拉扎拉托的研究对工作场所的定义更为宽泛。沿袭古典政治经济学的思想,马克思认为生产的主体本质在于劳动。拉扎拉托希望构建一个作为生产者和被生产者的人的广义概念。资本主义不只是理性计算,更要生产欲望机器,这些机器并不完全是加尔文式的理性选择主体。只要看过电视剧《广告狂人》就都知道,资本将欲望整合进自身的运作当中。

拉扎拉托强调欲望的功能性这一主题,正是在这一点上,他与布唐以及认为我们目前处于**认知**资本主义阶段的理论产生了分歧。认知资本主义的思路将更广义的主体经济窄化为知识经济的概念,它对经济学做出了太多的让步。当代经济学将知识视为内生增长因素。但是,对资本来说,欲望要比知识更为基本。资本主义的运行其实并不需要那么多知识。实际上,近年来中小学和高校受到的抨击似乎表明,它想要凭借比现在少得多的知识来运行。

资本主义需要有欲望的主体。但是,欲望也发生了危机。欲望现在完全是凭着暴君般的超我——做自己的主人!——在维持;而用贝拉迪的话说,这个超我在不断崩塌,陷入抑郁乃至更糟。如今,主体性是一种必须被生产出来的关键商品。那么,头一个问题或许就是:如何构建一种关于主体性本身的理论。拉扎拉托希望超越那些倾向于抬高主体间元素而忽略机器元素的结构主义、现象学和心理分析理论。有意思的是,他还抛弃了各种基础与上层建筑的理论。这些理论预先，也就是摩尔式地把物质与意识形态，或者本能与主体，或者深层结构与具体的语言符号划分开。

主体不仅仅是语言的结果，即使我们像巴特勒一样将语言理解为施行的思想也不行。今日的资本以机器，而不是逻各斯为中心。将发言者与发言内容二分的发言行为或许不再是人类独有的。"主体性、创造和发言是人类因素、低于人的因素、外在于人的因素组配的结果，在这里，意指的、认知性的符号只是多种成分之一。"（63）

拉扎拉托下面这段话可类比于贝拉迪对异化的反思：

> 客体可能会开始"说话"，开始"自我表现"（或者开始跳舞，就像《资本论》第一卷的名篇中所说的那样），这不是资本主义拜物教，不是人类异化的证据，反而标志着一个需要一种新符号学的新表达机制。（64）

在这个新资本主义世界——不管它到底是什么吧——里，**物真的会说话**。我们要考察的不只是工人与其产品的分离，而是物非要反过来与自己的创造者说话，它不仅要求被购买，还要求被爱。

德勒兹与加塔利合著作品中最复杂的部分之一就是关于路易·叶尔姆斯列夫的语言学研究的专论，包括其中对**表达**与**内容**两个范畴的论述，在某些方面，它们是对经典的能指与所指概念的改写。[1] 两位作者拒绝划分两个范畴的层级关系。他们不像某些马克思主义者那样认为表达依赖于内容，也不像某些结构主义者那样认为内容依赖于表达。相反，他们认为要从中间把握内容-表达这个二元组，也就是**发言**（enunciation）。发言行为产生了表达与内容，或者说客体与主体之间的关系。

发言的基础本身并不是话语。这就为探索语言和类语言以外对象的一般符号学敞开了大门。它包含水晶和蛋白质等自然界的非符号性编码。[2] 当然，它也包含人类的语言，但只包含以发言的基础为起点进行思考的语言，例如塑造"民族"语言的政治和军事力量。[3]

拉扎拉托将语言称为**一般等价物**。拉扎拉托写道："意指的符号学有两个功能，一个是作为表达的一般等价物，一个是作为以个体为中心的主体化的向量。"（68）实际上，我要将语言称为**一般不等价物**（general nonequivalent）。[4] 我不认为它和货币——马克思所说的一般等价物——有同样的运作方式。将焦点放在语言上往往会遗漏超个体性的经验。在新资本主义下，这些经验只有作为发疯、幼儿期或艺术的症状才会得到承认。

1　Gilles Deleuze and Félix Guattari, *A Thousand Plateaus*, Minneapolis: University of Minnesota Press, 1987（中文版题为《千高原》）; Louis Hjelmslev, *Prolegomena to a Theory of Language*, Madison: University of Wisconsin Press, 1961.
2　贝尔纳和李约瑟的马克思主义科学论可以视为对自然界非符号性编码的研究。
3　此处可联系弗里德里希·基特勒的名著来看。该书的主题是母亲教授幼儿母语以及"机械性"辅助工具，例如面向母亲编写的、配有图示说明幼儿应如何发出民族语言的各种声音的教本。
4　关于一般不等价物，参见 McKenzie Wark, "Capture All," *Avery Review*, 2015, at averyreview.com。

但是，在加塔利和拉扎拉托看来，它们不是通往具有无限可能的超现实世界的钥匙，而是通往一个有着自己的非意指符号学的世界。

德勒兹和加塔利有一种将人类学研究推而广之的倾向（这种倾向有时令人震惊），而拉扎拉托探讨前资本主义与资本主义社会-机器体系的某些区别。这些关于非现代主体机器的论述多有臆断，爱德华多·维韦罗斯·德·卡斯特罗的大作《食人的形而上学》则为其赋予了一些民族志的尊严。[1] 拉扎拉托的相关论述采取了比较生硬的并置形式。但是，与其什么都没讲，谁都不得罪，或许冒着对其他文化、其他自然环境失之简化的风险讲一点东西要更好。

拉扎拉托认为，前资本主义世界的社会形态排除了单一的、同质的意指层域形成的可能性。只有现代世界才存在以强加民族语言为手段将人——至少是同一民族范围内的人——同质化的现象。这样的语言是一种手段，通过它，一切符号学似乎都与资本相容了。拉扎拉托认为这是对多价性的削弱。实际上，我认为这是在削弱反常规语义（meaning）的**意义**（significance）。女巫审判和宗教法庭逐渐退场了。

我认为，他对信息的数学理论的地位有相当大的误解。信息的数学理论与语义完全无关，只关心作为统计概率的信息以及信息的传输问题。其实，克劳德·香农的研究位于多价性的

---

[1] Eduardo Viveiros de Castro, *Cannibal Metaphysics*, Minnesota: Univocal, 2014.

最终点，因为它彻底无涉语义。[1] 人们会赞同拉扎拉托的"不存在寓于自身的语言"这一观点。20 世纪中叶的信息论通过一种机制实现了对无意指信息流的统计学运算，在这种机制下，信息传输达到了相对（但并非绝对）的顺畅，而且多价性能够以极端的形式出现——解释压根无关紧要。当然也有例外：在我们此时此地生活的监控国家中，某些信息的联结和使用模式会被打上潜在"恐怖分子"的标签。

无意指符号学确实是一个很有趣的概念。对拉扎拉托来说，它包括计算机语言和企业会计核算，也包括音乐和美术。对他来说，这些都是不依赖于解释主体的符号流，人在其中只是部件。与海德格尔不同，加塔利认为机器并不会脱离存在，反而会生产存在。机器靠的是不再现世界，却预测和塑造世界的力-符号（power-sign）运行。它们就像是图示，能够加快、减慢或引导去地域化的劳动流、物质流、能量流乃至欲望流。它们是通往现实世界行动的虚拟路径。

这些非意指的符号流利用了非自反的主体碎片，或者说分子化的主体部件。现在整个世界的框架都是由这些流搭建的。拉扎拉托写道：

> 在马克思的时代，它们只存在于工厂内（集中度和强度与今天的大企业无法相提并论）和工厂外的少数装置如

---

[1] 此处我认为对这一点之于机器性的形成有多么重要的理解更深刻的是 Tiziana Terranova, *Network Culture: Politics for the Information Age*, London: Pluto Press, 2004。

铁路之中。今天，它们无处不在，除了在批判理论中。它们无处不在，尤其是在我们的日常生活中。(91)

在这里，他对认为存在独立的政治或文化上层建筑的旧理论发起了全面的挑战，而且与柄谷行人的做法大不相同。

　　加塔利感兴趣的是那些能够将我们引向新型主体化的机器，尽管他的作品和拉扎拉托一样，**机器**这个词最后往往变得太像隐喻。他们从来没有详细地讲解**真实**的机器。不过，这仍然是一个引人入胜的概念开端。单纯的意指性符号学能够容纳由非意指性的图示和象征，以及通过非意指性符号组织起来的分体-机器组配体所产生的去地域化、去主体化的符号流。一定程度上，上述观点包含了斯宾诺莎关于情动所具有的传递性本质的看法，情动是前人类的范畴，但不必然是能够让人倚靠的好东西。[1] 非意指性符号的运作方式是传染，而不是认知（就像在"新土地"上）。

　　拉扎拉托与加塔利对前个体主体性的思考，部分源于丹尼尔·斯腾对儿童早期的研究。[2] 人的早期经验是超主体性的，并且不是按照弗洛伊德提出的阶段发展，而是通过一系列发展层面。实际上，这里也有基础-上层建筑模型的痕迹，只不过加塔利认为这基本上是一种可逆的关系。一开始，前个体的主体性可能是基础（艺术家和疯子除外），但接下来就是个体化的主体

1　Melissa Gregg and Gregory Seigworth, *Affect Theory Reader*, Durham, NC: Duke University Press, 2010.
2　Daniel Stern, *The Interpersonal World of the Infant*, New York: Basic Books, 2000.（中文版题为《婴幼儿的人际世界》）

性，起初是上层建筑，但之后又会变成基础。这种看法的问题在于，它倾向于排除一切真正的学习或创造——这两者总是会让已经形成的主体性失去稳固性。在这里，加塔利和拉扎拉托的看法接近吉尔伯特·西蒙东关于**个体化**过程及其失败的论述。[1]

加塔利尤其固执地认为，这种前个体的、无意指的基础一定要有形式，一定要前后一致。那不是一个由冲动、本能、动物性和自发性组成，必须由语言为其订立法则，于无中建立结构和制定禁令的原始世界。拉扎拉托坚定地认为，心理分析强加于原始**本我**的所谓必然秩序实为政治模型。这就是他与许多当代思想产生分歧的地方，包括巴特勒的阉割必然论、斯蒂格勒的象征升华论；维尔诺的言语取代冲动论；以及巴迪欧的自发组织论。在加塔利看来，非语言的符号本就是有组织的，只是组织方式不同而已。

拉扎拉托的策略不是去研究语言和主体的层面，而是从异质的中部着手，从发生于前个体化的客体世界与语言主导的主体世界之间的**发言**着手。但可惜的是，拉扎拉托只是批判了对主体的过分偏爱而已。他完全没有讲深层的机器性层次是如何组织起来的。例如，他的论述并未回应全喜卿和基特勒。[2]

与东浩纪不同，拉扎拉托的方法似乎有一点过时，因为他还在拿电影举例子。他认为，电影这种形式是用意指性的机器来中立化、排列、自然化一种无意指的符号。同理，电影可以

1　Gilbert Simondon, *On the Mode of Existence of Technical Objects*, Minneapolis: Univocal, 2017.
2　Friedrich Kittler, *Gramophone, Film, Typewriter*, Stanford CA: Stanford University Press, 1999.（中文版题为《留声机 电影 打字机》）

在后意指的世界中呈现前意指的符号。拉扎拉托的例子是皮耶尔·保罗·帕索里尼，他或许与加塔利同样信奉某种"狂热的马克思主义"(79)。[1] 帕索里尼在意大利工作。在意大利，民族语言出现得很晚，直到 70 年代，还有许多下层民众和地方居民不太会讲标准意大利语。不少人进城务工时还是说自己的土话。

电影的功能就像是集体心理分析，赋予强烈的情感以规范，建立语言与其余事物之间的层级。经典好莱坞电影的效果不是意识形态形式的，主要也不是通过语言发挥，尽管语言起着调控的作用。电影是一种综合的符号机制。对帕索里尼来说，电影还是一种综合的符号学，它的起点是图像，是机器眼睛被嵌入客体时看到的世界。[2]

好莱坞风格的电影对帕索里尼所谓的**新资本主义**（neo-capitalism）很重要，它是第二次也是最后一次资产阶级革命的产物。如果说第一次资产阶级革命创造了产业工人，那么第二次资产阶级革命就创造了用工业的方式生产出来，与产业工人相合的消费者主体。新资本主义需要各种新的、灵活的、由一种无意义的功能性语言动员起来的主体。新资本主义颠倒了旧的符号层级。意识形态上层建筑（法律、中小学、高校）不再那么重要。主体直接由生产和消费体系制造出来。

帕索里尼对流氓无产阶级是忠诚的。这个阶级自外于新兴的电影机制，不仅是因为语言不通，也是出于生存根基的因素。

---

[1] Pier Paolo Pasolini, *Heretical Empiricism*, Washington, DC: New Academia Publishing, 2005.
[2] McKenzie Wark, "Pasolini: Sexting the World," *Public Seminar*, July 15, 2015, at publicseminar.com.

新资本主义将他们重塑为新一代的模范意大利人和模范消费者，将其固定在一种约束性极强的异性恋霸权家庭模式。新资本主义不仅要求意识形态服从，更会直接生产自己想要的主体。这种主体经济利用了以家庭为中心的旧生活方式，又加入了一种虚假的新宽容——只宽容消费者的选择。它摧毁了旧的通俗文化及其带有宗教和有灵论色彩的世界。帕索里尼试图通过文学和电影，以机器的新形式来复兴旧的有灵论文化，也就是"机器有灵论"（134）。

奇怪的是，帕索里尼还吸收了意大利工人主义和自治主义理论的资源。安东尼奥·奈格里当然永远不会原谅他在一场著名抗议中站在（工人阶级）警察一边，反对（资产阶级）学生的立场。[1] 但必须说的是，帕索里尼对意大利漫长的转变过程有着独特的洞见。外省出身和怪异的个性赋予他感受和创造情动生活的存在根基，而这正是理论家们所缺乏的。

鉴于帕索里尼是在半个世纪以前提出**新资本主义**概念的，我不知道现在还能不能这么用。不过，从宏观模式来看，它或许还是相当新的。尽管加塔利和拉扎拉托拒斥基础和上层建筑这套语言，但解读两人作品的一种方式就是自然-社会组织层级的扁平化：上层意识形态建筑被砍掉了，可惜带着泥土气息的下层——帕索里尼对其并不陌生——也被砍掉了。有的时候，我们可能更想来一点庸俗马克思主义的调调，又或许是多一点

---

[1] 参见 Antonio Negri, "On Pasolini," in *Animal Shelter*, No. 3, 2013。

写《三重生态》的那个加塔利。[1]

尽管如此，新资本主义这一概念的确触及了某些主体性的关键特征，关于主体性是如何**用机器制造**出来，而不是像齐泽克所说的那样通过语言赞颂出来的。拉扎拉托关注了公私机构里的图片、表格、预算报告——或许还可以加上 PPT——中所用的空洞语言。实际上，层级更多是通过这些程序中非意指的部分搭建起来的。再来看呼叫中心的例子，最新软件系统甚至都不需要工作人员开口说话了。接线员只要点击预先录制好的短语，就能引导呼叫者走完销售流程。[2] 软件当然也包括打分、评级、分类和计时功能。

拉扎拉托的一个有价值的洞见是，如今真正被管理的对象主要不是劳动，而是**流程**，劳动只是流程的一个部分。管理学其实并不关心"人力资源"，而只关心用于机器性奴役的资源。既受到控制，又不能反过来施加控制的潜规则在机器性奴役周围拉起了一圈警戒线。拉扎拉托写道：

> 社会学与产业心理学似乎不能从概念上把握从"工作"到"流程"，从服从到奴役发生的质变。上位者不再与工作打交道，而是与"流程"打交道，在"流程"中，劳动只是多个部分中的"一个"。（119）

---

[1] Félix Guattari, *The Three Ecologies*, London: Bloomsbury Academic, 2008; McKenzie Wark, "Four Cheers for Vulgar Marxism!!!!," *Public Seminar*, April 25, 2014, at publicseminar.com.

[2] 这里提到的一些细节来自玛欣卡·菲隆茨（Mashinka Firunts）的一篇会议报告。

拉扎拉托反对那些认为价值和创造力完全来自活劳动，而非死劳动的马克思主义流派，比如维尔诺，而更接近哈拉维只存在活劳动和死劳动的混合体的观点。

去地域化的、分子式的滔天洪流是货币，也就是一般等价物，但它不能仅凭自身来运行。它的非意指功能必须结合来自外界的摩尔式的、解释性的询唤功能。有时，这种主体性生产具有进步意义。意指性符号学能够产生工人运动这类事物。在生产过程中去地域化的工人可以从或激进，或反动的不同方向实现再地域化。

但是，将工人主体性的地域化建立在劳动光荣基础上的"党和工会"的劳工运动模式或许已经走到了尽头。或许，我们必须创造新的主体模式。拉扎拉托研究过由兼职文化工作者发起的一次罢工，这些人的劳动和生活状况都是由研究者、专家、媒体和政界决定的，他们自己无从置喙。他们提出的反抗口号是："我们才是专家。"

这次罢工符合一种大的政治运动模式：挑战将知识和话语委托给专家，将被治理者排除在外的做法。斯唐热讨论的反转基因运动或许是另一个欧洲案例。近年来发生在美国的例子包括：占领华尔街、占领桑迪（Occupy Sandy）、罢免债务（Strike Debt）和黑命贵（Black Lives Matter）运动。[1] 这些运动拒绝让"问题"由外部人士，而非当事人来界定。政治性的存在要求我们拒斥由可容忍的差异组成的同质化空间，并打开一

---

1 参见 L. A. Kauffman, *Direct Action*, London: Verso Books, 2017。

条缝隙，让新的主体性类型得以形成。

基于法国的状况，拉扎拉托花了不少精力研究作为一种牧领权力的精神分析，它让主体与主体作为家庭成员的主流模式和解。在美国，传统宗教牧领关照的媒体化版本大概要更显著一些。不管是哪种情况："传播和语言中的主体官能都不是自然的。恰恰相反，它必须被建构和强加。"（162）也可以被挑战。

《符号与机器》后半部分是对对立立场的笼统批判，不过，我怀疑被批评的人可能都看不出里面说的是自己。拉扎拉托拒绝接受维尔诺、巴特勒和马拉齐讨论的**施行性**语言，他认为这些人仍然将语言视为某种超越的、同质的平面。[1] 德勒兹和加塔利在人类学方向的探索已经表明，语言平面不是给定的，而是历史和政治的建构。

拉扎拉托认为，人们太过强调语言在社会义务再生产方面的惯例性功能。借鉴奥斯汀的思想，他关注订立义务的**言外行为**。[2] 这条思路往往注重形式化、制度化的场景，在这里，言语行为并不涉及或要求主体说真话。那会是一个关于"诚言"（parrhesia）的问题，意思是与主流意指的断裂。拉扎拉托吸收并拓展了巴赫金的言语情境语用学。在巴赫金看来，对话不能归约为语言，语言是情境的补充。施行话语只是异质化情境中的一个元素罢了。

发言（enunciation）是在世界可以成为问题（巴赫金），而

---

[1] Christian Marazzi, *Capital and Language*, Los Angeles: Semiotext(e), 2008.
[2] J. L. Austin, *How to Do Things with Words*, Cambridge MA: Harvard University Press, 1975.（中文版题为《如何以言行事》）

不只是惯例（奥斯汀）的情境中完成的。拉扎拉托要强调的是，发言的微政治（或者说情境）不只是说话者的主体间关系而已。巴赫金认为，听者并不是被言语行为的施行性置于从属地位，而是有可能向前一步，根本不将发言视为施行，而将其视为**策略**。发言包含前个体的声音、姿态、表达。于是，反叛首先是非意指的，它提出了一个新的存在性指涉域。

不同于试图复兴历史科学的阿尔都塞，加塔利和拉扎拉托的马克思场域的困境是**审美范式**。

> 关于人与自我的关系以及起支撑作用的存在性领地的发言总是要依赖对叙事的**异轨**，异轨的首要功能不是生产理性的，认知的，或科学的解释，而是生成复杂的老调（"神话－概念性的，虚幻的，宗教的，小说式的"），赋予新生的存在性领地以一致性。（201）

历史科学是没有的，但可以有这样一门艺术，一门关于话语和存在、真实与虚幻、可能与实在之间语用关系的艺术。

这是一门当下的艺术，或许与詹明信所说的**认知测绘**（cognitive mapping）不无关系。[1] 放在这里的话，它或许应该叫**情动测绘**：不仅要测绘情感，更要测绘情感的力量。它的出发点是新资本主义没能生产出与其产品相匹配的主体，长期在软法西斯主义和抑郁中下滑，还有各种"主体性的病态"，及其种族歧

---

[1] Alberto Toscano and Jeff Kinkle, *Cartographies of the Absolute*, Winchester, UK: Zero Books, 2015.（中文版题为《"绝对"的制图学》）

视,厌女症,还有对不稳定的难以忍受(217)。

新资本主义似乎不顾一切地进行着一种**反生产**,有意去扩增愚钝。"唯有与主体化模式决裂,一种能够生成新的指涉、新的自我定位,从而打开构建新语言、新知识、新审美活动和新生活样式之可能性的存在结晶才可能出现。"(223)除了帕索里尼以外,我们还可以将这种不妥协的现代主义思想与例如雷蒙·威廉斯做一对比,当会有所启发。威廉斯认为,另一种生活的源泉在深处,而不在表面。[1]

当然,将主体性理解为机械性操作的产物,而不是通过语言赞颂,经由上层建筑而产生,这种想法是有益处的。只可惜,拉扎拉托没有把现实中的机器讲得更具体,结合加洛韦或全喜卿等人的作品或许会有好处。以位于中间的发言为焦点的话,在主体方面可以有很多话说,但客体方面就少得多了,相关论述要含混得多。到头来,他所说的"分子"太具隐喻色彩。**新陈代谢断裂**,真实的分子,包括碳循环、氮循环及其他全球性循环正是通过新陈代谢断裂处于断裂状态——完全没有出现。

即便是在主体这一边,他对具体的产权形式及其造就的主体类型——例如新的所有权和无所有权机制下的阶级主体——讲得也不够。我们陷入了一个高度静态的资本劳工对立模型,其中的劳工组织模式显得很陈旧,但**资本**和**劳工**这两个词本身又好像是非历史的,永恒的。

针对布唐强调当前商品化阶段的推动力是认知这一观点,

---

[1] Raymond Willams, *Culture and Society*, New York: Columbia University Press, 1983.(中文版题为《文化与社会》)

拉扎拉托对欲望的强调还是一个有益的批判，即便不像普雷西亚多提出的"对肉体的分子再设计"那样令人耳目一新。然而，它并不是探讨信息的中心地位——或者说，对机械性元素的特定历史安排，让**信息**成为主体与客体两者之上的控制层，让信息实际上生产主体和客体，并赋予它们价值和奖励的方式——的有效思路。尽管如此，拉扎拉托的思想是对加塔利重要而有意义的新演绎，既体现了加塔利经久不衰的价值，也体现了他的局限。

第 6 章

弗朗哥·"比佛"·贝拉迪：
作为商品的灵魂

我跟弗朗哥·"比佛"·贝拉迪做过一次实况采访，画面通过闭路电视传到隔壁的酒吧，酒吧里挤满了来看他的人。激动，但也令人疲惫不堪。比佛极富幽默感，犀利分析频出。我后来发现，那是他当天的第二场活动。我真不知道他是怎么坚持下来的。

马里奥·特隆迪（Mario Tronti）和安东尼奥·奈格里是 30 年代生人，贝拉迪（出生于 1948 年）则与维尔诺（1952）和西尔维娅·菲德里奇（1942）同属意大利第二波马克思主义思潮，源于另辟蹊径的工人主义，与意共官方的葛兰西主义立场分道扬镳，更不用说后来墨菲等人对葛兰西的复兴了。意大利马克思主义自身的谱系错综复杂，远远超出了我的驾驭能力。我的兴趣主要是其对于当下的意义。贝拉迪著作的英译本接连出版，我主要关注《工作的灵魂：从异化到自治》这部作品，因为它很好地概述了工人主义思想以及后来的自治主义思想与马克思场域的其他象限有何种分歧。[1]

贝拉迪的目标是说明他所谓的**符号资本主义**（semiocapitalism）的特性。符号资本主义很接近布唐的认知资本主义，"以心智、语言和创造力为主要的价值生产工具"（21）。他采取的路径是就**异化**范畴的使用写一部类似行动主义史的东西。在马克思那里，异化讲的是生命与劳动的分离，劳动脱离了工人的生活。意大利工人主义的新意在于从反向的视角来看待异化，不将工人视为异化的消极客体，而是视为**拒斥**的积极主体。工人与资本的疏离恰恰是肯定另一种生活的基础。这就带来了一些思考和践行另一种不安的角色，即知识分子的生活的有趣方式。

粗略来看，有两种知识分子，马克思主义既从他们那里汲取资源，又与他们相歧异。一种秉承普世理性，守护公共事务的良性运转，游离于一切特定的文化或背景之外。另一种是浪漫主义的知识分子，表现着一个特定人群的精神。这里可能有民族主义的意味，但偶尔也会更加激进，与民族无关，而与更宽泛意义上的人群有关。

启蒙知识分子与浪漫主义的人群观之间存在张力。按照马克思主义的观念，知识分子必须从历史思维下降到历史本身，成为推动废除阶级这一普世使命的能动者。列宁认为，知识分子的任务就是代表工人阶级发挥领导作用，赋予普世精神以声音和组织形式，纠正工人阶级进行斗争时的经济主义和自发性问题。

1　Franco "Bifo" Berardi, *The Soul at Work: From Alienation to Automony*, Los Angeles: Semiotext(e), 2009.

葛兰西对知识分子的理解更宽泛，他认为知识分子阶层可以是与旧社会结构相联系的层积，也可能成为新兴阶级的有机表达。到了萨特那里，知识分子注定要与意识，而非生产联系在一起。萨特意义上的知识分子选择投身于普世事业中。但是，鉴于萨特生前就看到了60年代——用维尔诺的话说——"群众智力活动"（mass intellectualism）的崛起（33），他或许是这种思路的绝响了。

意大利工人主义者另辟蹊径，汲取了马克思《政治经济学批判大纲》中《机器论片段》的资源。[1] 该篇提出，机器是一种不自然的现象，它是由人手创造的人脑器官。（不幸的是，马克思和意大利工人主义者都没有意识到，这句话反过来说也是正确的：人手和人脑很可能总是由技术塑造的。）于是，知识分子就成为一种生产力，尽管马克思的语言仍然深受传统唯心主义知识分子典范的影响，这从他采用的过渡性概念"一般智力"中就明显能看出来。

相对于当时仍有遗留的启蒙主义和浪漫主义知识分子观而言，将智力理解为生产力仍然算一种进步。贝拉迪写道：

> 20世纪上半叶的共产主义革命时代中，马克思-列宁主义传统忽略了一般智力的概念，因此把知识分子的功能理解成外部因素，而知识分子的政治领导功能是在纯精神的哲学领域内被决定的。（34）

---

[1] Karl Marx, "Fragment on Machines," in Robin MacKay and Armen Avanessian (eds.), #Accelerate: The Accelerationist Reader, Falmouth: Urbanomic, 2014.

当然，当时连知道马克思《大纲》存在的人都是凤毛麟角。但是，以哲学教条为指导，由党领导知识分子的模式在当时至少有一个强大的替代选择，那就是波格丹诺夫的无产阶级文化（Proletkult）运动。该运动旨在通过劳动场所——不管是体力劳动，还是脑力劳动——之间的协调合作来取代中央控制的党。[1]

无论如何，到1956年，马克思-列宁主义模式及其辩证唯物主义哲学教条显然陷入了危机。三种替代性思潮诞生了。一种是前面讲过的意大利工人主义思潮（以马克思《大纲》为基础）。贝拉迪将其与另外两种思潮并置。第二种思潮的领军人物受到青年马克思的影响，有的通过马尔库塞的著作从黑格尔的角度解读马克思，有的通过萨特的著作而更具克尔凯郭尔的精神。第三种是阿尔都塞一派，用结构主义来解读《资本论》。

第二种思潮关注的核心问题是青年马克思的异化概念，尽管这一派对异化的理解不像文德林那样细致。尤其普遍的是一种黑格尔主义的解读方式，认为资本主义生产中的异化打碎了一种先在的整全性，即普遍的人类本质。于是，革命本质上就成了一种复辟的，乃至保守的行动，目的是恢复失去的统一性。对萨特来说，没有什么失去的统一性，因为异化是人类境况的构成因素。马尔库塞则认为异化是一种可以被克服的历史现象。

意大利工人主义者同时摆脱了萨特和马尔库塞的束缚，尽管与这两人一样，他们也在努力通过自己的方式来开辟官方辩

1　David Rowley, *Millenarian Bolshevism 1900-1920*, London: Routledge, 2017.

证唯物主义哲学以外的一方天地。[1] 他们认为既没有需要恢复的人类本质，也没有永恒的人类异化。贝拉迪写道："恰恰是由于工人的存在境况极端不人道，一种全人类的集体性，一个不再依赖资本的共同体才能够建立。"（44）劳动不是自然的，而是一种历史的境况。与劳动分离正是新社会的基础。他们的政策是"主动疏离"（46）。

第一代工人主义者颂扬一个属于"粗野的异教种族"的工人阶级（47）。与帕索里尼一样，他们是文化沉淀层次丰富的意大利情境（包括前现代的无产者）的产物，尽管他们除此之外与帕索里尼很少有共同点。与波格丹诺夫一样，他们贴近工人的视角；但与他不同的是，他们强调工人对资本主义的**敌意**，而不是工人通过劳动重组整体的能力。[2]

工人主义者强调工人对资本的敌意，这就与马尔库塞认为工人阶级正在被整合到资本之中的直觉相反。[3] 马尔库塞的看法让他开始寻找其他推动解放的人，结果就是拔高了激进学生的作用，特别是受到他影响的学生。不过，在特隆迪等工人主义者看来，工人的涨薪要求不一定是整合的迹象。[4] 重要的是工资斗争开展的方式。例如，"政治工资"的要求就越出了工人经济

---

[1] 参见 Christian Marazzi and Sylvère Lotringer (eds.), *Autonomia: Post-Political Politics*, Los Angeles: Semiotext(e), 2007。

[2] Pier Paolo Pasolini, *Heretical Empiricism*, Washington, DC: New Academia Publishing, 2005; Zenovia Sochor, *Revolution and Culture*, Ithaca, NY: Cornell University Press, 1988 提出，波格丹诺夫是葛兰西霸权理论的来源之一。

[3] Herbert Marcuse, *One-Dimensional Man*, Boston: Beacon Press, 1991.（中文版题为《单向度的人》）

[4] Mario Tronti, *Ouvriers et Capital*, Paris: Christian Bourgeois, 1977.

主义的局限。不管怎么说,事实将证明,激进学生运动也不是长久的现象。

另一条脱离异化理论的路径是阿尔都塞的思想,尽管他的思想来源要更复杂一点。[1] 1956年之后,向苏联看齐的"官方"马克思主义思想本身开始接纳黑格尔主义的理论,这是谨慎地部分批驳斯大林主义的做法之一。阿尔都塞独树一帜,拒绝接受官马的新发展,但不是打着以前的辩证唯物主义旗号,而是用一种相当新颖的"理论性实践"取而代之,这种实践受斯宾诺莎和法国科学哲学之影响较大,受恩格斯和普列汉诺夫对泛马克思主义(Marxisant)哲学的旧的形式化表述之影响较小。或者用贝拉迪的话说,阿尔都塞脱离了"黑格尔场域"(52)。

贝拉迪认为,阿尔都塞的意义在于他将知识理解为一种生产形式。阿尔都塞重新引入了世界由劳动产生,脑力劳动是生产性劳动的主题。与工人主义者不同,他从来没有忽略作为生产性劳动的科学这一问题,尽管他到最后还是不能像波格丹诺夫一派人那样赋予其独立地位。正如列宁认为纠正工人的自发性需要党的普遍化理论和实践,阿尔都塞认为纠正科学家的"自发哲学"也需要哲学的理论性实践。[2]

工人主义者将全部赌注压在了**拒斥工作**是历史唯一的能动因素上。"这场持续变革的引擎就是将活的时间从雇佣关系中脱离出来的动力。"(59)拒斥工作为逃脱劳动支配的活动创造了

---

[1] McKenzie Wark, "Althusserians Anonymous: The Relapse," *Public Seminar*, February 26, 2016, at publicseminar.org.
[2] Louis Althusser, *Philosophy and the Spontaneous Philosophy of the Scientists*, London: Verso, 2013.(中译题为《哲学和科学家的自发哲学》,见《哲学与政治》)

时间和空间。在产业工人时代,劳动(以抽象劳动为形式)与生活是截然分开的。工作本身没什么好的。生活就是死时间以外的时间。

随着劳工不断被"节省劳动"的技术所取代,科学完全进入资本积累的过程。贝拉迪认为,这要求我们提出一种理解劳动与生活的新范式。剩余劳动不再是一般财富的条件。正如文德林所说,马尔库塞在科学和技术问题上是个骑墙派。在最悲观的时候,他认为"计算机产生的整体性已经取代了黑格尔的整体性……矩阵正在取代事件"(73)。实在变成了理性,理性变成了实在,但这不是辩证法,而是一种控制手段。

1968 年对所有这些晚期马克思主义理论提出了考验。在贝拉迪看来,这是群众智力劳动与拒斥产业劳动两者结盟的时刻。学生已经成为一种群众,一种被吸收到生产中的智力劳动形式。[1] 作为普世良知的知识分子于斯终结,智力劳动开始彻底融入生产,尽管从中或许会产生出自己的拒斥模式。

1977 年就是一个这样的拒斥时刻,是"意识的上一次再觉醒"(114)。贝拉迪 1968 年时只有 20 岁,他的思想更多是被 70 年代后期塑造的。[2] 当时,意大利工人主义者及其后裔自治主义者、柏林占屋运动的参与者和英国的朋克似乎都在依从同样的直觉,即体力劳动和脑力劳动都被吸收到生产中,也都在追求同样的欲望,即开辟另一种生活。"因此,1977 年的那个时刻

---

[1] Georges Perec, *Things: A Story of the Sixties*, Boston: David Godine, 2010 是一本介绍那个时代的优秀导读。

[2] Nanni Balestrini, *We Want Everything*, London: Verso, 2016.

以追求幸福的意识形态为有力的批判武器，既要打击泰勒主义的工厂和福特主义的生产周期，也要打击以工厂为模板的社会结构与规训体制。"（93）

在那个经常被人遗忘的拒斥的高潮时刻之后，形势发生了变化。贝拉迪的全部著作都可以解读为试图理解这一变化何以发生，又是如何发生的。1977年之后，后福特主义劳动模式与使其成为可能的数字技术传播开来。1977年之前，欲望位于资本之外；之后，欲望意味着通过工作实现自我。

处于劳动过程之外的工人阶级共同体已经失去了它大部分的自组织权力。[1] "共产主义是工人共同体产生的普遍意识。"（84）至少在意大利，它有一个"共同的事业，共同的神话"（85）。当代的劳动，至少是过发达世界的某些高级工种，有着不同的特点。看一看大都市咖啡馆里敲着笔记本电脑或平板电脑的那些人吧。工具都一样，工作本身却不同，甚至可能饱含工作者的个性。不管这种工作有什么令人不满的地方，它都不是换了一个时代——或地点——的异化工厂劳动。

在贝拉迪看来，工人之所以将精力和欲望投入到工作本身，部分原因是劳动性质发生了变化，部分原因是劳动之外的共同体空间的衰败："劳动重新在想象力中获得了一席之地。"（80）基于工作职位的身份认同能够取代过去在工作以外寻求的快乐。60年代的澳大利亚乐队"轻快节奏"（Easybeats）的热门歌曲《身在礼拜一，心在礼拜五》（*Monday I've Got Friday On My*

---

[1] 意大利作家共同体"无名"创作的长篇小说《54》（London: Harcourt, 2006）生动地描绘了那个逝去的世界。

Mind）传神地概括了那种快乐。

贝拉迪对这种新式工作热情全不是欢欣鼓舞。它或许表明除了积累以外，人们对"财富"没有任何别的理解方式。"爱欲的领域缩小了"，而且"都市生活变得极其可悲，我们或许宁愿把它卖了换钱"。(82—83) 追寻自由、人性和幸福的努力只能通过那一个模糊的词汇，enterprise[1]。我在想，把自由企业（free enterprise）的陈词滥调和**真正的事业**（true enterprise）的观念并置会有什么好处？创造美好生活的实实在在的事业，这会意味着什么？

贝拉迪对福特主义和后福特主义工作的历史性区分确有启发，但或许有一点过于斩截。不管是在哪种意义上，能享受到这种条件的大都市工人并不多。或许也不是所有工人都觉得福特主义的劳动是异化的。利奥塔的反对意见就很有名。1971年埃利奥·贝多利导演的影片《工人阶级上天堂》（The Working Class Go to Heaven）则展现了工人和机器之间坚固而真挚的关系。[2]

不过，贝拉迪对都市现状的刻画至少是部分准确的：加速运转的资本阻碍了共同体的形成；手机使碎片化劳动的无限再组合成为可能，让全部时间都具有生产潜能；还有林林总总的抗抑郁药、兴奋剂、抗焦虑药乃至可卡因，它们的作用只是让人在恐慌和抑郁的循环中维持工作而已。

在概念上，贝拉迪希望重新思考异化传统，兼收青年马克

---

[1] 这个词有企业、事业、努力、进取等多个含义。——译者注
[2] Jean-François Lyotard, *Libidinal Economy*, Bloomington, IN: Indiana University Press, 1993.

思(但不包括失去的整全性),并蓄工人主义(但不包括把劳动看作外在物的观念)。他要思考的是:在这个主要矛盾不再是工人与自身劳动成果的分离,而是其他人的劳动成果不间断地索取我们的时间和金钱的时代,过去的联络不上已经变成了联络太多。

贝拉迪写道:

> 在后工业领域,我们应该谈的是虚化(derealization),而不是物化。于是,异化的概念可以有如下理解方式:1. 一种具体的精神病理学范畴;2. 一种痛苦的自我分裂;3. 一种与不能接触他人肉体相关的痛苦和挫败感……第三种理解对当下的描述是最精当的,这是一个以灵魂的屈服为特征的时代,有活力的、有创造力的、有言语的、有情感的肉体被价值的生产所纳入和吸收。(108)

工人的灵魂曾经至少有部分是交给工人自己处置的。福特式的资本主义将肉体投入工作,后福特主义则连灵魂也不放过。主动从劳动中脱离,从而让肉体摆脱异化是有可能的,但灵魂却与此不同。**符号资本主义将灵魂投入工作**。[1]

贝拉迪在这里做了一点自我批评,因为与许多受过德勒兹和加塔利影响的人一样,他有时似乎认为欲望的解放指向一个在商品化之外的方向,一个不同于强调工人阶级团结的、具有

---

[1] 与之前的安德烈·普拉东诺夫一样,贝拉迪让灵魂成为一个有用又有趣的马克思主义概念。

公社主义色彩但也因循守旧的文化的方向。但是，欲望或许是一个幻象。"然而，我们需要承认，这个幻象是历史，是城市，是坠入爱河，是存在：这是一场我们知道它是游戏，又一直在玩的游戏。"（117）

错的地方或许在于将欲望视为力而不是场，在于低估负面形式的欲望。"欲望审判历史，但谁来审判欲望？"（118）审判欲望，或者说变革欲望也许就是 21 世纪的"政治"要做的事。欲望会遇到界限，但界限可不可以不总是另一个要对抗的东西，而成为激情（同情）的一个节点呢？"通过社会重构的过程，我们与他人的关系以语言、情动和政治的方式得以发展，并转化为一个有意识的集体，一个自治的总体，一个融洽的团体，其反叛具有建设性。"（119）

我们在德勒兹那里也能找到上述思想。加洛韦认为，现在应该走出德勒兹的**表现主义**遗产，走向**防范**的思想。[1] 贝拉迪或许几乎会同意这一点，只不过他的手段是在德勒兹（和加塔利）内部寻找不同的资源。他保留了对预先构成的主体的拒斥。"主体性在被生产出来之前不存在。"（123）他的兴趣转向了**序乱**（chao-id），它是过剩的联络与混乱的不可预知状态之间的调节者。[2]

悲伤是如何流传开的呢？在后福特主义的生产中，团结遭到扼杀，劳动变得脆弱不安，灵魂被投入工作。缓解混乱感的因素、老调、场域的组织因素——也就是**序乱**——瓦解了，结果

---

[1] Alexander R. Galloway, *Laruelle: Against the Digital*, Minneapolis: University of Minnesota Press, 2014.
[2] Gilles Deleuze and Félix Guattari, *What Is Philosophy?*, London: Verso Books, 1994, 204ff.

就是令人精疲力尽的恐慌与抑郁的循环。抑郁是对通讯场域及其提供的欲望刺激信号的拒斥，这一切所连接的不过是更多的劳动和更多的商品而已。"我们正在走进空虚的文明。"(146)。

就这样，欲望的修辞耗尽了自身。让·鲍德里亚对它的批判很有预见性。[1] 他理解了欲望通过内展（in-folding）被商品化的加速过程。欲望原来并不是外在的。这里对**众**（multitude）的观念预先就有一个批判。它被呈现为仿佛是一种无穷无尽的积极能量，其实毋宁说它是由**人群**（masses）组成的黑洞，人群吸收一切信号，却拒绝给出回应。

与鲍德里亚不同，贝拉迪谈的是力比多寄生者，谈欲望的"热力学"，欲望在其中相当有限，可能在塌陷，也可能在承受多米尼克·佩特曼所说的**力比多巅峰**（peak libido）。[2] 贝拉迪写道："抛弃了某种斯宾诺莎式的必胜信念之后，我们就可以承认，力比多能量是一种有限的资源。"欲望是一个矛盾的场，而非神圣的力。"精神分裂的视角下，欲望的增殖可以不断地削弱一切控制结构。塌陷的视角下，欲望的增殖是虚化病毒的扩散。"(160)

于是，这是一个萨诺斯政治（我将其称为萨诺斯主义）的时代，灵魂完全被武器化了。[3] 这是一个后政治时代，通过神话的方式，有意识地围绕共同的事业组织信息已经不再可能。这是一个充满"心灵困扰"的时代（209），一个向集体智慧开战

---

1 Jean Baudrillard, *Seduction*, New York: Palgrave, 1991.（中文版名为《论诱惑》）
2 Dominic Pettman, *Love and Other Technologies*, New York: Fordham University Press, 2006.
3 McKenzie Wark, "Birth of Thanaticism," *Public Seminar*, April 3, 2014, at public-seminar.org.

的时代，权力甚至对自己的仆人——大学——下手了。

如果按照贝拉迪的说法，米开朗基罗·安东尼奥尼是异化初期的电影人，那么，奥利维耶·阿萨亚斯或许就是虚化时代的电影人。史蒂芬·沙维洛评价阿萨亚斯的《登机门》说，它是一部关于严酷的水平状态（horizontality）的电影，也是一部关于连接的电影，这里的水平状态和连接都不是好词。[1] 他的《魔鬼情人》预示了贝拉迪所说的"认知机能与物质社会性（sociality）的病理性分离"（109）。

这是一个黯淡的前景，到贝拉迪后来的著作《英雄》里更为黯淡。该书对连环杀人案和其他一些症候性事件的新闻报道表现出了令人毛骨悚然的沉醉，颇有贝尔纳·斯蒂格勒的小书《付诸行动》的风采。[2] 贝拉迪对治疗性的（后）政治的呼吁可以与施蒂格勒联系起来看，斯蒂格勒主张恢复"欲望的长循环"，以此对抗悖论般地阻止了原生性自恋形成的短路和同步，而这种自恋或许能够抵挡更具破坏性的自主性缺失。

贝拉迪仍然使用了后工人主义–自治主义作者的部分语言。我在拉扎拉托和布唐那两章里就说过，我不觉得乞灵于**非物质**或**认知**这样的词有什么好处。贝拉迪对知识分子向生产领域转化的论述似乎表明了，我们为什么应该更努力地从彻底的物质角度去解释信息。

---

[1] Steven Shaviro, *Post Cinematic Affect*, Winchester, UK: Zero Books, 2010.
[2] Franco "Bifo" Berardi, *Heroes: Mass Murder and Suicide*, London: Verso, 2015; Bernard Stiegler, *Acting Out*, Stanford, CA: Stanford University Press, 2008.

第 7 章

安吉拉·麦克罗比：
匠造脆弱不安

美国文化研究的命运有两个层面。一方面，它仍然在制造道德恐慌。有些脑筋不正常的右派认为，"文化马克思主义"是某种邪恶的、堕落的学说，大概是犹太人和黑人为了毁灭美国造出来的。另一方面，它终于毫无阻力地商品化了。当年以一部亚文化研究专著闻名的迪克·赫伯迪格如今成了克丽丝·克劳斯小说中的人物，该小说已由热播剧集《透明家庭》制作团队改编为电视剧。[1] 巧合的是，这两种模式正是赫伯迪格认为一切亚文化的命运。

赫伯迪格开辟了一片新阵地，将摩德族、摇滚客、朋克等亚文化从犯罪学家的手里抢救出来，这些犯罪学家只会扣"越轨"的帽子，最开明的情况下也只是不派警察派社工而已。赫伯迪格则认为，亚文化是一个文化和审美的问题，是一种**通过**

---

[1] Chris Kraus, *I Love Dick*, Los Angeles: Semiotext(e), 2006.（中文版题为《我爱迪克》）

仪式抵抗的形式。[1] 这种思路影响力相当大，特别是在艺术界，艺术家总是在寻找审美价值的新源泉，即便那意味着过贫民生活。

麦克罗比觉得到此为止都没问题，但是，赫伯迪格还倾向于认为亚文化的参与者主要是工人阶级男青年。[2] 如果我们将工人阶级女青年的自我成就也视为亚文化呢？到此为止也没问题，但我们必须问一个问题：20世纪晚期英国亚文化的噪声与抵抗是一种可以普遍化的现象吗？或许它只属于它自己的时间和地域。或许它是产业工人阶级衰落碰上城市空间内广播时代的消费者文化兴起的产物。

麦克罗比在《要创新》一书中给出了亚文化的新解。[3] 她从亚文化与文化产业冲撞的余波，一直追溯到人们近年来对**脆弱不安阶级**（precariat）和**创意诸产业**的关注。[4] 这里有没有超出单纯用词变化的变化呢？通过追踪工人阶级女青年在当代城市地形中的路径，我们能学到什么呢？

吸取斯图尔特·霍尔和赫伯迪格、吉尔罗伊、安德鲁·罗斯等其他文化研究学者的成果，麦克罗比细致考察了日常文化中的种种乌托邦可能性，但又用批判的眼光加以审视，着意于大众的理想是如何被商品形式收编，或者被规训权力引向别处。人民是文化的创造者，但创造文化的环境并不是人民选择的。

---

1 Stuart Hall and Tony Jefferson (eds.), *Resistance Through Rituals*, London: Routledge, 2006.（中文版题为《通过仪式抵抗》）
2 Angela McRobbie, *The Aftermath of Feminism*, Thousand Oaks CA: Sage, 2008.
3 Angela McRobbie, *Be Creative*, Cambridge: Polity, 2016.
4 John Hartley, *Creative Industries*, Hoboken, NJ: Wiley-Blackwell, 2005.

首先，麦克罗比必须跟上时代。在赫伯迪格书写的时代，亚文化表现为**噪声**，是对大众文化产业的规律性重复的打断。大工业的劳动至少提供大工业的消遣。亚文化的性质之一是工人阶级理想的**移位**，将斗争从大规模生产的场所转向大众消费的场所。

那是 60、70 年代的情况，一直到 80 年代及之后的俱乐部文化中至少还有部分痕迹。但是，从 1997 年新工党上台以来，这一切就消散了。青年亚文化的元素被引入创意诸产业。俱乐部文化的夜间经济活动变成无尽的工作日。由于文化领域的迅速资本化，一种个人主义色彩更浓重，鼓励自我营销和自我剥削的名人媒体空间诞生了。随之而来的是社区和阶级文化的愈发疏离。社会问题的解决之道在于走出去，认识人。

在解决这些问题的过程中，高校的角色是什么呢？这里有某种讽刺的意味，因为"文化研究意料之外的结果是，它竟然被奉为经典，成了为新兴创意经济服务的课程体系"(9)。任教于伦敦大学金匠学院的麦克罗比有一些想进入创意诸产业的学生，通常年纪不大，也没有孩子，却一边攻读学位，一边不停地做兼职。大学既是发放文凭的机关，也是建立人脉的场所。

这些兼职工作是通往一个目的的手段，通往一种创造性生活的观念。亚文化用消遣场所来发扬在工作中被工作压抑的创造力。现在的观念是：工作本身就可以是表现创造力的场所。工作成为某种浪漫关系。"工作为满足新一代人的需要和要求而被重新发明了。他们从传统的家庭、宗族、社区或地域中'解嵌'，认为工作必须成为他们自我实现的标志。"(22)

当然，所有这些独立的、创造性的工作最终还是要依赖集中所有、集中控制、由一种新的统治阶级榨取租金的基础设施。围绕着这种基础设施，旧式小资产阶级的"闪转腾挪"活跃起来，不是去专攻一门手艺，而是试试这个，试试那个。年轻人就好比汽车撞击试验里的假人，热情而投入地体验着这种新瓶装旧酒的生活方式。以前的小资产阶级做梦都想不到能在Instagram上有一百万粉丝。

麦克罗比敏感地把握到了这一切当中的矛盾性和模糊性。"起初是一种内在的渴望，追求有价值的工作，现在却被转译成了一套在充满不确定性的创意劳动世界里自处的技术。"(37)从年轻从业者的角度看，这是自主；从国家的角度看，"这是将文化转化为竞争和劳动规训的工具，借此管理青年人口中的关键一批人。"(38)

马克思曾设想，随着大资本侵入和占领小资产阶级的各个市场空间，小资产阶级会逐渐无产化。麦克罗比描述了一种相反的现象。各种之前属于工人阶级的阶层如今成了小资产阶级。资本甚至不需要他们进工厂，进办公室干活。不稳定被打扮成了一个优点：规矩少。现在不是单数的文化产业，而是复数的创意诸产业，这种广义的城市经济体系给了年轻人——尤其是年轻女性——闯荡的感觉，呈现出个人成功的无限可能。

尽管我对**新自由主义**这个概念的实际用处存疑，但它确实有助于解释当代阶级主体的生活状况。与福柯一样，麦克罗比将新自由主义的源头追溯到**秩序自由主义者**，一批曾在纳粹掌权时忍气吞声的德国公务员和知识分子，等到纳粹覆灭后，他们又拿出了一套更容易让人接受的右翼哲学。讽刺的是——麦克罗比没有讲这段历史——这套哲学取代了那些抗击纳粹期间站在英国国家一边的知识分子们信奉的国有社会主义（state socialism）。[1] 秩序自由主义者重新定义了人，不是通过劳动来界定，而是将人定义为自身生命力量的创业者。这是一种市场活力论，为人类的行为规定了一套狭隘的规则，其唯一目的就是增值，一切意义上的自我增值。

尽管政治理论家可能会做着新自由主义主体的大梦，但现实中主体的想法、感受和行为要更复杂，也更有趣一些，这也正是麦克罗比的研究范围。"在我眼中，对创造性工作的热情投入中包含着'逃亡路线'，里面嵌入了关于曾经被阻断的希望与失望的家史。"（46）过去，母体文化被商品化吸纳后，它包含的阶级政治会以亚文化的形式再次出现；但是，如今的（后）亚文化不再是将噪音注入霸权秩序，而是播撒了更多有待商品化的种子。与此同时，维系着创意诸产业的辛勤劳动是由一个没有固定工作的"高风险阶级"提供的。创意开出了自我实现的承诺，不安全仿佛成了冒险的一部分。

这似乎证实了夏娃·希亚佩洛和吕克·博尔坦斯基的成果，两人的研究内容是60年代统治阶级在霸权受到挑战时抵制一条攻击路线，吸收另一条攻击路线的应对方式。被抵制的路线是以野猫罢工和占领工厂为形式的**劳工批判**。被吸收的路线是**艺**

1　C. H. Waddington, *The Scientific Attitude*, Harmondsworth: Penguin, 1941. 在进步科学家为反法西斯战争事业撰写的通俗读物里，这本书不是最流行的，但哈耶克在《通往奴役之路》中将它作为抨击的靶子。

术批判，不谈劳动谈**异化**。事实证明，就算没有严格的、外部强加的纪律规范，也不耽误榨取劳动价值。麦克罗比写道："尽管主流价值体系歌颂创意经济的发展和才华的涌现，但有才华的人本身却处于一个就业严重不足，激励主要源于自身的领域中，工作时间长，而且笼罩在失业的阴影下。"（153）麦克罗比通过理查德·佛罗里达、理查德·桑内特、意大利工人主义及其后继者，如维尔诺、贝拉迪和拉扎拉托的著作阐发了自己的观察结果。

理查德·佛罗里达歌颂繁华城市中的**创意阶级**，在他看来，旧的工人生活区变成了上等人的游乐场。[1] 麦克罗比的看法没有他这么乐观。她指出，佛罗里达笔下的光明景象正是华康德眼中关于城市空间真实现状的社会学解释陷入没落这一现象的反面。[2] 创意阶级占据城市空间发生于监狱人满为患，将另一批城市人口整个打成罪犯的背景之下。过去的亚文化一部分转化为创意诸产业，但另一部分则不再交给社工，而是直接从学校进入牢房。

理查德·佛罗里达赞颂创意产业的嬉皮士精神，理查德·桑内特则偏爱常规工作和工匠劳动的传统价值。[3] 麦克罗比注意到，使用自己的一套工具安稳工作的模式对桑内特的吸引力中有部分父权制和保守因素。但是，这种与拥抱创意产业针

---

1 Richard Florida, *The Rise of the Creative Class*, New York: Basic Books, 2014.（中文版题为《创意阶层的崛起》）
2 Loïc Wacquant, *Punishing the Poor*, Durham, NC: Duke University Press, 2009.
3 Richard Sennett, *The Craftsman*, New Haven, CT: Yale University Press, 2009.（中文版题为《匠人》）

锋相对的模型自有其可取之处。

桑内特将工作视为提升生活质量的活动，而不只是苦力。就此而言，他对劳动的看法与汉娜·阿伦特截然不同。但是，桑内特认为工作性质的变化可能会对品格造成负面影响。通过回到协作性的、以"把活做好"为圭臬的传统习惯或许能逆转这个过程。麦克罗比认为，就反对关于创造性的浪漫化叙事而言，把创造性工作与被认为"缺乏创造性"的工匠工作并置或有价值，尽管有人不禁会问，这种结合会不会只是另一种浪漫化叙事。

这里还有一些棘手的问题：任何一种劳动是如何形成某种与实物本身分离的知识产权的呢？知识产权一方面生成一名"作者"——和所有者——另一方面，它又会以一种特定的方式掌控市场。遗憾的是，麦克罗比并没有涉及这个方面，或许是因为她举的例子是时尚界，该领域的知识产权大多数在品牌和商标这个层面上，而不是与具体的设计样式挂钩。

尽管如此，桑内特还是提供了一种思路，将工匠劳动视为城市的节律之一，其部分价值就在于不带个人色彩。这种思考工作的方式不那么宏大，与天才、才能、灵感、竞赛关系较小——或许还可以加上一条，与知识产权关系较小。"工匠之道就是始终能带着失败工作。"（156）工匠的技艺是大部分人都能掌握的。它不是带有精英色彩的艺术感受力。它服务于本地。这都没问题。"但是，对于按件计费，必须节省时间的自由职业者来说，慢工出细活可能只是一种遥远的理想。"（158）

在当代过发达世界的城市中，地方纽带分崩离析，社会关系鲜有持久,"团队合作"的企业文化源源不断,这里没有多少手艺的空间。有人或许还能够凭借共同记忆和家族传承来发起反抗(或者——如果我们敢于希望的话——还有政治创新),但它不会再采取亚文化的形式。创意诸产业表现出的匠人感觉的余绪或许包含反抗的可能。桑内特提供了一个"文化母体"的视角,很值得匠人和艺术家们看一看,因为这正是他们的故事。

麦克罗比还考虑了一个问题:如果以桑内特看待匠人的方式去看待传统上被认为属于女性的工作,那会如何?

> 降低对艺术家和创意人士那令人目眩的期望或有好处,因为这样一来,他们就能与其他人平等共处,并从一种慢节奏的、只为一件事本身而去做的工作模式中获益。相比之下,抬高某些根深蒂固的无偿工作的地位,要难得多,比如家庭清洁。(160)

谈到这里,我们或许要停下来,想一想这种工匠劳动的精神中家庭关系或社区纽带的消失或隐没。于是,理查德·罗伊德的研究中,生活在芝加哥威客公园一带的新波希米亚人看不到身边失去了哪些人。同时,安德鲁·罗斯所研究的纽约睿域广告公司的**数字工匠们**会自嘲说公司不过是"酷酷"的血汗工厂,还说公司要求共事者们像加入邪教一样投入。但是,他们不会想到自己在笔记本电脑上的创作最后的用场:在真正的血汗工厂里制造的商品上的装饰。无论如何,形势已经变了。威客公园和睿域都属于一个已被遗忘的时代,尽管那不过是十年前的事情。[1]

麦克罗比没有试图紧跟瞬息万变的"酷"社区和"酷"雇主,而是回到 70 年代雅克·朗西埃的一部研究 19 世纪工人的专著。在《无产者的夜晚》中,朗西埃考察了那些目标不止于组建工会、合作社或政党,甚至不仅限于废除工作的工人。这些阶级斗争的**逃兵**想要的是另外一种工作。[2] 他们渴望独立,并通过诗歌——通常是相当规整传统的那一类——等形式来表达。

麦克罗比将这本书与英国文化研究传统联系起来,后者将注意力从生产领域转向消费领域,目标是理解劳动者的欲望和雄心是如何在消费领域寻求其表达的。上述英法两国彼此类似的研究思路的兴趣点在于非传统类型的"政治"——如果还能用这个词来描述的话。英国的研究偏向文化,而不是大写的政治(Political),把迪斯科舞厅或家庭餐桌看作重要场所。麦克罗比写道:

> 这些共有的、家庭的、集体的空间——其实也是制度性的空间——为想象替代性的工作生活提供了可能。因此,文化研究预见到了一种新马克思主义,它对差异和多样性保持开放,也对家庭、社区空间取得与工作场所、狭

---

1 Richard Lloyd, *Neo-Bohemia*, New York: Routledge, 2010; Andrew Ross, *No Collar*, New York: Basic Books, 2002.
2 Jacques Rancière, *Proletarian Nights*, London: Verso, 2012.

义的政治领域相等的地位保持开放。(58)

但是,这种表达工人欲望和能力的大众文化也可以被工具化。在英国,重大变化发生于所谓的"新工党"时期。创意(creativity)变成一种劳工改良形式,其中艺术家是一种新人力资本的典范。"这是达米恩·赫斯特的时代。"(42)艺术和文化被投入劳动。这是一种过渡模式,近年来被以科技为中心的**创新**(innovation)取代。

然而,基本模式并无多大变化。在新的模式下,工作者的目标是运用创意来实现个人的功成名就。创意也好,创新也好,它都与传统的,或者说"精英主义"的文化或社会模式相对立。它有时包含一种含混的包容话术。它确实唯才是举,但不会停下脚步,问一问胜者与负者起步的高度是不是果真相等。另外,这一切当然都不是从工人的视角出发的。工人是要离场的。工人运动被去群体化、自治的自由能动者组成的网络所取代。

讽刺的是,文化研究本身成为一种可以通过改造融入上述图景的文本资源。例如,保罗·威利斯关于青年工人阶级创造性的研究在"新时代"后劳工政治运动的语言中产生了新的用途,这场运动最初的支持者是意共残存势力中信奉葛兰西主义的一派。在英国,它又成为新工党的语言。拿其他人的文化研究来反对它本身不免唐突。麦克罗比对斯图尔特·霍尔的辩护是,他尝试通过新型大众政治的手段来应对后福特主义的兴起及其对消费文化的影响。"有人把他关于左派如何能够创造一种新型大众政治的宏大设想拿过来,并将其偏离到令人意外的右

派方向。"(68)

英国文化略不同于美国的一个特点是，英国公立教育体系曾长期为富有才华，且经常是反叛的工人阶级子弟留出了追求艺术的通道。[1] 麦克罗比等文化研究学者认为，这是对立冲突从工厂转移到艺术领域。这一传统很可能是随着明星艺术家的出现而结束的。明星艺术家鼓吹所谓的新自由主义自我成就观，而这种成就观的化身就是翠西·艾敏和达米恩·赫斯特。

秩序自由主义者们大概没有料到，在某些方面，艺术家成为新自由主义下主体的理想类型，在明知是自我剥削的情况下追求梦想中的工作。麦克罗比认为艺术家可细分为三类，但我对此并不信服。这三类分别是：社交达人型艺术家、全球型艺术家、脆弱不安型艺术家；其中第三类是针对新自由主义下艺术家的理想主体性的一种内部批判性拒绝。麦克罗比写道："这些创造性活动的根状茎式（rhizomatic）策略和战略与工具包、商业研究模块这套语汇完全是不可通约的，因此可视为针对'创业者的大学'的一种直接挑战。"(84)

现代主义艺术家是文化产业的例外，当代艺术家则是创意诸产业的典范。创意诸产业这个范畴的意义特别在于它模糊了美术与应用艺术，或者说工艺的界线。与各式各样信息生产的普遍商品化相比，后现代艺术对审美与刻奇边界颇具风格的复杂化显得相当温和。

麦克罗比更关心的是创意产业中偏"低俗"的部分，以及

---

[1] Simon Frith and Howard Horne, *Art into Pop*, Methuen, London, 1988.

受其吸引的年轻女性。她在这个领域发现了事业心很强的女孩，她们表演着由某种后女性主义假面所编排的复杂的身体仪式。她们在进行着所谓的非物质劳动和情绪劳动，或者用麦克罗比的话说，是"激情劳动"（89）。她们并没有完全否认阶级、族群或社群，只是看到了一条通往更有激情的生活的独木桥，其中不免有一些妥协。规范性的女性气质是掩盖传统工人阶级特征的一种方式，后者在工作场所可能会使她们失去工作能力。女性主义打开了一条追求机遇的通道，但这条通道如今再次被看似更传统的女性规范占领。

"资本主义向年轻女性给出了一个富有诱惑性的提议，承诺工作会很开心。但与此同时，这种工作注定是脆弱不安的。"（105）这些女性试图通过拒绝劳动来逃避单调的岗位，追求自主的活动，但这种拒绝随后也被收编了。麦克罗比写道："'浪漫'的观念被引离爱情和亲密关系的领域，转而投射到富有意义的职业生涯这种观念上。"（91）

意大利工人主义思想家仍然秉承一种男性气质浓厚的政治路径，与其相比，麦克罗比的文化研究路径开辟了一些劳动与性别交叉领域的有趣问题。与"博洛尼亚学派"相比，伯明翰学派从工厂转向日常生活，并将不同类型的斗争区分开来。麦克罗比写道：

> 如果不纳入"文化"的概念，"街头"就只能指代一种次一级的空间：它不是车间，因而不是阶级政治的主要场所。按照这种思路，厂房依然占据优先地位，尽管工人们

正在逃离厂房。（95）

工人主义者谈**社会厂房**，而文化研究学者或许会谈**社会厨房**。身处所谓的创意产业时代，这个隐喻的变化或许能帮助我们改变关于劳动和文化两者的思维方式。

工人主义者仍然将经典意义上的劳资阶级对立视为核心，文化研究者则认为，政治层面与文化层面在社会结构中具有同等重要的作用。秉承 E.P. 汤普森和雷蒙·威廉斯的精神，文化研究将文化视为大众抵制和抗议的全景。[1] 工人主义者认为，有一种新的无主体阶级政治，后福特主义生产流程便是因此而产生的。"然而，这些作者没有一个有力的工人阶级文化的概念，于是只能寄希望于拒绝工作。"（97）尽管他们从来不是很清楚拒绝的含义。同时，文化研究者则拓展了葛兰西对大众文化的构想（不过，在吉尔罗伊之后，它未必与民族挂钩）并以其为共同的研究资源。

麦克罗比捡起了工人主义者的逃亡路线概念，逃避工作的欲望，以及作为对劳动的反应的跳槽行为。当然，并非所有工人主义者（和后工人主义者）都热衷于逃亡路线。例如，拉扎拉托和贝拉迪就相当悲观。麦克罗比的问题是：年轻女性是否获得了与年轻男性同等的"非物质劳动"的机会。当今劳动力市场的性别隔离程度是否与以前等同（或者更严重）？是否存在

---

[1] Raymond Williams, *Culture and Society*（中文版题为《文化与社会》）; E. P. Thompson, *The Making of the English Working Class*, London: Penguin, 2013（中文版题为《英国工人阶级的形成》）。

某种新传统主义的性别歧视的回归？或者更宽泛来讲："那么，我们能如何谈论后福特主义的性别？"（101）

麦克罗比写道：

> 拒绝更多是一个欲望问题，对有价值的工作的渴望。这种工作在我们的视线范围之内，而且通过继续深造的手段，它或许也在我们的能力范围之内。这种"逃亡"也获得了性别特征。由于20世纪70年代女性主义运动的影响，年轻女性求职成了一件完全可以接受的事情。我不会像自治主义马克思主义者那样谄媚地声称，"社会厂房"中将产生一种新的激进政治。相反，我看到的是一个充满矛盾和张力的场域，其中各种逃亡路线将过去父母辈的斗争，与子女在当代工作经济体系中的日常经验联系起来。（93）

尽管激情劳动开出了逃脱传统劳动的乌托邦式承诺，但它最终也成了一种可以被剥削的欲望。激情成为一种生产手段，兼有脆弱不安、工作时间长、报酬低的特点。"我提出的激情劳动概念是一种性别再传统化的特殊模式……保守的后女性主义重新为女性追求成功的愿望划定边界，只许她们参加创意劳动等规定的领域。"（110）激情劳动变成自我剥削，辅以一套独特的情动准则——永远要保持快乐的样子——以及昂扬向上的体态风貌。

创意工作已经与普通劳动相分离，但这是否就能推出它是去政治化的，就像麦克罗比所认为的那样？或许另一种以并非完全是劳动的事物为对象的政治。创意劳动与其他类型的劳动之间产生了分裂,因而社民主义政治削弱了。但是,我们未必要采取将前者拉回后者的战略。与桑内特一样,麦克罗比有时给人一种缅怀过去的感觉,尽管两人描绘的过去并不完全一致。或许,现在是时候设想另一种不同于新自由主义宣扬的创业,也不同于社会民主主义宣扬的产业工人,而是能够更准确地映射到当代阶级结构的语汇了。我们不要单纯将新自由主义转向倒过来,而是要发起一次新的转向。

麦克罗比鼓励我们到不那么具有男性气质的活动中发掘可能性。她的兴趣点在于公开展示传统女性手艺的女匠人,比如进行给从自行车到灯柱织毛线套的公共艺术创作的"毛线轰炸者"(yarn bombers)。这些亚文化具有一定的矛盾性。一方面,它们回到一种相当传统、田园牧歌式的女性气质文化;另一方面,它们有时又会从过去吸取资源,在当下创造出具有更强自我意识的女性主义活动。这当中的张力和模糊性可以是既有成果,又有趣味的——文化总是如此。作为一个范例,这种亚文化是威廉·莫里斯从匠人角度进行的工业生产批判的回归,而且去除了父权制色彩。[1]

或许,旧事物的制造与新信息的生产并不是一回事。或许,后者之所以在劳动的历史和文化中如此稀缺,恰恰在于它并不是劳动。信息生产的瞬时性或许与匠人工作的耐心坚持并无多少共同点。它与商品形态的关系十分不同。信息生产的产品并

---

1 E. P. Thompson, *William Morris: Romantic to Revolutionary*, Oakland: PM Press, 2011.

不是作为一项财产被售卖的东西，而是一种足够新颖，可以被算作知识产权的信息编排。这种产品很容易被复制，因此为了从它的生产中榨取价值就必须采取另外的策略，于是，一种围绕着个别创作者的特殊技艺的光环便粉墨登场了。生产信息的网络具有部分的地方性，而目前城市正是最适合组织信息的场所。但是，这些网络也拓展到城市空间之外。信息的基础设施让实体和信息看起来成了两个彼此分离的层面，但其实它丝毫没有非物质的成分。

简而言之，这种相对新兴的生产方式既不同于产业劳动，也不同于工匠劳动。它只能出现于信息可以成为私有财产，又能迅速、完整地复制和分享的时代。一套相对晚近的生产力让信息生产成为可能——信息技术。信息生产既受到知识产权——为了容纳信息生产而脱胎于传统产权形式的生产关系——的塑造，又越出了它。或许，它能够让信息生产者与所有者之间产生出不同于以往的阶级关系。

我发现，创意诸产业的上述方面在英国文化研究和法意工人主义理论中都受到了忽视。然而，麦克罗比关注了性别在创意诸产业发展历程中的作用，这一点或许值得参考。如果将时尚视为**创意**的典型形态，将科技视为**创新**的典型形态，那么，我们就会发现这里极其有力地强加了一种什么是男性的工作，什么是女性的工作的极其保守的观念——尽管两者都不再是严格意义上的"工作"了。

第 8 章

保罗·吉尔罗伊：
种族之持存

艾梅·塞泽尔有言：所谓的"西方"是一个衰败中的文明。[1] 在英国和美国，各项制度都在日渐衰落，种族话语与种族团结正在底层涌动。在如此黯淡的时代，我将目光投向保罗·吉尔罗伊的著作，他提供了一种超越种族的、世界主义的反种族主义视野，但这种视野并没有采用精英主义的形式，而是采取了大众的、通俗的混合形态。

吉尔罗伊的《比蓝更黑：论黑色大西洋文化的道德经济》收录了一系列关于他提出的著名概念"黑色大西洋"的文章。黑色大西洋（Black Atlantic）是种族话语的一种替代品，但又不属于针对种族话语而兴盛起来的各路民族主义思想。[2] 它不能被归约为自由主义，而且试图抵制被文化产业吸收。在这个"表演的时代"（87），它或许是一项当务之急。用巴特勒的

---

[1] Aimé Césaire, *Discourse on Colonialism*, New York: Monthly Review Press, 2011.
[2] Paul Gilroy, *Darker than Blue*, Cambridge, MA: Harvard, 2010.

话说，它是一个可哀悼的（grievable）、处于衰落中的范畴；用哈拉维的话说，它是一个可杀死的（killable），处于扩张中的范畴。

吉尔罗伊对那些针对种族主义，又借用了种族主义资源的回应心怀警惕。他大概会强烈反对尚塔尔·墨菲的政治观，即一切政治的基础必然是以切实的平等的方式参与到共有的实际事业中，而这必然要将其他人排除在外，认为他们与我们是不平等的。因此，他并不更青睐黑人民族主义。相反，他的思想基础是黑色大西洋的道德经济，其中反奴隶制和种族主义的斗争提出的是一个跨国归属感的问题，或者用我的话说，一种类存在物的问题。正如认为英国工人阶级自己造就了自己的 E. P. 汤普森一样，吉尔罗伊的兴趣点在于一个族群在斗争中的形成，但又超越了汤普森狭隘的国家框架。[1]

他的研究在某些方面相当老派。吉尔罗伊说："在像 W.E.B. 杜波依斯和 C.L.R. 詹姆斯这样的人物提出黑格尔主义和马克思主义想象之后，奴隶对人身自由的追求可能具有更广阔的哲学、政治、商业意义的想法就很少有人去认真考虑了。"（5）实际上，吉尔罗伊适逢其时的地方正在于他坚持这些问题具有长期的意义，尽管回应的方式需要不断变化。[2]

在人权话语的自我理解中，反对奴隶制和殖民主义的斗争并不总是具有核心地位，原因或许是这些斗争总是越过人权话

---

[1] E. P. Thompson, *The Making of the English Working Class*.（中文版题为《英国工人阶级的形成》）
[2] C. L. R. James, *American Civilization*, London: Verso, 2016.

语，回到人权与自由主义相容的时代。反奴隶制的部分道德力量源于圣保罗的千禧年主义基督教，它指向的包容性相当激进，要将全人类都包含在内，超越狭隘的一种一族。

吉尔罗伊修正了詹姆斯·鲍德温对《汤姆叔叔的小屋》的批评性论断。[1] 吉尔罗伊承认煽情故事妨碍了羞耻感发挥其全部意义，但他希望从该文本创造的世界性翻译和影片制作网络中发掘出某些大众道德经济的元素。"《汤姆叔叔的小屋》构成了世界道德史中的一个世界主义篇章。"（66）当然，该书有描绘黑奴消极性，以及将受苦写成救赎的问题，但它也将黑人角色塑造成具有真实的人性。与巴特勒一样，吉尔罗伊想要重新找到一种能够认可他人苦难的感受结构。

与之前的《反对种族》（*Against Race*，2000）一书一样，吉尔罗伊也对走反法西斯路线的，以争取民族独立，摆脱殖民统治为目标的反种族主义斗争表示了支持。这段历史往往会让那些将身份视为给定的、融贯的、无意间由某些外来侵略者强加的叙事变得复杂起来。吉尔罗伊坚持认为这段历史不能等同于身份政治，不管当代美国学界开出的书单会怎么说。吉尔罗伊写道："那个压抑的伪政治姿态为沾沾自喜的无为和甘于现状的态度提供了不在场证明。"（66）

《比蓝更黑》在讲述埃塞俄比亚的历史地位时恢复了反法西斯与反种族主义的双重叙事。1930 年，海尔·塞拉西成为这个古国的皇帝；1935 年，意大利对该国发动了第二次战争，其间

---

[1] James Baldwin, *Notes of a Native Son*, Boston: Beacon Press, 2012, 13ff.

对平民使用了化学武器。我们应当记住,预示着世界大战卷土重来的小规模战争不止西班牙内战这一场。西班牙或许激起了全世界反法西斯左翼人士的热情,但埃塞俄比亚对泛非洲政治也产生了类似的影响。

当然,上面一段只是对繁杂琐屑的史实稍作提示。吉尔罗伊提到埃塞俄比亚是为了探问反奴隶制与反殖民主义在人权斗争中扮演的角色。

> 总的来说,这些斗争为一种深植于客体性经验的自由文化做出了贡献。它们都在反抗一种将人贬低为物的程序。对黑奴的后代来说,这些斗争唤起了一段不许他们识字,识字就要丧命的历史,他们被束缚在一个地方,在那里,认知——也就是思考——不是通往怀疑、掌握方法和成为现代人的特殊门径,而是一个族群认识到自己什么都不是的彻底脆弱性,并社会性死亡的捷径,他们的亚人(infra-human)地位意味着人们可以不受处罚地把他们卖掉。(72)

有人可能会设想,吉尔罗伊这种以非存在的脆弱性为前提的思想挑战早在吉奥乔·阿甘本的作品里就有了。[1] 在那里,集中营取代城市成为政治理论的**主题**。但是,吉尔罗伊坚持认为,殖民地时期黑奴营地的这段史前史在阿甘本那里只是一笔带过。

---

[1] Giorgio Agamben, *Homo Sacer*, Stanford, CA: Stanford University Press, 1998.(中文版题为《神圣人》)

吉尔罗伊转向了普里莫·莱维及其"**有用的暴力**"这一概念。[1] 在集中营里，就连目的理性、生产指标或利润都从属于某种过度的东西。这让吉尔罗伊产生了种族主义自身就具有能动性的看法。

对施暴者来说，暴力为什么在强制和逼迫受害者达成某种实质目标的过程之外和之上还有用处呢？奇怪的是，暴力能让他们在杀害、折磨受害者的同时尽量减轻自己受到的情感困扰，因为受害者只是**亚人**，对其无须有同属一个类存在物的尊重。就其不那么世界历史，而更日常的基调，这种思路更能理解伊拉克囚犯在阿布格莱布监狱受虐待的那些照片。它也是"黑命贵"这个短语的概念内核，以及情感内核。

与阿甘本一样，汉娜·阿伦特也试图回避种族问题。[2] 在阿伦特看来，当人脱离民族的藩篱时，他们就表现出自然性，从而引发暴力对其人性的攻击。但是，吉尔罗伊认为，阿伦特将脱去身份的人误以为是自然的人。这个脆弱的形象是种族化的人，而不是自然化的人。种族化的亚人肉体被用来履行种族理论假定的从属地位，但如果没有虐待行为的话，他们的肉体似乎并不支持这种理论。吉尔罗伊写道："种族话语可以被认为是一种意义生成系统的肥料，这个系统滋养着创造例外空间，并以脆弱的亚人填满它的倾向。"（85）

作为一项事业，反种族主义不仅超越了自由主义理论，也

---

[1] Primo Levi, *The Drowned and the Saved*, New York: Vintage, 1989.（中文版题为《被淹没与被拯救的》）

[2] Hannah Arendt, *The Human Condition*, Chicago: University of Chicago Press, 1998.（中文版题为《人的境况》）

超越了更具批判性的政治理论。但另一方面,它也有被商业化的糖衣炮弹攻陷的倾向。吉尔罗伊写道:"早在非裔美国人获得公民权利之前很久,他们的消费者身份就形成了。"(9)曾触怒希特勒的田径明星杰西·欧文斯为可口可乐公司站台。我认为,吉尔罗伊发现的政治身份与消费者身份之间的张力在美国电视剧《喜新不厌旧》中体现得淋漓尽致。这部剧讲述了一个正在向上流动的黑人广告经理一家的故事。核心角色的父亲自称60年代也激进过,但加入的是"野猫党",还自我辩解说野猫党"跟黑豹党也差不多"。一家人必须努力适应上层中产阶级的生活,成天琢磨买车、买鞋。

《喜新不厌旧》探讨了一个人开始消费他被认为不配拥有的东西所引发的问题,以及购物作为护身符,保护一个人在任何公民话语中都不享有的特权的问题。它还承认了黑人消费所发挥的一项作用:黑人买过的某些东西成了"潮品",于是白人消费者也开始购买。消费可以表现为叛逆的一种形式,但也可以是顺从的形式。产品是对一个人无法拥有之物的替代品。

商品——无论贵贱——阻塞了美好生活的哪种其他愿景呢?正如贝拉迪等人在另一个语境中所说的那样,作为安慰剂的商品或许只会导致嫉妒的倾泻。吉尔罗伊写道:"残存的消极态度暴露了黑人公民的欲望:他们要以当年种族主义不允许的方式,充分地享受丰富多彩的美国生活。"(21)

吉尔罗伊认为,汽车是黑人文化与消费之间关系的"元祖商品"(ur-commodity)。鉴于美国新帝国主义行动与石油来源之间的极强联系,汽车让任何呼吁非裔美国人与反殖民主义事业结盟的尝试都变得复杂。但是，他还对汽车在非裔美国人的想象中发挥的作用——过去发挥，现在依然发挥——提出了一种精微的解读，从拉尔夫·艾里森和理查德·赖特一直谈到贝尔·胡克斯和科内尔·韦斯特（Cornel West）。艾里森已经从消费归根结底会让人异化的角度，来理解非裔美国人自我身份的形成与自由之间的张力了。然而，汽车仍然取代火车成为一个有力的象征，象征着作为种族恐怖、强制劳动和拘禁之回应的逃离、躁动与流动。

汽车文化将自由私有化了，并成为新的隔离工具。"在20世纪的很多时间里，私人轿车及其支撑的社会秩序都构成一种衡量霸权程度的指标。"(23)吉尔罗伊将汽车的兴起与作为反抗、团结象征的黑人文化的失落，以及黑人文化被某种生活规范所取代这两件事联系起来。汽车这种基础设施将技术放到日常生活的中心。

高速公路提供了一种完全缺乏与其他公民交往的重复性生活，让隔绝但平等成为常态——除非因为"黑人驾驶"（Driving While Black）被警察无故拦下。事实表明，拥有同样的物件对融入社区并没有什么用，黑人最后获得的只是物件，而非权利。汽车让逃离白人成为可能，同时进一步强化了种族隔离的地理分布。亨利·福特对希特勒狂热或许并非巧合。福特主义与法西斯主义可能有相当紧密的联系。

在非裔美国人文化中，汽车还有许多其他的形象，从杰克·约翰逊坐在豪车方向盘后，身边是一名白人女性，到马尔科姆·X在福特汽车厂里做工。汽车取代了火车在大众诗学中的位置。作为一种象征，它的影响力远播美国语境以外。汽车将殖民地城市的种族隔离普遍化了。汽车本身将乘客置于一个泡沫之中，还有它自身飞速前行的环境中。汽车成为"一种下面有轮子，四周有屏护的巨床，能够以越来越大的声量将司机对世界越来越弱的索取要求播放到死气沉沉的公共空间之中"（48）。

汽车欲望在非裔美国人的流行音乐里构成一整个门类。我们能想到罗伯特·约翰逊的《Terraplane 轿车布鲁斯》（"Terraplane Blues"）；艾克·特纳的《火箭88》（"Rocket 88"）；查克·贝利的《随便开开》（"No Particular Place to Go"）；吉米·亨德里克斯的《横穿全城》（"Crosstown Traffic"）；普林斯的《红色小科尔维特》（"Little Red Corvette"）和 TLC 的《小人物》（"Scrubs"）。吉尔罗伊提到威廉姆斯·德沃的《知足是福》（"Be Thankful For What You've Got"），这是一首罕见的颂扬没有车的好处的歌；还有阿尔伯特·金的《凯迪拉克生产线》（"Cadillac Assembly Line"），主题不是消费的欲望，而是生产的工人。我们还可以加上乔·L. 卡特的底特律布鲁斯《您先请，工长先生》（"Please Mr. Foreman"）。

最后一首歌里有一句歌词，"我对干活没意见，可我对死有意见"。一本讲述激进黑人劳工的名作便是以此为题：《底特律：我对死有意见》。[1] 这本书讲了汽车的生产，吉尔罗伊讲了汽车的消费，将两者联系起来看是有好处的。在很多方面，黑人劳工都在"福特主义"中占据核心地位。亨利·福特的一项著名

---

[1] Marvin Surkin and Dan Georgaka, *Detroit: I Do Mind Dying*, 3rd edition, Chicago: Haymarket Books, 2012.

举措就是用黑人劳工来打击罢工，但这场大战也将许多黑人从乡村引进工厂，他们最终加入全美汽车工人联合会。福特和通用汽车将主要生产基地迁出底特律地区，但克莱斯勒在20世纪60年代末仍然依赖那里的重要生产设施。当地的激进黑人劳工对公司和工会都发起了挑战，手段包括一系列野猫罢工和各类社区行动，包括抵制飞扬跋扈的底特律警察。

时至60年代末，美国车企与价格更低、品质更好的进口车展开了斗争。它们自称要通过自动化来应对挑战，但黑人劳工加将其称为 N---ermation。实际上，工作场所依然肮脏、危险、专制，办法还是加班加点，老一套，没变化。更不用说黑人劳工仍然干着最危险、薪水最低的工作。最新一批的移民，阿拉伯裔劳工也一样，是公司管理层乃至工会的分而治之策略的对象。

吉尔罗伊基本没有谈种族与生产之间的联系。我对他的"汽车回避了物质与符号、基础与上层建筑之间的一切残余区别"（30）这一论断表示怀疑。拉扎拉托的看法或许更有意义。他认为汽车与一种既是物质，又是符号，深深嵌入全球性生产流通地理网络，按照自身的承担特质（affordances）来塑造城市的基础设施存在关联。帕索里尼早在60年代就说过，新资本主义生产线不仅终结了主体，也终结了客体。在吉尔罗伊作品的这一部分中，我觉得最有前景的一点在于，它为我们提供了一个思考种族与基础设施之间互动关系的机会，并且始终是在全球的尺度上思考。

让我们快进到当下：接下来，我们可以考虑 Jay Z 开着迈巴赫跑车一类的意象对推动全球生产与消费链所发挥的作用。他可能卖不出去几辆迈巴赫，因为基本上没有人——不管黑人还是白人——买得起。不过，他或许能给自己戴的帽子带一波货。黑人文化的全球化是以美国标准为方向的。

不完全以消费为目的的混合黑人文化会有什么样的大众形式呢？吉尔罗伊给出了两个例子：鲍勃·马利和吉米·亨德里克斯。马利成名前是一名居无定所的移民劳工，穿梭于欠发达世界与过发达世界之间疏而有漏的边界。直到今天，"被冲上欧洲海岸的无名非洲人尸体的口袋里还能找到他的唱片"（88）。

吉尔罗伊写道："这位混血儿会如何回应那些几乎在每个社群都能找到的鼓吹纯洁性的人呢？"（103）马利吸收了牙买加粗鲁小子音乐（rude boys）、柯蒂斯·梅菲尔德和黑人权力（Black Power）运动：马利的名曲里有一句话，"我射死了警长"——但没有射死副警长。在吉尔罗伊看来，马利的黑人性能够容纳，却不能归约为非裔美国人文化。它吸收了埃塞俄比亚的流散者的宗教崇拜，但里面讲的家园更多是一个符号，而不是实际的地方。它从拉斯塔法里教派那里吸收了雇佣劳动是奴隶制的延伸，而非自己掌握命运的看法。它还通过摇摆伦敦（swinging London）发展成"午夜锐舞派对"的"怪异雷鬼"。

马利曾经是流动工人，亨德里克斯则当过兵，他将"机枪"换成电吉他，而电吉他本身也与军事技术有着有趣的联系。他创作出一种**非洲未来风**的音效，用卡耶塔诺·费洛索的话说，"一半是布鲁斯，一半是施托克豪森。"[1] 吉尔罗伊写道：

---

1 Caetano Veloso, *Tropical Truth*, Cambridge MA: DaCapo Press, 2003, 168.

亨德里克斯的生涯告诉我们，这时的黑人音乐能够创造它自己的公共世界：一种社会性的光环，它能够滋养或寄寓另一种感性，另一种感受结构，短期内或许会让不公和恶行变得更容易忍受，但也会促成一种对多种不同可能性的意识，让人们瞥见另一种道德、艺术和政治秩序，这一瞥是具有疗愈性的。（147）

吉尔罗伊认为，这一类黑人流散者文化的光彩迸发具有乌托邦性质。"这些音乐传统并不总是符合种族韧性、英雄气概、民族解放、提升种族地位、音乐直接服务于创作者政治意图的叙事。"（101）它们拨动了一个不平等却彼此依存的世界的心弦。"纯洁性成了不可能的事，混合不再是某些想象力丰富的后殖民时代精英念兹在兹的大麻烦。相反，混合成为难以驾驭的多性文化（multi-culture）的常规原则。"（151）甚至可以说，这种状况或许接近柄谷行人的第四种交换模式，即目的王国。

然而，吉尔罗伊的写作中也有哀声。"黑色大西洋流行音乐的反文化音色已成明日黄花。在既构成社区生活的基础，又形成社区生活边界的仪式性和解释性活动中，歌舞已经失去了它们的突出地位。"（121）为了想象出取代它的其他事物，坦然接受它的离去或许很重要。毕竟，它是一门强化人们的失落感的艺术，而且打开了消费以外的补偿手段的大门。"面对死亡而追求和谐，这曾经是向往自由的音乐创作传统的一个核心特质。如今，这个传统正在走向终结，因为无限度的消费自由承诺会满足人们的一切欲望。"（126）

吉尔罗伊确实认为存在一种阿多诺所说的"听觉的退化"(129)。其他人可能不会同意。科杜沃·伊申支持非洲未来风音乐的数字转向。蕾切尔·卡阿迪兹·甘萨关于肯德里克·拉马尔和碧昂丝饭圈文化的文字相当精彩。[1]至于各家说法服人与否,我不便置喙。当然,变动不居的、承载流行文化兴衰起伏的当代全球性基础设施构成的环境与所谓"模拟时代晚期"的环境大不相同。

当下,流行的、动情的、流散的混合文化会是什么样的呢?它会不会发生在流行音乐以外?它会不会连各种富有男性色彩的明星模式都摆脱掉?这似乎仍然是一个紧迫的问题。吉尔罗伊认为,问题在于要向着一种可行的类存在物靠近。按照他的解读,弗朗兹·法农不是一个能够轻易纳入美国学术界通行的反人文主义框架的作家。在尝试构造一种没有种族区分的类存在物概念的过程中,法农拒绝将文化差异视为绝对、永恒或不可超越之物。[2]

吉尔罗伊笔下的法农认为,种族主义让施暴者与受害者都付出代价,因为它摧残了共同的人性,让真诚的交流变得不可能。他拒绝任何轻松的天真立场。与波德莱尔所写的一样,施暴者与受害者的角色是可以互换的。吉尔罗伊强调,法农在战争期间的反法西斯主义和战后占上风的反殖民主义思想两者之间存在连续性。这里有一种指向普世性的乌托邦瞬间,但是从

---

1 Kodwo Eshun, *More Brilliant than the Sun*, 2nd edition, London: Verso, 2016; Rachel Kaadzi Ghansah, "When the Lights Shut Off," *Los Angeles Review of Books*, 31st January 2013, at lareviewofbooks.org.
2 Frantz Fanon, *Towards the African Revolution*, New York: Grove Press, 1969.

反面来表现的。类存在物的概念不需要一个理想化的内核。毋宁说，它是一个决定，接受多种文化之于彼此的相对主义的决定。实际上，它必然要推倒任何种族声称唯有自己本质上具备人性的说法的支柱，因为这种声称是有用的暴力的一个元素，而后者将差异分出高下。

第 9 章

斯拉沃热·齐泽克：
绝对反冲

只要马克思主义者将注意力从庸俗事物移开，开始创造**主体**理论，似乎需要理论化的主体就只有资产阶级主体。主体可能没有别的种类吧。

阿尔都塞用一件趣事来形象说明自己的主体理论。他走在街上，一个警察跟他打招呼说："嗨，你！"当一个人在这种情况下确认了（或者说，误认了）自己，他就成为一种**意识形态**的主体，即他作为一个权力对其说话的主体被别人招呼了。[1] 但是，如果我们严肃看待这则趣事，问一问在街上遇到警察可能会发生什么别的事情呢？

就在我写这部书时，圣路易斯附近的弗格森镇居民依然在街上抗议警察枪杀手无寸铁的黑人青年，拒绝做"良主体"。[2]

---

[1] Louis Althusser, *On Ideology*, London: Verso, 2008.
[2] Keenga-Yamahtha Taylor, *From #BlackLivesMatter to Black Liberation*, Chicago: Haymarket Books, 2016.

对有色人种来说,"嗨,你!"可能有着相当不同的含义。它可能意味着,你有罪与否,或者你认为自己有罪与否,无关紧要。警察看见了你,并且自动就"知道"了你有罪。

在今天的美国,有色人种可能不太担心被语言招呼,而更担心被子弹招呼。意识形态的国家机器和压迫的国家机器之间没有清晰的分界线。警察是看人下菜碟,对私人业主摆出意识形态的脸孔,但许多人更经常看到的是压迫的皮靴。不仅如此,这跟你恰好在哪条街上也有关系。不存在普遍和抽象意义上的"街"——至少巴特勒是这样怀疑的。一条街有它的特性,有它的承担特质,有它的氛围——**心理地理学**(psychogeography)——还有许多别的东西。[1]

阿尔都塞当然可能对此了然。他写这本书的时候,阿尔及利亚战争的高潮才刚刚过去,巴黎警方正在与阿尔及利亚自由斗士鏖战,巴黎经常执行宵禁,塞纳河里能看到双手铐在背后的阿尔及利亚人尸体。而且,他讲的"嗨,你!"这件趣事当然与萨特有不少关系,后者曾用一件类似的趣事来形象说明**处境**(situation)是什么。[2] 如果我在宵禁时间后出门,我就在行使我的自由,但我并不知道自由的确切界限。警察可能会找我麻烦,也可能不会。街不仅具有特性,它还可能是一种可变的处境。虽然萨特在其他方面对马克思主义的痴迷大概都是从资产阶级主体开始的,但他最起码对街头有些许了解。

---

[1] 关于心理地理学,参见 McKenzie Wark, *The Beach Beneath the Street*, London: Verso, 2015。

[2] Jean-Paul Sartre, *Being and Nothingness*, New York: Washington Square Press, 1993.(中文版题为《存在与虚无》)

但是，斯拉沃热·齐泽克在《绝对反冲》一书中评点阿尔都塞时并没有把上述情形视作他的缺陷。[1] 从萨特、德波再到列斐伏尔的那种**街头马克思主义**并没有在阿尔都塞或齐泽克那里出现。[2] 在阿氏和齐氏看来，这件趣事明显讲的是**资产阶级主体**被警察打招呼，它奠定了一种关于**普世主体**——也就是资产阶级主体——的理论的基础。按照齐泽克的解读，阿尔都塞的趣事确实涉及意识形态与压迫的关系，却是通过这样的方式：第一，强力可以展示，如此便不必动用强力；第二，甚至无需展示强力就可以不必动用强力。齐泽克写道："一个人先是展示强力，这样就不必动用它；之后，他甚至连展示强力都不需要。实际上，这里涉及的正是一种否定之否定。"（53）

第一点是实在性的，第二点是象征性的。于是，即便强力没有被展示，它依然在场，因为"那一小片实在"仍然内在于象征之中。齐泽克对阿尔都塞的解读是有趣的——如果读者是资产阶级主体的话。在齐泽克看来，阿尔都塞的理论中省略了知识的**裂缝**，而这个鸿沟需要用信念来**补足**。在阿尔都塞那里，意识形态场域会建构主体立场，而科学不会。在齐泽克这里，从头到尾都是意识形态。

接下来，齐泽克利用警察趣事创立了一种所谓的激进唯物主义，不只是物质的优先性，还关于"理想秩序本身的内在物质性"（55）。不过，读者请注意，"街头马克思主义"讲的物质优先性在这里**根本没有出现**。他马上就开始讲资产阶级主体所

---

[1] Slavoj Žižek, *Absolute Recoil*, London: Verso, 2015.

[2] Andy Merrifield, *Metromarxism,* London: Routledge, 2002.

具有的轻飘飘的实在性。于是，他的主题不是黑人的肉体遭到警察无端施加的直接暴力，那些警察仿佛从漫威漫画里获得了他们的武装。这类似于吉尔罗伊所说的**必要的暴力**，种族成为一种强加的区别，用来区分应当作为人来对待的肉体。不，他的主题是位于理智本身内核的不理智的污点，是知识不可能不与无知交叉。齐泽克对任何现实的物质性只会一笔带过：他说的主体是**泛指的**主体（the subject），是无处不在的。

齐泽克写道：

> 黑格尔的观点是，完全道德的宇宙的降临之所以无限期地推迟，不仅是因为理念的纯洁性与阻止其完全实现的现实状况之间的差距，更是因为这种推迟居于理念本身之中，它将一个矛盾（自我摧毁的欲望）刻进理念的内核。（56）

或许是这样吧，对于那些首先遭受的非理性暴力不是来自外部的人来说。

阿尔都塞认为，外在服从是意识形态的开端。[1] 而对齐泽克来说，外在服从当然"要以一种扭曲得多的方式发挥作用"（62）。在齐泽克看来，欺骗、说谎、"歪曲"语言的倾向并不是次级效应，而是位于语言的内核之中。因此，制造良善资产阶级主体的规矩会遇到某种内在的困难；在这些规矩中，主体要经历仪式，也就是外在的宣示，从而变成信徒。

---

[1] 很接近帕斯卡所说的信仰。

在街上听到"嗨，你！"时，资产阶级主体既会觉得自己是无辜的，也会对被打招呼这件事产生一种卡夫卡式的罪责感。

> 因此，有一个事实在阿尔都塞的询唤论中仍然处于"未经思考"的状态：意识形态确认之前还有一个晦暗难测、未经明确的询唤的过渡时刻，一种转瞬即逝的中介状态，如果主体要获得象征性的身份认同，该时刻就必须是不可见的。（64）

简单讲，在资产阶级主体成为资产阶级主体，确认（误认）被打招呼的是自己之前，他是谁？

但是我们为什么要关心这个问题呢？为什么不这样问：那个在当代美国被警察招呼的黑人是谁？要是并没有一种将人"招呼"进意识形态空间的普遍意义上的行动呢？谁实际上能成为主体？又是谁背后挨了枪子？谁在遭到攻击前甚至连招呼一声都不配？谁是可杀死的（哈拉维语），却不是可哀悼的（巴特勒语）？谁是亚人（吉尔罗伊）？

于是，我们可以回答齐泽克的以下问题，但可能不是以他想要的方式。齐泽克问道：

> 一种充分考虑主体性的这种不可化约为自然过程的创伤性内核的唯物主义会是什么样子呢？换句话说，一种将超验唯心论的主要结果——即以主体性的出现为标志的自然秩序的裂缝——充分呈现出来的唯物主义会是什么样子呢？（72）

它会给出一个对资产阶级的定义：在他们眼里自然秩序出现裂缝的人。

阿尔都塞的资产阶级主体理论中的"真"要到阿兰·巴迪欧的反面中去寻找。在阿尔都塞看来，主体性是意识形态；在巴迪欧看来，真是主观的。这就是巴迪欧的**资产阶级共产主义**的基础。齐泽克最终的立场是与其接近的，但是，他首先要对巴迪欧进行一种更正统的拉康式批判。两人合起来——巴迪泽克（Badižek）——的对立面是"民主唯物主义"。齐泽克写道：

> 当代最重要的哲学斗争发生在唯物主义内部，双方分别是民主唯物主义和辩证唯物主义。辩证唯物主义的特征正在于它吸纳了唯心主义的遗产，反对披着各种外衣的庸俗民主唯物主义，从科学自然主义到断言存在精神化的"振动"物质的后德勒兹主义。辩证唯物主义首先是一种不讲物质的唯物主义……**它是有理念的唯物主义**。（73）

我不认同后德勒兹主义者的地方在于，他们倾向于生机论的各种形式（因此，我对生机论的有力批判者们怀有兴趣，比如被人忽视的李约瑟，哈拉维早期的灵感源泉）。[1] 但是，在这个问题上，我必须与后德勒兹主义者站在一边，反对巴迪泽克。齐泽克写道："唯物主义的问题在于，要怎么解释永恒的理念从人的活动中产生，陷于有限的历史处境中的人。"（73）不，这

---

[1] McKenzie Wark, "Joseph Needham, the Great Amphibian," *Public Seminar*, September 5, 2014, at publicseminar.org.

不是唯物主义的问题。这是**巴迪欧**的问题。他是通过神秘化的**事件**（event）概念来巧妙地提出这个问题的；他把事件作为辩证法的某种非辩证的、偶然的起点。

如果说阿尔都塞的主体是受到国家意识形态机器的"嗨，你！"的询唤的人，那么，巴迪欧的主体就是**对事件说是**的人。有趣的是，巴迪欧的主体不是能够自由选择的人，而是一个自由选择（即选择**忠诚**于一个事件）的产物。但是，事件的主体到底是谁呢？巴迪欧的回答发生过变化。在《存在与事件》中，只有为一个事件命名并且热爱这个事件的人才是它的主体。而在后来的《世界的逻辑》中，事件主体的范围也包括了除肯定它的人以外的多种类型，尽管中立的观察者依然不包括在内。[1] 现在，我们有了忠诚的主体、回应的主体、模糊的主体与"复生"。事件为主体内部的空洞规定了地点，主体不仅肯定（affirm）事件，更要承认（acknowledge）事件。

齐泽克写道：

> 于是，我们有了三个前后相继（逻辑上的相继，甚至是时间上的相继）的状态：多样性的不可定位的、原初的空洞；事件发生，事件为之前不可定位的空洞规定了地点；主体化过程，它源于自由选择对事件忠诚的决定。(77)

这段话让人想起萨特。萨特或许算得上资产阶级主体思想的宗

---

1 Alain Badiou, *Being and Event*, London: Continuum, 2007（中文版题为《存在与事件》）；Badiou, *Logics of Worlds*, London: Continuum, 2009.

师级人物，他认为世界**只是存在着**，没有人创造它，也没有人维护它，它只是等待着资产阶级主体的到来，为它赋予全部的意义。在其他一些著名的段落里，萨特竟胆敢谴责**女人**和**服务员**，说他们**自欺**（bad faith）。资产阶级主体往往不知道谁为他们创造了世界，而且对世界的创造者颇多指摘。

但是，如果说主体需要一个**特殊**的事件才能形成，那我们这些过着无聊日子，想要当资产阶级主体的人又是什么呢？比资产阶级主体还要好！无聊的日子属于**盼望中**的主体，这个主体为政治主体的到来开辟了场地——他是哲学主体！哲学家就是前资产阶级主体。齐泽克写道："主体先于主体化：主体化过程充实了纯粹主体的空洞（空白的形式）。"（80）你不会成为列宁（更不会成为波格丹诺夫），但是——实际上更好！——你会成为普列汉诺夫。[1]

于是，主体就不是不稳定的、暂时的、复数的、属于各种"民主"唯物主义——不管是不是德勒兹式的——的那种东西。对齐泽克自诩的辩证唯物主义来说，主体是最初的，也是最终：起初是空白的框架，纯粹的形式，然后是选择以某种方式肯定事件的完全主体。

可惜的是，齐泽克从来没有问过主体是由什么产生的，除了纯粹的、空白的框架以外。如果说德勒兹式的，或者说民主的唯物主义涉及生产问题的话，那就是拉扎拉托或普雷西亚多等作者确实探究了生产出主体及其对应的客体的**机制**。在我看

---

1 G. V. Plekhanov, *Fundamental Problems of Marxism*, New York: International Publishers, 1992.（中文版题为《马克思主义的基本问题》）

来，他们的书更接近追问生产资料的马克思主义传统——当然，这里不是讲商品的生产资料，而是生产和消费商品的相应主体的生产资料。

人们也许会选择站在德勒兹主义者一边的另一点（虽然是有所保留的）是，拒绝人类和非人类**先验**的高下之分。奇怪的是，齐泽克在这里和雷·布拉西耶等人站在一边，将科学理性歌颂为首先属于人类（但之后可能属于后人类）的属性。[1] 诡异的是，布拉西耶和齐泽克心目中人类的标志性特点恰恰相反，一个认为是一种能够超越人性的理性（布拉西耶），另一个则认为是一种永远且必然与某种仅仅属于人类的、主观的非理性相交的理性（齐泽克）。而且，阿尔都塞的询唤场景，以及巴迪欧坚持认为能产生主体的事件稀少的观点都表明，似乎只有某些人能够具有完整的人性——即便他们是声称为普遍性代言的哲学家。

齐泽克在评点巴迪欧时提出，动物只会顺从自己的使命，而不会对其进行反思。但是，人类有一种神奇的能力，即能够决定是否顺从事件（不顺从的情况居多）。齐泽克说，"人类是一种懒惰的动物"（83）。主体会厌倦，会抑郁，会忧伤。在这个瞬间，他触及了一个活泼的当代主题。抑郁的主体性是有用处的，因为它也是一种逃避询唤的方式。在过发达世界中，工人要永远**在线**，不断创新，不断打破自身。正如贝拉迪所说（按照德勒兹的模式），抑郁如今是一种常见的反抗形式，哪怕

---

[1] Ray Brassier, *Nihil Unbound: Enlightenment and Extinction*, New York: Palgrave, 2010.（中文版题为《虚无的解缚》）

它并非主动选择的结果。

不难猜到,齐泽克并没有深入探讨当代主体的生产问题。相反,我们看到的是齐泽克成天拿出来讲的切斯特顿,以及切斯特顿用引人注目的日常语言为宗教正统所做的辩护,而且这一次没有拐弯抹角。[1] 切斯特顿认为,犯法者是无聊的,警察才有意思。滥交是无聊的,婚姻才是"真正的历险"(87)。异端是无聊的,正统——不管是天主教的正统,还是拉康主义的正统——才好玩呢。这一次,齐泽克不是在开玩笑。

于是,非事件性的、没有革命性状况发生的时间也就不是问题了:"真正的黑格尔主义路径会将期盼中的、'空洞的'主体设定为普遍的模型,零度的主体性——只有在期盼的空洞中,普遍的主体性形式才会呈现。"(87)我们必须忠实地不断重复这个哲学性的过程,等待来自外部的事件发生——尽管这有一点无聊。

一种哲学真正要做的事情很可能并非显而易见。但是,就齐泽克而言,再明白不过的一点是:他试图在一个很可能不再具有,或者不再需要资产阶级或主体的时代里合理化具有哲学倾向的资产阶级主体的存在。如今,统治阶级已经进入另一个层次,管理肉体并生产客体的机器可能已经不再完全生产相应的主体了,哪怕是德勒兹主义者所理解的那种相当宽泛意义上的"主体"。

身处这样的时代,还有什么能比当一名拉康式的耶稣会

---

[1] 如果非要读的话,不妨去看看 G. K. Chesterton, *The Man Who Was Thursday*, London: Penguin, 2012(中文版题为《代号星期四》)。

圣人更好呢？等待着内心里隐秘希望的甚至知道**不会发生**的大事件，生产着只需要铺路的纯哲学主体。只关心那些与这种思维方式有共鸣的事物。我们来谈谈瓦格纳、海德格尔和贝克特吧——就像以前的资产阶级知识分子那样！何苦去了解现实世界是如何运作的呢？至于闲暇时间——读低俗小说，看《低俗小说》。这一切都有那个迷人的、看似大胆的不在场证明：这是"辩证唯物主义"。难怪它这么流行，尽管——与过去实际的苏联辩证唯物主义一样——它的魅力越来越少。

因此，齐泽克同志给拙作《分子红》写的书评很有启发。[1] 我写这本书的主要目的是开辟一个不与辩证唯物主义相交的马克思场域。我认为，他的书评突出了马克思场域中值得当代理论重点讨论的两个象限：上方的资产阶级哲学，以及下方的某种另外的、未知的东西。这不是要区分对和错的象限，而是想讨论马克思场域的各个区域分别允许人做什么事。于是，我要通过与齐泽克的上方象限对比来说明我偏爱下方象限的理由。

就当代而言，马克思的核心概念或许是**新陈代谢断裂**。他通过尤斯图斯·冯·李比希明白了一点：即便早在 19 世纪中期，资本主义就已经造成了断裂的分子流。[2] 李比希的农业科学针对的是现代农业供养城市人口的过程中产生的氮钾元素不足问题；城市居民的排泄物通过 19 世纪的宏大基础设施，即约瑟

---

1 McKenzie Wark, *Molecular Red*, London: Verso, 2015; Slavoj Žižek, "Ecology Against Mother Nature," Verso blog, May 26, 2015.
2 Karl Marx, *Capital*, vol. 3, London: Penguin, 1993 878ff（中文版题为《资本论》第三卷）; John Bellamy Foster, *Marx's Ecology: Materialism and Nature*, New York: Monthly Review Press, 2000（中文版题为《马克思的生态学唯物主义与自然》）.

夫·威廉·巴泽尔杰特督建的伦敦中心城区下水道网络排入了大海。[1]

但是，新陈代谢断裂里有一个模糊的点。一种富有诱惑力的理解方式是，把它解读为从某种以秩序与和谐为首要隐喻的自然状态（即新陈代谢）偏离（即断裂），仿佛自然是某种自我修正的、趋于均衡的自由市场似的。按照这个流行的图景，生态是一种平衡、和谐、有序的状态，"我们"已经偏离了它，并且必须回到它。

该隐喻有时被赋予女性色彩，好像生态意味着被抛弃的女性美德。哈拉维早就提醒我们要注意这种倾向的局限性，它将生态-女性主义固结为某种关于女性本质的可疑假设，比如自然、养育、和谐，等等。这听起来不错，但当你注意到它排除了什么就不是了：女性等于自然，但不等于理性，等等。

在关于拙作的书评中，齐泽克用他标志性的语言写道："人们忍不住要补充一句：如果说资本主义有一样好处的话，那就是地球母亲在资本主义下不复存在了。"或者按我在《分子红》里的说法：现在不仅是尼采说的"男神（God）死了"，女神（Goddess）也死了；既没有了圣灵圣父，也没有了地球母亲。整个隐喻性的宇宙论都消失了，而且是双重意义上的消失：这些**隐喻**不再适用了，但是，隐喻能够适用的稳定世界也不在了。而且，我们还会看到，我们借以知道世界不再稳定的手段也是外在于哲学的。

---

[1] 关于其心理地理学，参见 Bradley Garrett (ed.), *Subterranean London*, New York: Prestel, 2014。

"人类世"是我们意识到上述变化的一个象征。但是，要想理解它的重要性，我们必须正确地解读它。人类世（Anthropocene）的意思不是以物种意义上的"人类"（Anthropos）为中心。它**不是**人类中心主义。它象征的不是人取代了男神和女神，凭借理性统治世界。它是截然不同的东西。转折已经发生，我们进入另一种时代的标志就是：给地球留下印记的不再是人的意图，而是人类集体劳动的**意外**后果。人类世象征着一系列令世界失稳的新陈代谢断裂——气候变化只是其中之一——这些断裂是无意识的、意外的后果，是一种潜在的宿命。

如果你愿意的话，不妨像哈拉维和杰森·摩尔那样称其为**资本世**（Capitaloscene），因为新陈代谢断裂确实是在资本主义出现后大大加速的。[1] 但是，请记住两件事：资本并没有打破它之前的某个和谐、有序的世界。自然并不总是稳定的，而且人类的集体劳动一直在改变世界。早在资本主义出现之前，人类就将许多物种逼向了灭绝。另一件事是：消灭资本并不会自动解决我们的全部问题。**否定**资本是不够的。之后还有一个尚未得到回答的问题：如何在不**彻底**破坏地球新陈代谢系统稳定性的情况下为 70 亿人提供能量、住处和食物？

因此，我和齐泽克都认同一点，即回归"自然"秩序的隐喻性语言于事无补。齐泽克写道："沃克的一大成就在于拒绝了这条道路：从来不存在这样的平衡……自然（Nature）是大母亲（Mother）这种观念不过是神圣的大他者（Other）的另一个

---

[1] Donna Haraway, *Staying with the Trouble*, Durham, NC: Duke University Press, 2016; Jason W. Moore, *Capitalism in the Web of Life*, London: Verso, 2015.

意象。"他还提出一个考察人类世的有趣视角：

> 人类，作为一个物种，意识到自身的局限性时，恰恰是它变得如此强大，以至于影响到所有地球生命的时候。它能够梦想成为一个主体（Subject）的前提在于，它对自然（地球）的影响不再只是边缘性的，也就是说，不再以稳定的自然为背景。

这是换了一种说法讲人类世不是关于人，而是关于人的不可能性。但是，请注意齐泽克回避了"人类是如何意识到的"这个问题。

关于人类世为何终结了将自然视为由自然秩序支配的自稳态市场-生态系统的种种象征，齐泽克给出了三种解释。第一种是用他的语言重述了我的想法，第二和第三种则加入了他自己的独特世界观。齐泽克写道：

> 首先，我们从来不会遇到自然本体（nature-in-itself）：我们遇到的自然，总是已经与人类集体劳动处于**对立**的互动关系。但其次，人类劳动与不可捉摸的自然（一切抗拒被我们把握的东西）之间的**缝隙**是无法缩小的。自然不是一个抽象的"本体"，它主要是我们在劳动中所遇到的、抵抗我们的反作用力……[第三，]自然本体**本来**（already）就是受扰动的，失调的。（强调为引者所加）

第一，我在《分子红》中遵循波格丹诺夫的看法，将自然的概念限定为**劳动遭遇的事物**。[1] 但是，这可能是**对立**的关系，也可能不是。波格丹诺夫认为，这样的隐喻往往来源于我们自身待定的劳动实践。知识分子是通过正论和反论来思考的，因而倾向于将对立视为根本的隐喻。但是，或许还有其他隐喻，因为并非所有劳动都采取这样的形式。

第二，齐泽克强调劳动和自然之间的**缝隙**，接着又成了他那种本质上一成不变的缝隙——**无法缩小**的缝隙。这很齐泽克。哲学的引擎在这里飞速转动，预示了一条开阔的大路，其基础却是一个经不起实证追问的概念。

第三，齐泽克确实想要多谈一点**本来**的自然，采取的方法是评论我的一段话，这段话里有这么一句："要是只存在一个不稳定的自然……那会怎样？"但是，如果将问号去掉，我们就越界了；我认为，哲学谈论自然有一个界限，超过它的部分就只能交给自然科学了。

齐泽克将关注点从客体转向主体，这是他一贯的做法："劳动与不可捉摸的自然之间存在断裂，而将其补足的不应该只是自然内部的、令自然永远处于不稳定状态的断裂，还要有一种源于人性本身的断裂。"齐泽克又把他那些有名的缝隙、空洞和分裂端了出来，在他那里，它们是哲学的常量，涵盖了客体、主体、主客间关系的全部场域。在我看来，劳动与自然的相遇总是集体的、历史的，而到他那里就成了两个缝隙之间的普遍

---

1 Alexander Bogdanov, *The Philosophy of Living Experience*, Leiden: Brill, 2015.

的、抽象的缝隙。这个差异同样时时困扰着德勒兹主义者们，尽管他们也不能很好地解决这个问题。

与常在的缝隙相比，我更愿意谈一谈横跨各个所谓的"缝隙"的**关系**的形态，这种关系形态在历史上是偶然的，而且实际上缝隙或许从一开始就是由这些关系产生的某种残余物。劳动与自然的关系不能化约为永恒对立的主客间关系。狩猎采集者与"自然"的关系就和农民、产业工人、知识分子或气候学家不同。

举个例子：我们是怎么知道气候变化这样的新陈代谢断裂的呢？这需要一套实打实的庞大的基础设施，包括卫星、计算机、全球性科研组织等机制。简言之，气候变化是只有科学技术水平进化到一定阶段才能产生的知识。[1] 对劳动和自然的这类组织形成了一种对自然的理解，这种理解是一门科学，但同时又受到它赖以产生的劳动形式和装置的局限。

与波格丹诺夫一样，我认为特定的劳动会产生特定的劳动-自然关系隐喻。实际上，我们甚至可以像哈拉维那样，质疑劳动和自然这两个范畴本身。或许"劳动"也太多预设，太过狭隘。或许世界上还有某些既不是生产性的，也不是再生产性的行动；如果你愿意的话，不妨称为"酷儿行动"。土著的世界观或许也不能化约为"劳动"。这些或许会产生很不一样的隐喻域。[2]

---

1 Paul Edwards, *A Vast Machine*, Cambridge: MA, MIT Press, 2013.
2 Eduardo Viveiros de Castro, *Cannibal Metaphysics*, Minnesota: Univocal, 2014; Karen Barad, *Meeting the Universe Halfway*, Durham, NC: Duke University Press, 2007.

因此，如果在这个世界中，特定的劳动（和非劳动）会产生关于自然（有时甚至是并非自然的自然）的特定隐喻性认识，那么同一个世界的不同行动是如何彼此联系的呢？这就是我和齐泽克分歧最大的地方，齐泽克在书评中对《分子红》所作的些微重述的重要性也开始显现了。

齐泽克写道："沃克无与伦比的视野仍然处于他所谓的'共享生命'的范围内，其中任何一个状态的每一次自主化都是一种拜物教性质的异化。"齐泽克倾向于将这些状态理解成巴迪欧所说的事件，是"否定（negativity）力量的最高表达"。面对一种特定的劳动用共享生命这把刀切出的口子，他的解决方案是"摩尔式"（molar）的**哲学**抽象："将处境的复杂性化约为'本质'，化约为它的关键特征"，也就是黑格尔所说的"知性的无限力量"。哲学拥有化异为同的能力。

齐泽克写道："我们在这里谈的不只是理想形式或模式，而是实在。主体性的空洞是因丰富的'内在生活'而迷惑的实在；阶级对立是因社会冲突的多重性而迷惑的实在。"请注意，劳动与自然之间的缝隙在这里消失了。**主体性本身**的空洞变成了实在。先前的对立指的是劳动与自然的关系，现在它被抛在脑后，要紧的对立只有一个：阶级对立。接着，高高在上的理论将自己设定为关于本质的话语——那些永恒的、不可知的缝隙。于是更紧迫的自然问题便开始退场。

正是在这里，我认为更好的做法是彻底跟随波格丹诺夫走上另一条道路。借用斯图尔特·霍尔和杰克·哈伯斯塔姆的用语，我将其称为"低理论"（low theory）；这两人认为，理论不是目标,而是通往别处的迂回(detour)或者说漂移(dérive)。[1]波格丹诺夫关注的核心问题就是如何克服各种特定劳动(进而包括其特定的知识)之间的分离。他认为,历史上大体有三种劳动组织模式:**权威型**、**交换型**和同志型,或者叫**协作**劳动型。各种神学、哲学乃至大众意识形态都可能是全部三种模式的复杂结合体或互不兼容的疯狂混合拼凑。

从这个角度看,齐泽克从哲学中借用了一定的权威姿态,因果链终止于一个高绝的词汇,超出它的一切都是不可置疑的,只不过这个词不再是男神或女神,更不是人,而是空洞(Void)。万事万物都要从这个关键词上升和下降,唯有哲学家是入口的守护者。[2] 主体、客体乃至主客体的相遇都是永恒的对立,充斥着一成不变的不可能性。哲学家自派的使命是说明任何劳动、一切劳动是如何遭遇那由哲学家守护着其真名的同一个极限。这就是最精妙意义上的高理论(high theory)。

当下,它是一种在寻找自身角色的话语。要是承认神及其附属的神话死了,那么谁还需要它们的知识分子守护者呢?齐泽克承认,新陈代谢断裂发生于分子层面:碳元素和氮元素的流动已经严重失调。对摩尔层面的"大政治"和日常生活来说,这些流动是同样难以察觉的。齐泽克写道:"只有通过'高'理论,通过一种自我倒转的急剧变化才能到达它;只有上到最高,我们才能下到最低。"

---

[1] Judith (aka Jack) Halberstam, *Queer Art of Failure*, Durham, NC: Duke University Press, 2011.

[2] Alexander R. Galloway, Eugene Thacker and McKenzie Wark, *Excommunication: Three Inquiries in Media and Mediation*, Chicago: University of Chicago Press, 2013.

第9章 斯拉沃热·齐泽克：绝对反冲　　171

我对"只有……才能……"的表达一贯是怀疑的。这不正是权威话语、警察的经典做法吗？它只是声明了自己的地位：思维的起点和终点。资产阶级主体知道警察在跟自己打招呼，因为资产阶级主体就是它自己的（精神）警察。

波格丹诺夫会这样回应：我们不要将产生了关于新陈代谢断裂等事物的知识的特定劳动从属于某种第一哲学的权威，让我们往后退一步吧。这些哲学本身是一种形式的劳动——通常是智力劳动——一种沉思性劳动的产物。各种形式的劳动都会产生隐喻性的自我延伸，以自身行动为模型来理解世界。

既然不将一切劳动（特别是新兴的、先进的劳动）从属于一种特定的劳动（特别是一种过时的、基于权威的劳动）的隐喻性延伸，那就来做点不一样的事吧。让我们来践行一种**低理论**，探寻将隐喻延伸到一切特定劳动之外的办法，并将这些劳动当作理解宏观图景的方式来做实验性的检验。眼前就有一个很好的例子：正如文德林所示，马克思的一部分"最有成效"的隐喻源于科学唯物主义，但他以一种具有某种张力的方式，将这些隐喻和源于更传统的哲学权威的权威摆在了一起。例如，马克思所说的新陈代谢断裂就是源于同时代生命科学和农业化学的隐喻性延伸，如今依然很有意义。它不需要一套以无时间的空洞为基础的、无时间的前现代概念来重述。

在书评的最后几段里，齐泽克试图吸纳我的**介人装置**（in-human apparatus）这个范畴，努力要解决先进科研劳动的问题。在哈拉维、保罗·爱德华兹和凯伦·巴拉德的基础上，我在《分子红》里建构了一种马克思主义科学观，我的目标不是论证科学的合法性，不是将诸科学理论推上神坛，也不是从科学异化的、具体的诸形式中恢复整全。简言之，我不希望将科学劳动从属于哲学劳动。相反，我认为按照马克思主义的思路去理解任何一门具体科学时都必须问一个问题：它是如何被生产出来的？

我们知道，科学从中产生的生产**关系**会发挥阻碍作用：科学要服从商业或军事要求。但是，一种更加庸俗马克思主义的观点或许还会问科学的生产**力**是什么：制造科学要用到何种劳动和装置？于是，我接过了凯伦·巴拉德关于科学装置（apparatus）的问题，科学装置是肉体和科技的赛博格混合体，一般位于研究所的地下室。我又从保罗·爱德华兹那里拿来一个装置的具体例子，也就是让气候科学成为可能的传感装置。[1]

此处我回应的是梅亚苏以及更广泛的思辨实在论。简言之：知识客体确实是可以先于任何与其关联的主体存在的。但是，梅亚苏（与齐泽克一样）省略了装置因素，正是通过它的中介，这些非人事物才能获知。关于非人事物的知识的生产资料是什么呢？非人事物是通过什么中介被不与其直接关联的人所知呢？我认为，最有意义的答案就是装置。装置是非人与人之间的**介人**（inhuman）中介，每一个装置至少都有一部分是由这种关系共同参与生产出来的。

齐泽克写道："在人类、人类面对的实在、人类借以洞穿实在的装置这个三元组中，真正奇异的元素不是不可捉摸的外部

---

1 Barad, *Meeting the Universe Halfway*; Edwards, *A Vast Machine*.

实在，而是两极之间的中介，装置。"装置的介入属性确实很有意思。但是，我不会用"洞穿"实在的说法，因为这个隐喻又把我们带回了自然母亲隐藏自己的秘密，不让科学父亲发现的观念。那不正是我们试图摆脱的语言吗？我也不会说人类和实在是通过装置中介的两极。相反，我会强调，这些词语至少部分是由上述关系产生的，由装置产生的，而装置本身是历史的产物，而非哲学中给定的。

装置——知识本身的生产力——总是历史的。令气候科学成为可能的卫星和计算机源于一段嵌有科学技术劳动的特定冷战史。然而，它们又开启了关于自然的新知识的生产。马克思当年关注同时代的土壤科学，并产生了相应的概念"新陈代谢断裂"；如今，气候科学表明碳元素正处于一场全球性的新陈代谢断裂，那么，我们就可以拓展或者修改马克思的隐喻。

于是，马克思场域至少分为两大块。一块是高理论，将劳动和科学**从属于**来自其自身历史的隐喻；另一块是低理论，实验性地**游戏**（play）于各种劳动形式与科学所产生的隐喻性延伸之间，因为它们与当今世界相关联。我选择后者，因为我认为值得思考的关键问题源于劳动与自然相遇在我们时代的特定历史形式，概括起来就是人类世。

在我和齐泽克的小小交集，即马克思主义理论及其源流之中，我认为最有价值的资源就是拒斥列宁主义的辩证唯物主义，选择历史上的另一条岔路——波格丹诺夫的**系统科学论**（tektology），或者说是低理论。在这条道路上，先有劳动和科学，协调这些分离的劳动的概念是次生的。如果说这条道路有一点好处的话，那就是它对于何为劳动、何为自然的概念比较跟得上时代。

这样一来，思维就可以跟随由科学和劳动设定的蓝图前进，而不是通过高理论内部产生的蓝图来改造它。有意思的是，高理论的蓝图总是将自然弃于不顾。一大原因在于，自然是一个历史性的变量，会随着各个时代的劳动和科学而变化，因为它归根结底不过是一个占位符，指的是与劳动遭遇的事物。齐泽克关于资产阶级主体的高理论式马克思主义很少谈时代，部分原因是资产阶级主体本身已是明日黄花。正如拉扎拉托、贝拉迪、普雷西亚多等人所表明的，在文化领域内，其他主体生产方式已经取代了生产资产阶级主体的文本场域。但是，作为资产阶级主体自我歌颂的最后一种形式——否定的形式，注定要走向虚无——齐泽克或许还是有意义的。

第 10 章

乔迪·迪恩：
象征效力的衰落

拙作《瓦解的景观》的书名来自乔迪·迪恩。我拜读过她的《博客理论：冲动回路中的反馈与困局》一书的草稿。[1] 重读的过程中，我发现了这句话："解体中的景观为更加先进的监控形式创造了可能。"（39）还有这句，"德波的主张，即在景观社会中，'媒体的运用确保了一种永恒的嘈杂无意义状态'，更适用于作为一种瓦解的、网络化的景观回路的传播资本主义"（112）。我觉得我的**瓦解的景观**和迪恩的**传播资本主义**（Communicative Capitalism）意思差不多，尽管我们对德波的理解略有不同，不过这个问题要留到后面谈。

现在已经是 Snapchat 和 Twitter 的天下了，我们为什么还要写书呢？或许，书是一种放缓工作节奏的策略吧。话虽如此，传播资本主义抗拒人们将只言片语重组为比较长的论证，在这

---

[1] Jodi Dean, *Blog Theory*, Cambridge: Polity, 2010.

个时代，书还是一个问题。迪恩的论证正采取了这种媒体策略的外形。

迪恩"宣称要从政治角度评估当下"，而非从技术的角度（3）。随着半个世纪以来的政治理论发展，"政治"（the political）这个词的范围和内涵都有了相当大的拓展。在墨菲、巴特勒、布朗甚或维尔诺那里，政治领域不仅相对独立于技术-经济领域，甚至占据了首位。在迪恩这里，政治成为用以批判技术领域表面的自然性和必然性的语言。但是，它或许需要一种"辩证"的致敬，即对扩大化的"政治"（the political）范畴加以批判的审视，甚至可以从**技术**本身的角度去考察。我们知识分子确实喜爱政治，这或许是基于一个有趣的假设：政治的话语和我们的话语属于同一种类。

如果说工业资本主义剥削的是劳动，那么传播资本主义剥削的就是传播。这是"自反性困住创造性"的领域。往复的传播循环并没有真正实现机会、包容和参与的民主理想。恰恰相反，我们正处于一个困局的时代，欲望被捉入网中，贬低为单纯的冲动。

迪恩的大部分概念来自齐泽克。在前一章中，我提出他的近作对21世纪的批判大业没有多少帮助。不过，如果说有一个人表明了齐泽克还有用的话，那这个人就是乔迪·迪恩了。因此，让我们从工具性的角度来走近齐泽克，看一看迪恩运用他做出了什么。对迪恩和齐泽克来说，"意识形态是免不了的，即便我们掌握了更多的知识"（5）。这不是虚假意识理论，甚至不是主体询唤理论。对意识形态的这种理解比较接近斯洛特戴克所说的"被启蒙的虚假意识"(enlightened false consciousness),按照这种方式,他们要谈的是思想与行动之间的缝隙,而不是"错误"思想。[1]

在这里,迪恩思想的关键主题是**象征效力的衰落**,或曰大他者的坍塌。这些拉康式的词组指向的是:意义的安放或整全化愈发不可能。没有人能够站在捍卫滑落中、增殖中的意指链条的立场上发言。上述论题可以从历史学和社会学两方面的理由加以质疑。或许意义的稳定性只有强力才能确保。当我在《绝罚》中研究瓦纳格姆对异端的论述,或者在《分子红》中研究安德烈·普拉东诺夫关于斯大林主义下大众言论的论述时,在我看来这些已经是象征效力的衰落了,而且都是通过强力才确保一致性。[2]

接下来,从历史学转向社会学,人们也许会去寻找强力应用于何处。在美国,大概要包括占领日本期间的红色清洗、对黑人权力运动参与者的监禁和暗杀,以及当下利用无人机处死全球各地的美国意识形态对手。没有强力的话,主人话语可能根本就不会存在。在更日常的层面上,家庭暴力和警方杀人也是同理。

当然,或许会有一些象征效力衰落的特例:主人能指不再发挥功用,没有外部权威告诉我们要做什么,要欲求什么,要相信什么,由此带来的结果不是自由,而是一种窒息。迪恩举

---

[1] Peter Sloterdijk, *Critique of Cynical Reason*, Minneapolis: University of Minnesota Press, 1988.
[2] Alexander R. Galloway, Eugene Thacker and McKenzie Wark, *Excommunication: Three Inquiries in Media and Mediation*, Chicago: University of Chicago Press, 2013.

出了《第二人生》的例子。人们可以操纵游戏中的角色做任何事情——结果大家干的事情是盖房子、购物和非常规性爱。另一个例子是 Tumblr。在那里，摆脱主人能指的束缚似乎意味着随意拼贴照片和鸡汤。

主人能指是依赖虚拟性的。它并非仅是符号链中的某个符号，更是意指本身赖以发生的潜能，一种跨越幻见和实在之间鸿沟的投射方式。有意思的是，维尔诺认为虚拟界最后会成为神学前提，延续历史，迪恩则认为虚拟界是作为历史前提的神学，它本身就在衰落，让欲望的可能性随着自己一同脱离世界。[1]

失去了主人能指，我们就没有理由坚守任何事情。纽带可以毫无代价地打破。幻见与实在之间的联系消解了；象征界发生了闭合。触及实在的前提是象征界存在缝隙，但缝隙如今闭合了，造成的结果是无欲望、无意义和浸泡在享受中。我们被困在试图直接给予我们享受的往复的短循环中，却只是一遍又一遍地重复着享受的不可能性。[2]

这种将主体困住的往复循环，或者说自反循环也适用于传播资本主义下的客体世界。迪恩提到了气候变化，但更广泛意义上的人类世，或者马克思所说的**新陈代谢断裂**，或许也是这种循环的症状。正反馈在这种循环中占主导地位，结果就是"多即是多"（more is more）。客体和主体同时受困的状况不断加深和扩大。迪恩写道："更多的回路，更多的循环，更多的战

---

[1] Paolo Virno, *Déjà Vu and the End of History*, London: Verso, 2015.
[2] Bernard Stiegler, *What Makes Life Worth Living: On Pharmacology*, Cambridge: Polity, 2013.

利品给第一名、最强者、最富者、最快者、最大者。"(13)

我们到底是怎么走到这一步的？迪恩站在弗雷德·特纳的肩膀上开始她的论述。弗雷德是我和迪恩共同的朋友，他的《数字乌托邦：从反主流文化到赛博文化》一书追溯了理查德·巴尔布鲁克所说的**加州意识形态**的发展史。[1] 计算科学和信息技术原本是控制工具和科层制工具，后来怎么变成协作与灵活工作的工具呢？在此，我对弗雷德这部书的理解与迪恩有些许不同。我在书中看到的是一种永远对不同类型的研究、不同类型的结果保持开放的社会和技术场域。战时实验室的科研与工程活动具有惊人的协作性，拓宽和发展了JD·贝尔纳所理解的真科学的共产主义实践，以及理查德·斯托曼（他的父母都是左翼人士）所谓的黑客公地。[2]

当然，军方希望从这些实验活动中获得的是指挥、控制、通信、情报（即 C^3I）的工具包。但即使在那里，灵活开放也总是目标之一。空军导弹计划的设想或许是保罗·爱德华兹所说的"控制论掌控下的封闭世界"，但陆军想要的工具是适用于战争之雾与战争摩擦（fog and friction of war）的灵活、开放、有

---

[1] Fred Turner, *From Counterculture to Cyberculture*, Chicago: University of Chicago Press, 2008（中文版题为《数字乌托邦：从反主流文化到赛博文化》）; Richard Barbrook with Andy Cameron, *The Internet Revolution*, Amsterdam: Institute of Network Cultures, 2015.

[2] JD Bernal, *The Social Function of Science*, Cambridge, MA: MIT Press, 1967（中文版题为《科学的社会功能》）; Richard Stallman, *Free Software, Free Society*, Boston: GNU Press, 2002（中文版题为《自由软件，自由社会》）. 当两人在实验室中可以进行一定程度的自由协作的研究时，他们都体验到了科学也是一种"共产主义"。

适应能力的网络。[1] 此类源于学院和军方的技术都具有综合多态的特点，能够适应不同的经济、政治和文化，不过适应当然不是无限的。[2]

我认为迪恩作品中缺失的是，对围绕技术和人身应该如何相互适应而展开的斗争的感知。我们不应该忘记，冷战期间的清洗曾损害了关于技术政治议题的对话。上了黑名单的不止艺术家和作家，也有科学家和工程师。张纯如在《蚕丝》一书中记述的钱学森的命运只是同类故事中最荒诞的一个罢了。[3] 由于和共产党员有过往来（钱并不知道这些人的身份），这位顶尖火箭研究专家就没有通过安全调查。于是，他就被驱逐出境了——目的地是共产党执政的中国！在中国，他终于成为他在美国从来不曾是的人物——一名为"共产主义事业"奋斗的顶尖科学家。类似的故事数以千计，钱学森的故事只是其中最疯狂的一个。那些以为科技世界"无涉政治"的人不妨追问一下，它是怎么变得如此彻底的"无涉政治"的。

因此，加州意识形态是多种特殊历史状况的产物，特纳在书中详细记录下了其中一种——但不止这一种。技术会拯救世界、可以容许大型组织存在但不能过度投入其中、大致的共识和可以运行的代码就是一切——这样的信念并不只是科技世界

---

1 Paul Edwards, *The Closed World: Computers and the Politics of Discourse in Cold War America*, Cambridge, MA: MIT Press, 1997.

2 Antoine Bousquet, *The Scientific Way of Warfare*, New York: Columbia University Press, 2009.

3 Iris Chang, *Thread of the Silkworm*, New York: Basic Books, 1996.（中文版题为《蚕丝》）

的意识形态，它取得不同寻常的主导地位也不是自然而然发生的现象——尽管加州意识形态的支持者和迪恩都倾向于这样认为。相反，它是特定斗争的产物，这种意识形态在斗争中获得了强援，首先是国家压制其他选项，之后是企业庇护其更加商业友好的不同版本。

迪恩把"极客"（23、25）写成了共济会成员的模样，他们假装无涉政治，其实颇有影响力。讲到此处，深入考察一下科学家和工程师所掌握的那种权力的历史或许有所帮助；这种权力甚至连不断扩大的当代"政治"概念都不能完全涵盖。提出相反观点的文献中有一本布鲁诺·拉图尔的书，我认为这是他最优秀的作品，书中对巴斯德以及实验室里的一种在空间与时间上都高度集中的权力进行了历史考察。[1]

拉图尔表明，巴斯德的狭义政治活动很是循规蹈矩，无甚趣味，但实验室成为一种权力形式的过程就大不一样了。我们能不能——为什么不能呢？——将其视为一种阶级权力，这种权力逐渐形成了容纳异质利益的自身场域，并且既不作为资本也不作为劳动地与商品形式发生关系，尽管——与其他所有阶级一样——它不得不进入资本关系或劳动关系之一？

在迪恩看来，极客——用我的话说是**黑客阶级**——是一种错位的、被排挤的中介。[2] 但是，排挤者是谁呢？中介这种形式范畴所涵盖的斗争既不是纯政治的，也不是技术演化的"自然"

---

[1] Bruno Latour, *The Pasteurization of France*, Cambridge, MA: Harvard University Press, 1988.（中文版题为《巴斯德的实验室》）

[2] McKenzie Wark, *A Hacker Manifesto*, Cambridge, MA: Harvard University Press, 2004.

结果。我们对 20 世纪末围绕信息向量展开的斗争，那些曾取得部分胜利，最终却落败的斗争仍然缺乏认识。

迪恩的书名为《博客理论》，某种意义上，它的长处——很少有人提出这一点——正在于它与作者自身博主经历的关联。我一度是迪恩的 I Cite 博客的忠实读者，还有尼娜·鲍尔（Nina Power）、马克·费舍尔（Mark Fisher，博客名为 k-punk）、拉尔斯·伊耶（Lars Iyer，博客名为 Spurious）和其他以博客形式进行理论创作的先驱者们；另外，我也会关注凯特·扎布力诺（Kate Zambreno）及其伙伴们更有文学（或者说，后文学）色彩的新实践。我也参加过此类活动的早期形式，用的是一种原始的互联网向量，即列表服务器（listservs）。[1] 与迪恩一样，我倾向于将隐喻外推到此类活动之外。

写博文似乎也是一种错位的中介，是通往高度社交化的媒体形式——比如 Facebook（脸书），或者用利迪娅·尤卡维奇（Lidia Yuknavitch）的话说，Facehooker（脸妓）——过程中的一个步骤。迪恩写道："写博文的背景设定中……包含了象征效力的衰落、以普遍化的自反性为特点的往复循环、自反性网络产生的极端不平等、关键转折时刻错位中介的运作"（29）。迪恩写《博客理论》是在 2010 年，当时已经有 Tumblr 了，但还没有像它现在那样完美地展现了迪恩的概念框架。

这些媒体向量变成短循环，将主体困在不断追求享受的尝试当中。在这里，享受不再是失落的欲望对象，而成为失落本

---

[1] Josephine Bosma et al. (eds.) *Readme!: ASCII Culture and the Revenge of Knowledge*, New York: Autonomedia, 1999.

身的对象。一切冲动都是死的冲动。我们正是被困在这些自反的、往复的循环中。传播活动并不是启蒙。"从提出批判和民主理论的启蒙理想主义者到当代的技术乌托邦主义者,他们设想出的那种自由其实只是一种产生极端不平等、极端困局的机制而已。"(30)这甚至都不是东浩纪所说的回归某种人类-动物。"冲动的概念凸显了处于人性内核的介人性,从而与这种内在意义上的自然主义相对立。"(31)这种执着于细小差别和无益分心的"太人性"的能力驱使着人类愈发远离自身的不可能性。

传播资本主义依赖于重复,依赖于叙事、身份和范式的悬置。用这些词来表述的话,那么问题就在于创造出打破无尽的冲动短循环的可能性。但无论如何,目前的趋势都是朝着相反的方向发展。博客之后是 Facebook、Twitter、Instagram 和 Snapchat,进一步陷入重复。文化产业已经让位于我所谓的**兀鹫产业**(vulture industries)。[1]迪恩在博客那里就发现了这个趋势。它们满足的不再是对某种传播方式的欲望。欲望只是**对某个欲望**(a desire)——也就是手里没有的东西——的欲望,而**冲动**并不是这个欲望的重复,而是没能达成这个欲望的那个时刻的重复。虚拟的维度消失了。

与博客相对的是搜索引擎,它知道我们的欲望,即使连我们自己都不知道。对于搜索引擎,我们托付给了算法;对于博客,我们托付给了我们的"网络"。我们与这两者的关系中都有两种主要情绪反应。一种是歇斯底里:不是这个!肯定还有别

---

[1] McKenzie Wark, *Telesthesia: Communication, Culture and Class*, Cambridge: Polity Press, 2012.

的！另一种是偏执狂：肯定有人在窃取数据。结果表明，前者驱使人们不停地搜索，不停地发博文，为现实中的机构——国家和大企业——创造了窃取数据的良好条件。在这里，我要强调信息不对称和围绕信息的斗争是传播资本主义的一个关键特征——或许它甚至不再是资本主义，而是某种更坏的东西。这是一种基于信息不对称的生产方式，因为事实证明，当代的统治阶级——我将其称为**向量阶级**（vectoralist class）——确实在窃取我们的数据和元数据。

在迪恩看来，博客不是日志，不是新闻报道，也不是文学体裁。它可能类似于前现代的书信写作，本意就是要流布的，而不只是给收信人看。这是一种**自我的技艺**（technique of the self），它设置了一个凝视的视角，反过来又影响到作者。[1] 但是，谁能看到作者呢？这就不好说了。迪恩认为，此处的凝视不是大他者的凝视，而是拉康话语中的另一种生物：小客体 a（objet petit a）。这里存在一种不对称：我们困在了某种可见性中。我只能从我的视角去看，却从所有视角被看。我好像被某种陌生的客体——小客体 a——所看，而不是被另一个人所看。我收不到任何专门发给我和我的身份的反馈。自我（ego）的形成被阻断了。

迪恩写道：

> 博客技术与一种幻象解耦了，这个幻象认为存在一个内

---

1 Michel Foucault, *The Use of Pleasure*, New York: Vintage, 1990.（中文版题为《快感的享用》）

核的、真正的、本质的、单数的自我……在传播资本主义中，一个人令自己变得可见的凝视是一个点，这个点隐藏在一个不透明的、异质性的网络之中。这种凝视并非来自理想自我（ego）的象征性他者，而是一种更令人困扰的、创伤性的凝视，来自某种裂隙或过剩，来自**小客体a**。(56)

因此，我从来不清楚自己到底是谁，哪怕我不停地做各种线上测试题。你是哪一位朋克摇滚女神？我测出来的结果是金·戈登，不过有时候是帕蒂·史密斯。

象征效力的衰落就是想象界与实在界的会聚。这是一个由虚构身份组成的世界，维系它的是获得享受的希望，而不是一个由象征身份组成的世界；后者居于欲望欲求欲望的裂缝中。脱离了象征界及其与大他者的不可能关系，我于是变得过于活跃，过于不稳定。这个世界里的自我都要面对边界的问题，过度分享的问题，但只要看到其他人成功的迹象又会觉得困扰，陷于嫉妒和幸灾乐祸的循环当中。这不是法律和僭越的世界，而是重复和冲动的世界。再也没有失落的欲望对象了，只有作为对象的失落本身。被阻断的欲望不断增殖，成为偏执的冲动，生成匆促的循环，然后又消失在网络中。

当然，有些人会颂扬这种（后）主体性。它可能是通往加塔利所说的**三十亿变态**的世界的一步，每个人都是欲望的机器（机器的种类在疯狂增加），彼此连接，闯入彼此。[1] 迪恩探究的

---

[1] Félix Guattari, "Three Billion Perverts on the Stand," in Gary Genosko (ed.), *The Guattari Reader*, Cambridge, MA: Blackwell, 1996, chapter 16.

则是阿甘本用"**无论是什么的存在**"(whatever being)所表述的象征效力衰落。[1] 迪恩写道:"'无论是什么的存在'指向新的共同体模式和新的个性形式,公民资格、族群等现代归属感标签加诸人的身份认同的解体已经预示了这些新事物。"(66)在阿甘本看来,这种状况有好的一面,比如民族认同的解体。他的策略——不禁让人想起鲍德里亚的致命策略——就是将无论是什么的存在推向极致。[2]

每一个博主都知道,这种媒体的要点不是阅读和解读,而是符号的传播。"太长,未读"(TL; DR)是最常见的标签。在迪恩看来,"无论是什么的存在"里面的"无论是什么"是一种傲慢,是一种最低限度的认可,表明传播已经发生,但并不试图理解。

阿甘本认为,传播资本主义霸占了我们身处语言之中的各种好处,而我们或许有一种方式将其夺回。他盼望着发生一场全球范围的抗拒身份运动,一种没有身份的独一性,也许是身份以外的获得归属感的方式。迪恩写道:"具有这种归属感的存在不是欧陆哲学或精神分析能够用理论阐述的主体。"(82)对此,我们这些身怀党证(card-carrying)的德勒兹主义者(甚至包括我这样的背教者)或许会答道:精神分析和哲学可算倒大霉了!

与墨菲一样,迪恩的思维方式是对立式的。但是,无论是

---

[1] Giorgio Agamben, *The Coming Community*, Minneapolis: Minnesota University Press, 1993.

[2] Jean Baudrillard, *Fatal Strategies*, Los Angeles: Semiotext(e), 2008.(中文版题为《致命的策略》)

什么的存在表面上**并没有**对立，这让迪恩感到困扰。不过，它到底是无涉政治呢，还是它内部的差异只是以不同的、非辩证的方式发挥作用？迪恩写道："我在这里既找不到我欣赏的政治，也找不到任何类型的斗争。无论是什么的存在的动力会是什么呢？"（83）它们什么都不缺。但是，要点可能正在于此。当然，无论是什么的存在不会像阿甘本可能期望的那样回避国家。向量阶级掌握的各大机构和企业所抓取的元数据足以实现一种不以分类或身份为前提的记录形式。[1] 人群这个黑洞已经被算法攻克。沉默不语中就有千言万语。

阿甘本（同东浩纪一样）认为，语言在景观中的极端异化可以有一个反讽的结局，届时那一异化将成为某种积极的事物，一种身份之后的存在。实际上他对齐泽克与迪恩认为是冲动的东西持积极看法。无论是什么的存在真的是消极的吗，还是只是有一些狡猾？话说回来，为什么消极性一定是坏的呢？也许拉康的理论总是有一些向后看的意味。

在《弗氏人偶》一书中，刘禾将拉康的著作解读为针对战后信息科学的反动。在那段时期，用数学分析信息的新方法回避了文本和意义的问题，只是当成统计概率的一个领域来处理。[2] 现在是时候反思信息领域，而非意义领域中的策略了。迪恩没有这样做："什么失落了？区分抗争性和霸权性话语的能力。讽刺。调性。规范。"（89）

---

[1] McKenzie Wark, "Metadata Punk," in Tomislav Medak and Marcell Mars (eds.), *Public Library*, Zagreb: Svibanj, 2015.
[2] Lydia Liu, *The Freudian Robot*, Chicago: University of Chicago Press, 2011.

但是，这些难道不只是知识分子关于何为传播的幻想吗？就此而言，我觉得普拉东诺夫很值得一读。他主要从频率和重复的角度分析苏俄早期的语言，而不把它视作意识形态或宣传的政治活动。[1] 我并不认为通往策略的道路一定要经过批判，或者要经过象征意义上的主体的政治学。或许，人类大多数时候其实都生活在想象界与实在界之间的流变中。象征界并不是值得我们倚赖的朋友。

迪恩提到弗里德里希·基特勒巧妙地将拉康的思想转用于媒介理论，但我准备对此多谈两句。[2] 在基特勒看来，拉康著名的想象界、实在界、象征界三分法其实是媒体发展到某个特定阶段的产物。它是哈拉维所说的赛博格演化中的一个阶段，即不同的技术体成为不同感官流的中介装置的阶段。基特勒认为，想象界就是电影屏幕，象征界就是打字机，而留声机属于实在界。这样就能解释文人阶级的许多焦虑了（科恩兄弟执导的《凯撒万岁》对此进行了精彩的讽刺）。他们努力用自己的打字机反抗屏幕，面对屏幕产生的媒体所造成的自我/他者关系的波动，坚持要用这一种或那一种象征秩序来对抗，而留声机的声纹则作为两者之外的实在界残存的替代物而回响着。当然，当代媒体的融合将三者都抹除了。[3] 我们已经是上网方式不一样的

1　Andrei Platonov, *Fourteen Little Red Huts*, New York: Columbia University Press, 2016.

2　Friedrich Kittler, *Gramophone, Film, Typewriter*, Stanford CA: Stanford University Press, 1999.（中文版题为《留声机 电影 打字机》）

3　Henry Jenkins, *Convergence Culture*, New York: NYU Press, 2008.（中文版题为《融合文化》）

第10章 乔迪·迪恩：象征效力的衰落

赛博格了。

迪恩想要抵制认知资本主义的"陷阱"，这很能说明问题。迪恩写道："每一条小小的Twitter推文或评论、每一张转发的图片、每一次获得响应的求转发都会产生一粒小小的情感金砂、一丝盈余的满足、一点引来的关注，让它从更大的信息流中脱颖而出，随后又复归信息洪流。"（95）我们很难不从媒体的角度将其解读为一种呼吁：投身于一种赛博格媒体装置的那些人呼吁抵制另一种正在取代前者的装置。当然，新的装置是一种支配和剥削的政治经济体系的一部分——但是，旧的大众媒体装置也是如此。或许只是换了一种新的政治经济体系罢了。

当然，我们可以从一种强调主体与象征秩序之间关系的概念框架中挑选出一些东西。但是，我认为这算不上一种真正有意义的理论策略。在很多方面，我认为更有意义的思路是将信息视为信号之于噪声的比率，此外还可以视为一种动力学，我们可以尝试利用信息策略来干预这种动力学。这就是情境主义者所说的**异轨**。

迪恩写道："蒙太奇让我们想到一种摆脱了统一性和一致性负担的政治。"（104）但是，信息政治难道不总是关于频率，关于某一种信息随着另一种信息出现的概率，关于由此产生的情绪状态的吗？只有知识分子才真的以为政治传播是别的东西。就连经济学也好不了多少。正如布唐认为的那样，在向量时代，没有人知道任何事物的真实价值，于是价值问题就被外包给了一个由即插即用的信息过滤器——有些是人，有些是算法——组成的宏大赛博格。

这样一个信息"生态系统"自然有其问题。它知道一切事物的价格，却不知道任何事物的价值。德波早就说过，综合景观（integrated spectacle）将自身整合到它所描述的现实中，然后就不再清楚景观与现实的区别了。[1] 综合景观创造出了疯狂的、不可思议的分子流，这些分子流又生产出了我们如今生活于其中的新陈代谢断裂，而新陈代谢断裂接着又生成了瓦解景观（disintegrating spectacle），也就是有些人所说的人类世。

阿甘本和迪恩都忽略了德波的一个观点，即景观的概念总是与异轨的概念相伴。这一点在《景观社会》里就很明显，至关重要的最后一章（尾声之前）就是讲异轨的。作者在该章重申了自己与吉尔·沃尔曼在20世纪50年代首次提出的文学共产主义，认为它是景观时代的一种先锋策略。异轨恰恰是将所有信息当作公共资源，拒斥信息领域内一切私有产权的策略。[2]

与迪恩的看法不同，这与"参与式"政治完全没有关系，而总是关于推翻作为**全体**的景观。德波其实也没有讲削弱"专家"影响的问题。相反，德波的《景观社会评论》是写给在两个阵营都属于极少数的人，他认为他们有足够的知识或捍卫景观，或向它发起攻击。他帮助圣圭内蒂写的《挽救意大利资本主义的最后机会》(*The Last Chance to Save Capitalism in Italy*)

---

1 Guy Debord, *Comments on the Society of the Spectacle*, London: Verso, 2011.（中文版题为《景观社会评论》）

2 Guy Debord, *Society of the Spectacle*, New York: Zone Books, 1994（中文版题为《景观社会》）; Debord and Gil Wolman, "A User's Guide to Détournement," in Ken Knabb (ed.), *Situationist International Anthology*, Berkeley: Bureau of Public Secrets, 2006.

也是如此，这本书的主题是 70 年代的意大利景观。[1] 他完全知道景观卷土重来的危险。实际上，这正是他的关键主题之一。迪恩写道："景观包含着，也把握着共同善的可能性。"（112）但是，这正是德波最后一部作品的核心论点，那本书讲的不是参与，而是撤离。

当然，异轨本身也被收编了。免费信息成了一种新商业模式的基础，即从免费劳动中榨取剩余信息。但是，这就意味着应该将异轨从免费的数据转向免费的元数据。这可能不仅需要异轨和批判，而需要建立另外类型的回路，即便它只能存在于当前基础设施的夹缝之中。

目前来看，有一个简单的策略，即坚持传播能够产生团结感和公共资源的信息结合体。这是在利用因象征效力的衰落，或者说，至少是维持象征效力的强制力的缺乏而成为可能的侧边"搜索"。迪恩所说的"纪律、牺牲和延迟"（125）肯定是有一定空间的。但是，罗马不是一天建成的，建立新文明可能需要不止一种主体-装置融合的赛博格。政治团体的前提是社会环境。政治团体是果，而非因。让我们来打造新的环境吧。

现在的文明已经完蛋了，人人都知道。那是一种组织层面的问题，意味着有各种各样的问题，需要各种各样的解决方案。没有唯一"正确"的批判理论。所有理论都只是解决千头万绪的问题中的一部分的工具。迪恩的工作似乎对一种特定的主体性短路做出了恰当的诊断，并提出了一种可能的解决方案。

---

1 McKenzie Wark, *The Spectacle of Disintegration*, London: Verso Books, 2013, 105ff.

第 11 章

尚塔尔·墨菲：
民主 VS 自由主义

看着 2016 年春季的美国总统大选党内初选，我感觉其中涉及的不只是谁将领导共和党与民主党的竞逐，这里似乎还有另一场竞赛：自由民主到底是要**自由**，还是要**民主**。如果要民主的话，那么这场竞逐就关乎哪一种"民"（demos）才是"主"。至少我是这么看的，考虑到我当时正在读尚塔尔·墨菲的书。[1] 她的书为这些事件提供了一个有益的视角，尽管可能有其局限。

自由民主的自由派分为两股，代表人物分别是希拉里·克林顿和杰布·布什。前者能够抵挡民主派中的一股，后者则做不到。乍看起来，用"自由派"来概括布什和克林顿可能有一定争议，而用"民主"来概括与其对阵的伯尼·桑德斯和唐纳德·特朗普争议还要更大，但是，这两个词都有一个具体的含义符合上述界定。

---

1 Chantal Mouffe, *Agonistics: Thinking the World Politically*, London: Verso, 2013; *The Democratic Paradox*, London: Verso, 2005.

这里的自由派偏向古典自由主义，而非它在美国的含义。克林顿与布什都支持法治、私有财产、有限政府（当然，要对某些利益集团做出部分让步），以及一种相当抽象的美国公民观。民主也有一个特殊义项。桑德斯和特朗普对身为"民主之民"（demos）中的一名公民意味着什么有更强烈的感觉，相应的也会强调排除。桑德斯要排除的是华尔街，特朗普要排除的是外国人。

"民"有多种差异巨大的理解方式。一种接近于阶级，另一种则是极端爱国主义，吉尔罗伊将其称为**泛指的法西斯主义**（generic fascism）。有趣的是，两种方式都将一种关于"民"的敌人是什么的强硬意识，与一种关于"民"之间能共享什么的强硬意识匹配了起来。至少在参选初期，特朗普小心地表示支持现有的社会福利和医疗保障，当然对象仅限于从狭隘的种族主义角度看属于"民"的那些人。桑德斯则强调要推行免费高等教育。这两位提倡民主的挑战者以截然不同的方式共同诉诸一种更强的民众参与观。公民身份不只是一个抽象范畴，而是一种切实感受到的归属意识和共享意识。

就此而言，美国政坛或许并非例外。许多政治体都在经历类似的情况。主流的中间偏左和中间偏右政党发现自己受到了左翼和右翼势力的挑战，其中有些左翼势力带有明显的社会主义色彩，而有些右翼势力则直截了当地与过去的法西斯主义形态一脉相承。那种经常叫作**新自由主义**的自由主义受到了来自两位老对手的压力，而后者又可以视为民主主义挑战内部互为对手的派系。在某些情况下，左翼民主势力占据上风，比如希腊；另一些情况下则是右翼民主势力取胜，比如波兰和匈牙利。在奥地利总统大选中，绿党候选人和极右翼新法西主义候选人展开了激烈争夺。

两种不同的压力可能会将自由民主制度撕裂。其一是**紧缩**（austerity）。为金融掠夺行为张目，极力削减监管机构的政治体制引发了针对自由民主体制下自由主义一面的反抗，分别以阶级和民族为基础的两种民主主义似乎都可以是备选项。在希腊，上述状况一度有利于左翼民众，但激进左翼联盟当选之后就发现，他们对紧缩问题做不了太多——或者说，他们也不愿意做太多。

其二是全球难民危机。下述说法现在看起来是合理的：气候变化加剧了那些导致帝国体系边缘局势不稳的老套的地缘政治把戏的影响。旱灾在北非、中东和中亚蔓延。[1] 流离失所者数以百万计。在欧盟国家和澳大利亚，共同民族归属感的右翼民众观相当流行，令人警醒。中间偏左和中间偏右的政党都发现只能去顺应这种极右翼的民众观念，而维持其他方面是自由主义的政治主张，他们更关注维持贸易的照常运转。

如何深入一层思考呢？或许，我们可以追随墨菲的脚步。在考察这些政坛的具体案例时，她可能会将其置于一种她认为更根本的概念的背景之下：**政治**（the political）。在《竞争论》（*Agonistics*）一书中，莫菲认为政治是任何可能的政治实践（politics）的本体论基础。政治最突出的特征就是她所说的**彻**

---

[1] Eyal Weizman and Fazal Sheikh, *The Conflict Shoreline*, Göttingen: Steidl, 2015.

底的否定性。无论一个政体有多么多元化,其中总有一种不可抹杀的区别是不能并入、纳入、调和的。总有一个无身份的点。政治的解决方法就是建立一道边界,将他者作为**构成性的外部**(constitutive outside)排除。"政治的时刻"就是**我们**面对**他们**的时刻(《竞争论》18)。

这种边界将自身呈现为一个自然事实,特别是在泛指的法西斯主义那里。但是,莫菲认为有一点很重要:我们与他们的区分是任意的、偶然的、建构出来的——无论它在**常识**层面看起来多么板上钉钉。政治权力是由**等价链条**(chain of equivalence)连接起来的多股个别力量的**接合**(articulation),在等价链条中,这些个别力量共同呈现为"我们",形成对"他们"的**霸权**。于是,在初选期间,"我们"在桑德斯那里要团结起来反抗应该破产的"大银行",在特朗普那里则是要针对"墨西哥强奸犯"建起一道围墙把他们挡在外面,至于修墙的钱,特朗普会想办法让墨西哥自己掏。就连希拉里·克林顿更为传统的自由主义政治主张都搬出了打击"恐怖主义"作为有力号召,她承诺要比奥巴马总统的立场更加强硬。

这些都是"美国的我们"对抗"不美国的他们"的不同形式,里面有着丰富的历史。墨菲写道:

> 某个时刻被人们认同为"自然"秩序的东西,以及随之而来的常识,是霸权实践沉积的结果。这个东西从来不是某种深层客观性的表现,外在于使其存在的实践。(《竞争论》2)

霸权是感受到的，而非思索到的，它需要构成性的外部。一个民族是通过建构共同的责任感和归属感而出现的，但它的边缘总是不完整、不稳定的。

墨菲的政治理论并非由一种完美政体的道德理想所统摄，更谈不上普世理想。它的动因并非达到最好事态的欲望，而是避免最坏事态发生的欲望。但是，与突出阶级斗争对立的迪恩不同，墨菲更感兴趣的是如何能让"我们"和"他们"的区分成为竞争性的，而非对立性的。尤其是涉及种族歧视和厌女问题时，在一定程度上得到普遍认同的冲突协调机制有没有可能存在？制度化的协调手段能不能消除本质主义的身份认同与不可调和的要求所带来的危险？

接下来，墨菲认为，能够将位于政治根源处的争斗激情提升到更高层次的制度是有意义的，哪怕这些制度远远达不到普遍公正的道德理想，而且自身也是过去的霸权接合的产物，哪怕这些制度远远做不到对无止尽的、分歧不断增多的磋商过程保持开放，引发担忧的事务终会迎来**决断时刻**。不会有普遍的和平与公义，但也不会有一切人对一切人的战争。"这种竞争性的对峙不以消灭或吞并另一方为目标，不同路径之间的张力会强化多极世界的多元性。"（《竞争论 41》）

自由民主体制的有限好处是：尽管它不能兼顾到每一个人，但它或许能够在我们/他们边界的约束下实现一定程度的多元。

在《民主的悖论》（*The Democratic Paradox*，以下简称《民主》）中，墨菲通过对卡尔·施米特，一位极力反对自由主义的政治理论家和纳粹法学家，进行批判性的解读来提出自己的政治概念。[1] 在施米特看来，同质的人民（people）是民主之为可能的条件，而民主就是由这个人民施行统治。人民是可以区分**敌人**和**朋友**的。墨菲对这种观念进行了拆解，"民主需要作为实体的平等的构想"，以及"公民必须分享一个共同的实体"（《民主》38）。我之后会接着谈这个问题。

民主的悖论就是民主与自由主义的不相容。自由主义不是一个具体的人民的政治实践，而是由个体组成的抽象人性。自由主义者大可以做着保护私有产权、保护个人事务自主权的普世政治体之梦，但这不是民主。民主预设了一个具体的人民，人民内部存在某种平等，但同时与其他人民对立，那些人与我们是不平等的，甚或像吉尔罗伊所说的那样，他们具有的人性少于我们。"民主的逻辑确实隐含一个闭合的时刻，这是造成'人民'的过程本身所必需的。这是不可避免的，哪怕是在自由主义民主的模式中；它只能用另外的方式来调和。"（《民主》43）

于是，"自由主义民主政治实践的核心要素……就是不停的协商与再协商——通过不同的霸权接合——试图解决这个构成性的矛盾"（《民主》45）。自由主义民主并非理想，亦非必然，而只是政治权力的一种偶然的、霸权的形式。尽管它喜欢把自己打扮成理性的、取得共识的、包容一切合理反对意见的样子，它仍然是权力，而且仍然对它不能接受的事物关上大门。共识是通过消除公共领域内的多元主义达到的。

墨菲对自由主义民主的部分批判借鉴自施米特，但接着就

---

[1] Gopal Balakrishnan, *The Enemy: An Intellectual Portrait of Carl Schmitt*, London: Verso, 2002.

将这种批判也用于施米特。施米特不仅要批判自由主义民主,更要废除它,而且认为它的矛盾张力是致命的。墨菲则认为这种张力是有益的。抽象个人主义与一个人民的个殊性之间的张力为政治形态带来了富有创造性的妥协。施米特只能将人民想象为一种先在的身份。

施米特认为多元性在人民内部没有任何位置,因为施米特的人民是给定的,而不是霸权接合的建构物。他的人民概念是前政治的、自然主义的、本质主义的。他或许会理解特朗普的本土主义鼓噪,但不会理解桑德斯对一个更具多元色彩的人民的呼吁。他或许不太能理解他者是一个政治体建构的内在界线,而不是外部的、先定的界线。

墨菲用自己的政治概念来反对两种对立的理论:自由主义和马克思主义。我认为很难去认真对待自由主义政治理论,因为它基本上是对现实状况的理想化与合理化,因此完全没有理论层面的力量或严密性。话虽如此,墨菲反对各路自由主义理论的观点还是有一定当代意义的,考虑到自由主义的专家们既没有能力对抗特朗普式的运动,也应付不来桑德斯。

自由主义和后自由主义政治理论的问题在于,它们不得不无视对立。它们的理论起点和终点(通常)是一种理性主义的信念,相信普遍共识是(经常)有可能达成的。这里的共识指的是个体间的共识,因此难以把握集体身份的力量。基于理性的普遍共识不仅必然要驱除对立,也要驱除决断时刻。有人可能会补充道(与巴特勒观点相左),政治不只是脆弱肉体的集体表演。自由主义理论认为人民是一,后自由主义理论认为人民是多，墨菲则坚持认为，人民是分裂的。

在国际领域，墨菲反对超越主权和霸权的大同世界的幻想，不管它是源于国际主义立场，还是后殖民主义立场（柄谷行人的第四种交换模式可能也包含在内）。这些路径试图调和世界主义的抽象正义标准和特定形式的归属感。但是，墨菲认为民主的悖论——我们或许会称之为世界主义的悖论——具有建设性的观点就不太有说服力了。"我看不出重新定义世界主义这个概念，用它来表示与这个词的通常含义几乎截然相反的某种东西有何益处。"（《民主》21）

墨菲首次获得关注是通过与已故的厄内斯托·拉克劳合著的《文化霸权与社会主义的战略》一书。[1] 该书是埃塞克斯话语分析学派的奠基性文本，探讨了一系列经典马克思主义针对政治实践的立场，这些立场都试图解决马克思主义激进派的实际经验与植根于阶级分析的政治实践理论两者之间的裂缝。按照这种解读，罗莎·卢森堡、卡尔·考茨基、爱德华·伯恩斯坦和乔治·索雷尔都是要解决同一个问题：资本主义发展的铁律似乎并没有导致阶级矛盾尖锐化，也没有让政治斗争明朗化，变成公开的阶级对立。

拉克劳与墨菲驳斥了当时流行的全部三种马克思主义社会构成观。第一种将商品形态视为本质，将政治文化现象视为表象。第二种将经济视为基础，经济基础的运行法则反映在政治和经济上层建筑中。第三种赋予政治和文化上层建筑以相对的

---

[1] Chantal Mouffe and Ernesto Laclau, *Hegemony and Socialist Strategy*, London: Verso, 1985.

独立性，但又认为归根结底，经济才是决定性的因素。最后一种——即路易·阿尔都塞的构想——是拉克劳和墨菲的出发点。[1] 但是，他们认为政治领域是绝对独立于经济领域的，甚至进一步说明，经济领域本身就有政治性。工厂主要是控制的场所，而不是榨取价值的场所。

拉克劳和墨菲拆解了马克思主义思想的基本范畴。生产力的发展不是中性的，或者说成为原因的历史轨迹。经济领域不再由自身的规律性统治，也不再创造铁板一块的阶级地位，或者为其规定具有决定性的阶级利益。[2] 他们拿掉了一以贯之的经济和历史发展，换上一种偶然的、政治性的时代。

在这里，葛兰西的**霸权**范畴成为关键：只有霸权秩序能产生在任何时候都不完整的政治权力建构。特别是在墨菲后来的作品中，马克思主义的本体论——以满足需求为目的的、历史性的人类生活社会组织——被一种强调原始对立情绪的政治性本体论取代了。墨菲写道："如果说我们的路径曾被冠以'后马克思主义'之名的话，那么原因正在于我们挑战了后马克思主义观念底层的本体论。"（《竞争论》78）

就此而论，墨菲对某些复兴马克思主义或说共产主义思维的尝试进行了有力的批判。墨菲写道：

> 马克思主义路径的主要缺陷在于，它不能承认我所

---

[1] Louis Althusser, *For Marx*, London: Verso, 2006.（中文版题为《保卫马克思》）
[2] 另见 Erik Olin Wright, *Understanding Class*, London: Verso, 2015（中文版题为《理解阶级》）。

说的"政治"的重要地位……我们再也不能将解放事业理解为消灭权力,由等同于社会总体视角的社会能动者(agent)来管理公共事务。对立、斗争、社会分裂永远会存在,对处理这些状况的制度的需求永远不会消失。(《竞争论》84)

她抵制齐泽克打着某种**否定之路**(via negativa)的幌子,将共产主义理解为不可能实现的目标,以此来复兴共产主义的尝试。阿兰·巴迪欧提出一种相关的共产主义理念,墨菲认为那是一种奇特的伦理性政治。与阿伦特不同,巴迪欧认为政治不是一个竞相争辩的领域。相反,政治是单一的关系,与生成主体的真理性(truth)事件相关。这里的**事件**同时超越了事实和关切。它将一种**忠实**于某种超越事实和关切之物的主体召唤出来,是对实在界的一种打断。[1]但是,尽管墨菲认为这是一种伦理,但有人可能会问:它会不会是神学性的,是朝向荒诞的信仰之跃。

墨菲很快就打发了这些(反)政治思想,却用更多的篇幅与各类自治主义或工人主义式的马克思主义思想拉开距离,比如哈特、奈格里和维尔诺。这些人放弃了通过现有制度进行反霸权斗争,提议**出走**,也就是退出现有制度。在他们的本体论中,给定的事物不是冲突,而是自组织。作为劳工联合这种自组织的替代品,他们设想出了会分化的"众"(multitude)的自

---

[1] 我在这里只是略谈几句,Bruno Bosteels, *Badiou and Politics*, Durham, NC: Duke University Press, 2011 的相关论述要严肃得多。

组织，只需要摆脱资本寄生虫就能自行成立。

有的时候，该思路的基础正是墨菲已经排除的那种对生产力、生产关系变化的分析。按照这种分析，从福特主义制造业到后福特主义信息产业的产业组织形式演化是一种生产方式的异变，当代生产方式的基础是**非物质的**、**情感性的**、交流性的、协作性的劳动。权力的主要组织形式不再是规训制度，而是直接嵌入社会场域的控制手段。这种**控制社会**从民族-国家拓展到非领土性的**帝国**空间中。政治主权如今采取了针对生命生产本身的**生命政治**权力这种形式。[1]

实际上，这种经济体制和政治体制都是针对自组织的"众"的力量的回应。"众"采取了**大众智力**、**非物质劳动**或**一般智力**等新兴形式，是工人主义者承认的唯一一种主观能动性。是诸众让帝国出现的。帝国是统治阶级遏制自组织本身桀骜不驯的能量的手段。生产资料的进步提高了"众"实现自组织的可能性。"众"的自组织势力无法被代表。它不能被纳入一般意志。它能选择的政治活动只有公民不服从，以及各种非代议制的、议会外的权力形式。

墨菲反对退出的战略，坚持认为应当采取**参与**的战略。她坚定地主张一种不讲生产力的政治霸权理论。在她看来，最重要的不是关于生产创造活动的一元论，而是关于不可调和的对立的二元论。她认为，资本的角色远远不止于回应。当前的社会构成并不单单是生产力发展的产物，而是霸权接合的特殊时

---

[1] 关于哈特和奈格里，参见 McKenzie Wark, "Spinoza on Speed," *Public Seminar*, November 19, 2014, at publicseminar.org。

刻的产物。它最终的面貌或许是一种"通过无害化达到的霸权",或者说是"消极的革命",统治阶级借此收编那些可能会逃离它的势力(73)。"众"好像天然就具有统一性,墨菲反对这种观点,认为统一的政治行动者只有通过同时创造了一个我们和一个他们的反霸权事业才能实现。政治的要义就是通过指定某些事物为他者,以此建立起等价链条。墨菲反对内在性与繁多性,她考虑的是彻底的否定性和霸权。

在此我想,是否有可能将两种视角都拿过来一点,但通过一种不同的理论构想将两者协调起来。我们或许可以从墨菲试图排除经济领域的观点入手;实际上,她不只是要排除经济领域,还要将其政治化:工作场所是控制的场所,而不是榨取价值的场所。在这里,我要把她的想法颠倒过来,主张墨菲的政治性本体论仍然部分关于经济元素,其表现就是让作为"民主之民"(demos)的人民实现平等的东西,即:人民共享的**实体**(substance)。于是,政治的要旨仍然是在社会层面满足需要的问题。因此,只看自由与平等的矛盾关系是不够的,我们或许还需要考虑博爱(fraternity)——这个词在当代理解成"共有"就好,少一些性别色彩。[1] 或者换一种说法:自由主义和民主必须直面社会劳动的问题。哈拉维用的词是**同伴**(companion),意思是分享同一块面包的人。

针对墨菲,我们可以反对她将一切都归约到政治性本体论中;针对工人主义者,我们可以反对他们将一切都归约到"众"

---

1 fraternity 亦有"兄弟会"的意思,其词根 frater 即拉丁文中的"兄弟"。——译者注

的自我生产中。墨菲写道:

> 为了挑战新自由主义,我们必须参与到它的关键建制中。在主流资本主义结构之外组织集体生活的新的存在形式是不够的,好像资本主义结构不用对抗就会慢慢衰落似的。(《竞争论》115—116)

工人主义者认为只有一个生产性的阶级——工人、众——此处就是一个寄生阶级。墨菲认为有两个阶级——劳工与资本——再加上各种社会运动和其他非阶级行为者。但是,如果我们从一开始就认为阶级行为者不止两个呢?马克思主义的政治写作传统还有另一种解读方式,那就是把农民问题视为核心问题。在工人产生组织意识时,社会有两个统治阶级(资本家和地主)和两个被统治阶级(工人和农民)。实际上,葛兰西思想的部分精妙之处就在于,他将霸权理解为多于两种阶级立场的接合——他这时甚至还没谈社会行为者呢。我们或许可以再问一次:是否有多个被统治阶级,多个统治阶级,包括新生的阶级。

我们还可以运用一种比较传统的结构主义工具来拓展霸权概念。[1] 我们不一定要将政治理解为两个不对等的项之间不可削弱的对立,不妨把姿态放低一点,认为政治有四个阶级和四种关系,而非两种关系。在敌友之外,我们可以加入两个更有意

---

[1] A. J. Greimas, *On Meaning: Selected Writings in Semiotic Theory*, Minneapolis: University of Minnesota Press, 1987. (中文版题为《论意义:符号学论文集》)

思的范畴：**非敌**和**非友**。四种可能性构成一个正方形，社会民主主义当年就是在类似的框架下思考农民问题的。今天，我们也可以思考工人和资本家以外的统治阶级和被统治阶级。

利用符号学方法来理解社会现象是一回事，固执地认为一切现象都以语言为基础是另一回事。现在，我们必须考虑：一种政治概念似乎既排除了战争，又排除了劳动，更不用说非语言的知识运用方式，它会有多大用处呢？"在今天，买一样东西就是进入一个特殊的世界，加入一个想象的共同体"（《竞争论》90），这个说法或许是部分成立的。但正如拉扎拉托所说，现代生产方式既制造客体，也制造主体，生产组织方式或许有编码，但很少采用语言的形式。

政治性本体论——其彻底的否定性是语言不完备的后果——的主张有一个结果，那就是预先封闭了另一种更激进的，非政治性权力、知识或制度形式在其中有一席之地的多元主义的可能性。因此，墨菲对布鲁诺·拉图尔的评论有一点难遂人意的地方。拉图尔认为批判已经失去动力，而墨菲希望抢救出某种批判。但是，她自己的批判却坚守彻底的否定性，一种否定形式的本质主义。

与拉图尔的看法相反，实际上批判并不都断言文化与自然存在本质区别，预先将自然、客体性、实在置于文化、主体性、表象的对立面。[1] 但是，墨菲却自绝于那些站在文化/自然二分以外思考问题的马克思主义传统。不过，她有一点讲得很对，

---

1 Bruno Latour, *We Have Never Been Modern*, Cambridge, MA: Harvard University Press, 1993.（中文版题为《我们从未现代过》）

那就是她坚持认为拉图尔**合成**（compose）一个共同世界的计划回避了对立问题，尽管她想用来装点"对立"的本体论光环还是值得怀疑的。墨菲的**先验**主张，即存在一种"内在于所有人类社会的对立维度"并不像她自己想象的那样，与马克思主义的劳动本质主义一刀两断（《竞争论》2）。它其实还是同一种本质主义，只不过是否定形式的。

我们可以为墨菲的政治性本体论想象某些更激进的对手。一位是夏尔·傅立叶，他试图阐述**完全**不存在对立的可能性。[1] 这种尝试有启发的地方在于，傅立叶与墨菲一样将关注点放在激情而非理性上，但与墨菲不同，他还论述了作为需要的激情。另一位可以和墨菲联系起来考虑的人物是约翰·赫伊津哈。乍看起来有点奇怪，但是赫伊津哈写《游戏的人》这本书有明确的靶子，一是卡尔·施米特，二是马克思主义者。[2] 该书没有做本体论断言，却提供了一种宽广得多的竞争论概念，这个概念演化出了许多种表现形式，政治只是其中之一。

对于墨菲"当前的危机是文明的危机"这句话，我们只能赞同，而且要响应她对"后社会民主主义的环保事业"的呼吁（《竞争论》61）。愈演愈烈的难民危机表明，气候变化是一种新的历史情况，"需要一场真正的葛兰西式的'思想与道德变革'"（《竞争论》63）。但是，这场变革的多元性可能要超过墨菲承认的程度，不仅包括政治形态的多元，还包括知识形态的多元，

1　Charles Fourier, *Theory of the Four Movements*, Cambridge: Cambridge University Press, 1996.（中文版题为《四种运动的理论》）
2　Johan Huizinga, *Homo Ludens*, Kettering, OH: Angelico Press, 2016.（中文版题为《游戏的人》）

这些形态中没有一种会支持单一的基础存在。

尽管墨菲看不上"占领华尔街"运动的著名口号"我们是99%",但从它进入桑德斯的竞选活动并得以扩大的方式来看,它还是包含了一些希望。它确定了一个我们,一个他们,而且不只是从道德上指摘富人而已。桑德斯将统治阶级确定为对手,认为他们不仅要为紧缩负责,而且要为狂飙突进的各种人类世灾害负责,从而在一批民主派的诉求之间建立起等价链条。最起码,它原本有机会成为自由与民主这对矛盾体中民主这一侧的更好选择,一种比目前盛行的那一种更好的选择——尽管它现在被低估了。

第 12 章

温迪·布朗：
反对新自由主义

学者们感兴趣的事物各有不同。我感兴趣的事情就和温迪·布朗大不相同。她的《民众的瓦解：新自由主义的隐秘革命》写得很好。[1] 在我读过的关于**新自由主义**的论述中，这当然是最清晰、最犀利的一部。我会试着概述该书对新自由主义的洞见，但也会提出一些我感兴趣，书中却只字未提的内容的问题。

先举个例子吧。布朗讨论了 2003 年的"布雷默命令"。这些命令是美国及其盟国击败萨达姆·侯赛因并占领伊拉克后，由保罗·布雷默和联军临时管理当局发布的。乍看起来，它们似乎是新自由主义**休克疗法**的经典例子。[2] 布雷默命令要求国有

---

[1] Wendy Brown, *Undoing the Demos: Neoliberalism's Stealth Revolution*, New York: Zone Books, 2015.

[2] Naomi Klein, *Shock Doctrine: The Rise of Disaster Capitalism*, New York: Picador, 2008（中文版名为《休克主义：灾难资本主义的兴起》）；Philip Mirowski, *Never Let a Serious Crisis Go to Waste*, London: Verso, 2014.

企业贱卖，允许外资持有伊拉克企业，限制劳工权利，并采用对资方有利的税制。

布朗关注的是规定禁止重复使用受保护品种的粮食种子的布雷默第 81 号命令。位于阿布格莱布的伊拉克种子库在战争中被毁。2004 年，美国政府提供了一批转基因种子。现在，孟山都、陶氏、杜邦等大型农业企业永远地捆绑住了伊拉克农民。这是自公元前 8000 年农业出现于伊拉克以来从未有过的情况。通过一项"法律微调"，一个之前没有进入全球市场经济体系的领域如今受制于大型农业企业的"最佳实践"。布朗写道："于是，第 81 号命令代表着新自由主义对法律的运用方式：不是压迫或者惩罚，而是设定竞争的结构，实施'对行为的引导'。"（148）第 81 号命令让耕种从属于市场的**现实原则**（reality principle）。

布朗的兴趣点是作为一种**政治理性**的新自由主义。我们接下来会看到，它越出乃至逆转了自由主义的部分经典信条。"新自由主义是资本主义终于借以吞噬人性的理性。"（44）布朗有力地论述了这种政治理性作为一股现实力量的一致性。但是，她是通过忽略同一过程中的某些其他事物才做到这一点的，而我们不免会好奇：这些有趣的其他事物与新自由主义政治理性会发生怎样的相互作用呢？

她对政治与战争之间的关系不感兴趣。与墨菲和巴特勒一样，布朗认为政治是一个单独的领域。为了将第 81 号命令呈现为法律微调，她不得不忽略很多东西，不管这个"微调"本身是多么有趣。她也不关心某些类型的行动者。在她那里，第 81 号命令基本上是由孟山都，一家与布什政府有着紧密联系的农企巨头起草的。

她对孟山都所代表的特定商业类型也不感兴趣，而这正是最引起我兴趣的地方。孟山都是传统意义上的"资本"的典型范例，还是某种新的**经济**或**技术**理性？我觉得有意思的地方在于，这个故事的核心是对粮食作物的生殖细胞系的专利权。这种商业的基础是把**信息**变为商品，并控制将这些信息具象化的物质产品，而且法律和强制在控制中的作用不亚于说服。

因此，我认为这个故事的主角是一种新的统治阶级，我在别处将其称为**向量阶级**，其力量源泉不是对生产资料的掌握，而是对信息的掌握。[1] 彼得·莱恩博在《绞刑架上的伦敦》一书中生动地表明，在 18 世纪的英国，暴力和强制在资本主义生产关系推行中的作用不亚于其他任何因素。[2] 不出意料，向量主义生产关系的推行也少不了强制。

我感兴趣而布朗不感兴趣的一点是：新自由主义是不是生产关系本身异变的表现。这或许能够解释一些法律和政治形式，它们"是一种新的配合模式，超出了盘根错节的董事会结构，也超出了资本主义历史循环中的各种司空见惯的替代性组织形式"（149）。在布朗看来，新自由主义是一种**政治理性**，一种"规范理性秩序"（9），或者说"对行为的引导"（21）。它的作用是将民主自由主义政治体制转化为纯粹的经济自由主义。与墨菲一样，布朗认为民主正在从内部被掏空。经济增长、资本

1　McKenzie Wark, *A Hacker Manifesto*, Cambridge, MA: Harvard University Press, 2004.

2　Peter Linebaugh, *The London Hanged: Crime and Civil Society in the Eighteenth Century*, London: Verso, 2003.

积累和争夺位置成为国家唯一的事务。

政治理性不是权力的意图，不是意识形态，也不是"物质条件"。它是通过"真理机制"（115）运作的。"政治理性不是治理的工具，而是治理工具之为可能与合法的条件，是治理从中产生的规范理性场域"（116）。它设定了主体（经济人）和客体（人口）。它与话语不同——话语可以有许多种，而且彼此竞争。它与治理术不同，治理术是从命令和惩罚式权力的转向。政治理性不来源于国家，却通过国家来流通。它作为理性的规范形式的色彩不如它作为理性的工具的色彩浓厚。

后马克思主义对"大写的政治"（The Political）以及民主——作为"大写的政治"在程序方面的理想型——的修辞有某种执迷，而新自由主义或许让这种执迷失去了价值。我觉得有意思的一点是：极少有人停下来质问大写的政治到底是真的存在，还是像神一样只是神话，在这个奉市场为独一真理的信仰正在变成全世界的宗教霸权的时代，它即将踏上查拉图斯特拉的道路。

笃信"大写的政治"的人发起了不少负隅顽抗，在他们看来，新自由主义是一种异端，是打扮成政治神祇的经济神祇。有人关注"不平等"的扩大，关注商业主义的庸俗，金融化经济体制下繁荣与崩溃的无尽循环。令人震惊的是，自由主义者和马克思主义者都假定这一切仍然可以放在"资本主义"的概念底下。资本的势力在增长，劳工则屡遭挫折，这是一个普遍的共识，尽管人们对这种现象为何发生、如何发生的关注要少得多。统治阶级是如何绕过——字面意义上的"绕过"——劳工势力与社会运动的呢？21世纪政治经济体系的**底层结构**极少有人提及，这实在令人咋舌。

布朗明确地阐述了政治理性的深层问题，但对于这种现象发生的原因就讲得不太清楚了。新自由主义扩大了可以被"经济化"的领域。与古典自由主义不同，这里只有经济人，接着又被重新设想成"人力资本"。这里只有各种彼此竞争的资本，而且它们都是以金融资本为模板设想成一个由追求自身价值积累扩增的投机单元所组成的不平等场域。新自由主义的"自由"是经济自由，不是政治自由。自由、平等、博爱的旧价值观被人力资本所取代，而人力资本甚至不再是一种人文主义。青年马克思所说的"真正的自由王国"不再有吸引力。[1]

布朗写道：

> 不管是通过社交媒体的"粉丝数"、"点赞数"、"转发数"，还是各种活动和领域的评分与评级，抑或是更直接的货币化手段，人们对教育、培训、休闲、再生产、消费等方面的追求越来越成为与提高自身未来价值有关的策略性决策与实践。（34）

但是，请注意这里的偏差。这段话谈的是博弈和策略，不是人力资本。我在《博弈者论》中曾提出，在这种主体性模式下，

---

[1] 参见 Karl Marx, *Capital*, vol. 3, London: Penguin, 1993, chapter 48, "The Trinity Formula"（中文版题为《资本论》第三卷第48章"三位一体的公式"）。

第 12 章 温迪·布朗：反对新自由主义

我们都是博弈者，而投机者只是其中一类。[1] 或许，我们正在迎来作为价值的信息的三重底层结构：**符号价值**控制着**交换价值**，交换价值又控制着**使用价值**。[2] 那么，这种状况就很难用新自由主义的概念去把握，因为它的某些方面既不是政治的，也不是经济的。

话虽如此，从当下状况仍然呈现出的政治和经济的一面来看，布朗说明了新自由主义下的主体既不是亚当·斯密的那种互通有无、物物交换、彼此交易的主体，也不是最大化快乐，最小化痛苦的边沁式主体。现在，主体被理解为明智的投资者、算计者、人脉构建者，或者用我的话说是**博弈者**，因为正如布朗所承认的那样，"它不总是以货币的形式呈现"（37），尽管她对具体采取什么形式其实不感兴趣。她对支撑着"从提升价值的角度来组织约会、婚配、创造和休闲活动的"博弈者主体的基础设施并没有给予很多关注（177）。

新自由主义的政治理性不再追求柄谷行人极其看重的康德式的**目的王国**。在目的王国中，主体的目的在于自身，价值也在于自身。人可以自由支配自己。我在这里好奇的是，新自由主义会不会其实更多是吉尔罗伊所说的**泛指的法西斯主义**下的一个种类，是一种统治阶级通过压迫下层阶级来收买中产阶级的小资产阶级文化的产物。布朗极少谈法西斯主义，在她的论述中，自由民主体制被当成现代政治的典范。

---

[1] McKenzie Wark, *Gamer Theory*, Cambridge, MA: Harvard University Press, 2007.
[2] Jean Baudrillard, *For a Critique of the Political Economy of the Sign*, St. Louis: Telos Press, 1980.（中文版题为《符号政治经济学批判》）

但是，如果我们将泛指的法西斯主义视为一种常态，而不是特殊历史时期才有的例外呢？这样一来，我们至少可以解释为什么不仅不平等被默许，而且竞争失败的"人力资本"单元有可能灭绝的情况也被默许。我们还能进一步地理解当代的国家暴力活动以及"黑命贵"等社会运动，对运动参与者来说，国家仍然首先是暴力镇压机器。

把一切都看成资本是小资产阶级的世界观。作为范畴的劳动不见了。这是把马克思倒了过来：在他看来，资本是死劳动。在新自由主义看来，劳动已经灭绝，如今只有资本，而且有许多种资本，它们全都在彼此竞争。公民身份的基础不复存在，因为人力资本可以破产，可以消亡。（当然，除非是"大而不能倒"的资本——这个例外很说明问题。）没有公共产品，也没有共有资源。或许，在一个唐纳德·特朗普都能问鼎白宫的时代，政治也已经没有了。

在布朗看来，新自由主义国家的使命是促进经济增长，增强竞争性和提高信用评分。实话说，我怀疑实情并非如此。或许**紧缩**根本与增长无关，而是为了在没有增长的情况下继续向上层输送财富。追随福柯的脚步，布朗对新自由主义理性如何是一种真理机制感兴趣，不过，多探究一下新自由主义到底在多大程度上是理性或许也有好处。[1] 当然，用新自由主义自己的话来说，它是一套（半）融贯的经济管理模式。但是，有一些工具是我不想放弃的，我要借由这些工具表明新自由主义的不

---

1 参见 Philip Mirowski, *The Road From Mont Pelerin: The Making of Neoliberalism*, Cambridge, MA: Harvard University Press, 2009。

融贯和不理性，以及它对一个新兴统治阶级的神奇的、特殊的辩护，这种统治阶级的基础是运用新自由主义轨道以外的方式得出的真理主张，而且来源于与它的斗争。

《瓦解民众》的部分意义在于，它对福柯的生命政治讲座进行了重构性的解读，将其视为关于自由主义如何在"二战"后变成新自由主义的论述。[1]这不是福柯最好的作品，类似于旧式的思想史研究。布朗写道："在福柯看来，新自由主义是由知识分子构想出来，并通过政治手段实施的。"（50）然而，他和布朗都主张这不仅是上层建筑的一项变化。

布朗坦承，讲座的部分内容是"反马克思主义的咆哮"，尽管不太警惕的读者可能会将其他一些部分理解成某种"新马克思主义批判"（55）。但是，实情绝非如此。福柯从来没有去探究哪些生产力领域的变化会通过对生产关系施压，从而产生新自由主义这样的意识形态和政治形态断裂。在这个意义上，讲座仍然是尼科斯·普兰查斯所说的区域性研究。[2]

福柯是从国家权力所受的限制谈起的，也就是权利对主权的约束，但还有第二条限制原则：市场不仅是另一种组织形式，而且是某种特定的真理：**市场真言**（market veridiction）。新自由主义转向将权利推到一边，而让市场不仅成为对国家的限制，更成为国家本身的运行原则。

与马克思主义者不同，福柯对产权、民族对阶级的遮蔽、

---

[1] Michel Foucault, *The Birth of Biopolitics*, New York: Picador, 2010.（中文版题为《生命政治的诞生》）

[2] Nicos Poulantzas, *Fascism and Dictatorship*, London: Verso, 1974.

作为统治阶级委员会的国家不感兴趣。相反,他的关注点是作为**真理**与对治理的**限制**的市场。在福柯看来,新自由主义是从自由主义的危机中诞生的——就此而言,他接受了新自由主义关于自身的叙事。新自由主义不想被视为对资本主义危机的回应,而想把自己打扮成对国家失败的回应。

在这里,福柯的旧式思想史研究以哈耶克为中介将弗莱堡学派和芝加哥学派联系在了一起。弗莱堡学派提出了国家对于促进竞争的作用,芝加哥学派则提出了人力资本的观念。有意思的是,不管哈耶克认同何种意识形态,他也在认真思考经济学理论中的**信息**问题。但是,要想给出解释,我们就要把上述思想发展和当时的生产力状况联系起来,而福柯倾向于认为大写的政治是独立的,第一位的。

布朗写道:

> 新自由主义并不是国家对经济撒手不管。相反,新自由主义鼓动国家为了经济的利益不要去承担经济职能或干预经济结果,而要促进经济竞争和经济增长,将社会领域经济化,或者用福柯的话说,"用市场来规范社会"。(62)

我认为,这里缺失的概念是**信息**。新自由主义在战后得势并非巧合。战争期间,为了管理复杂系统,通过信息进行指挥和控制的基础设施被开发出来,战后从军事工业复合体拓展到民用产业。

哈耶克曾提出,在复杂经济体中,只有价格信号才能对信息进行理性的管理；然而，罗纳德·科斯表明市场交易并非没有成本。[1]当市场交易的成本超过效益时，非市场性的公司组织形式就会占据上风。大企业是作为一种庞大的**非市场**资源分配形式出现的。为了让这些巨无霸共处和存续，国家动用了各种各样的职能。与此同时，意识形态层面对于"竞争"的执着掩盖了现实中竞争的缺乏。

对新自由主义来说，"经济是样板，是目的，也是事业"（62），而这恰恰是因为它在当下只能是一个**虚假**的建构物。公民社会似乎让福柯也着了迷。他看不到这幅图景的另一面。从新自由主义的角度看，国家必然会越来越像市场。有人觉得是好事，有人则会抨击。但是，我们也可以从另一个方向来看：市场必然要由国家来推动和延续。

发达世界变成过发达世界。商品化向着它的组织效率，或者说组织能力的极限狂奔。社会生活被大块大块地砍下来，扔到火堆里，免得锅炉熄灭。商品化从实物领域转向信息。在"知识产权"发展的支持下，整个信息基础设施演变为一套广泛的、完全意义上的私有产权。这就是我对作为结果，而非起因的新自由主义做出的简要解释。

如果说战后时期的"经济"并非静止不动，"国家"也不是。两者都被同样的**技术**（techne）所改造。桑德拉·布拉曼表明，当国家依赖于信息运行时，它的职能就开始以不同的方

---

[1] R. H. Coase, *The Firm, the Market and the Law*, Chicago: University of Chicago Press, 1990.（中文版题为《公司、市场与法律》）

式运作了。[1]如果说战后的国家和私有组织单位之间有联系的话，那就是它们都依赖同样的计算基础设施来运转，从大型机到个人计算机，再到今天的云计算。有人可能会像全喜卿那样心怀疑虑：这些信息向量会不会军事理性的成分多于市场理性？这有利于解释福柯和布朗的一个难题：新自由主义的主体不只是自主的、自我管理的，而且是服从指令的。自主性是受限的。能动性是好事，但只能用于完成外来的任务指令。这是军事组织的原则。

有人可能会想：不平等的自然化与正常化是不是至少在部分程度上来源于军队模式的推广。当然，正如布朗敏锐观察到的那样，不平等现象的另一个组成元素是交换范畴到竞争范畴的转变。在资产阶级经济学中，一切交换都是等价的，包括劳动和资本的交换。除了少数特殊情况外，交换价格会趋向于均衡；或者说，人们一度是这样认为的。竞争则意味着不平等，而不是平等。有些人就是比其他人更优秀，应该获得更多。当然，这种看法与交换一样，是一剂意识形态的、自我证明的"灵丹妙药"。

在这场博弈中，成功的唯一尺度就是成功本身："按照其他原则行事的人不单单是不理性，而是拒绝接受'现实'"（67）。那是狂暴的、不可预测的现实。如今，人们已经承认市场的动荡性了。国家必须推动经济，尽管国家不能预测或控制它，却依然要为它负责。随之而来的就是**中间派极端**主义（centrist

---

[1] Sandra Braman, *Change of State: Information, Policy and Power*, Cambridge, MA: MIT Press, 2009.

extremism）政治。你可以支持同性婚姻，也可以支持在学校里祈祷，但不能质疑市场。市场不是为了给人良好生活而存在的；为了让市场运行下去，一切生活都要牺牲。

布朗写道："其他人看到的只是经济政策，福柯则发现了一种革命性的、普遍的政治理性，它吸纳了古典自由主义的语言和关注点，却将自由主义的许多意图和问责渠道倒转过来。"（67）布朗指出的福柯思想局限性与我指出的大不一样。在布朗看来，福柯的观点是国家中心主义，他只谈国家及其统治对象。布朗认为，被排除的是公民（而不是劳动、实践）。福柯是从权力视角看待事物的。他有点过于沉迷新自由主义的"自由"了。与自由构成对角关系的剥削领域并不存在。对于"福柯接受了新自由主义者的一个主张，即对于自由主义和新自由主义来说，经济领域都构成对政府的限制，而且它不能被触动，因为它无法被了解"这一点（77），布朗提出了质疑。

福柯认为，作为逐利者的经济人是不变的；但布朗则认为，自利并不能把握最新的循环。"经济人是后天造就的，而不是天生的。它运行于充斥着风险、偶然以及从泡沫破裂、资本危机、汇率危机到大宗产业崩溃的各种潜在剧烈变动的环境中。"（84）在我看来，这就是博弈者的主体性，或者叫"一个人的军队"。[1]

在布朗看来，**政治人**（homo politicus）是新自由主义的主要受害者。为了解释这一点，她讲述了一段真伪难辨的政治理论发展史，其中政治人是某种讽刺的奠基神话。"起初，有政治

---

[1] McKenzie Wark, *Gamer Theory*, Cambridge, MA: Harvard University Press, 2007, 8ff.

人。"（87）人类作为政治动物生活在一起，此处的政治指的是联合、语言、法律和道德判断的能力（而不是像斯蒂格勒所说的**技术**能力[1]）。

关于政治生活的前提条件，亚里士多德说得很明白：奴隶与私有产权。家庭既是统治的模型，也是生产关系的场所。但是，亚里士多德对超出家庭所需的生产活动感到有些困扰，这种活动可能不是政治人的基础，而是另一种人的基础。生产有两种，自然的和非自然的。非自然的财富是为了本身而积累的财富。正当的获取是为了家庭，不正当的获取是为了市场和金钱。前者是有限的，能带来闲暇；后者则变成自身的目的。

这里没有提战争，而最初奠定公民权利并确定其范围的可能正是战争。也没有谈技术的问题。从现实和物质层面来看，政治交往是如何进行的？集市和演说术难道不是希腊城邦的技术吗？另外，这里还有一点小小的省略：古典和现代意义上的政治人概念之间隔着长达千年的中世纪，在那段日子里，有产者的闲暇时间不是献给政治，而是献给上帝。人们可能会像柄谷行人一样发问：这会不会只是狭隘的西方神话？

就连近现代自由主义政治思想也尊重政治人的奠基神话。亚当·斯密认为，我们不完全是政治动物，而是互通有无和以物易物的动物，是交换的动物。但是，我们并不是纯粹自利的动物。我们可能在斯密那里就已经是经济人了，但我们也是审慎、克制、自我引导的动物——换句话说，我们拥有**主权**（sov-

---

[1] Bernard Stiegler, *Technics and Time*, vol. 1, Stanford, CA: Stanford University Press, 1998.（中文版题为《技术与时间》第一卷）

ereignty)。经济人的出现与政治权力高于经济力量的假设并非格格不入。例如，国家可以选择重商主义，也可以选择自由贸易。斯密热衷于证明为何后者是更好的国家政策。

在洛克那里，政治人与经济人的关系要更紧张。卢梭更明确地阐述了经济人的危害，他或许正是在批判理论中延续至今的"大写的政治"的主要来源。卢梭是政治人——以人民主权反对自利为形式——复归的先知。到了黑格尔那里，问题变成国家的普遍性与市民社会的特殊性两者间的对立。青年马克思的思维起点是具有主权的政治人未能实现的本性。密尔描绘了一个由众多小主权者组成的世界，他们选择自己的手段，选择自己的目的。在这里，国家和自由之间的边界是一个政治问题。国家的职能开始退缩为保障自由、平等和博爱，变成福柯所说的生命政治的管理者。但是，政治人仍然残存于主体与自身的关系中，连弗洛伊德也不例外，他认为超我是控制自我的政治家。

对布朗来说，上述政治人神话简史表明了新自由主义新在何处："当代新自由主义理性下政治人的消亡，坚持认为每一个人类生活领域中都只有理性市场行为者的看法，这是西方历史上的新现象，乃至革命性的现象。"（99）

布朗表明，新自由主义对处于个体与家庭之间的主体的看法存在偏差。如今，经济人的形象仍然是男性家长，或者至少是能够享受到家庭好处的人。他可能不再拥有奴隶，但有人替他照顾孩子和洗碗。家庭仍然是一个不能被经济化的非市场领域。家庭是需求、依赖、爱、忠诚、社群和照护的空间——而这些"事情"都是由女性承担的。我斗胆说一句：尽管家庭有父权制的种种弊端，但它是共产主义的最小单元；当然，这里说的共产主义不是指乌托邦，而是作狭义的理解，即处于交换之外，甚至还有互酬之外（柄谷行人可能认为家庭是互酬关系）的资源分享和会聚的领域。

新自由主义对家庭施加了压力，特别是对"女性的职责"。

> 女性要么按照这条真理来做事，自己成为经济人，这样的话，世界就会变得不宜人居；要么作为"家庭妇女"的女性的活动与职责继续充当世界的粘合剂，这个世界自身的治理原则已经不能维系自身的完整。（104）

新自由主义强化了性别从属关系，一大原因是它破坏了原有的社会服务，于是女性不得不撑起大半边天。顺便说一句，妇女的家务劳动是布朗书中出现的唯一一种作为范畴的劳动。

如果说自由主义的要旨是自由，那么十足诡异的是，新自由主义的要旨是**牺牲**。

> 这是新自由主义治理术中的关键悖论，甚至是它的关键诡计：新自由主义革命打着自由的名义——自由的市场、自由的土地、自由的人——却摇开了自由的根基，也就是主权，国家和主体概莫能外。（108）

只有服从市场的"规训"才能有"自由"。布朗写道：

> 但是，当公民身份失去特有的政治形态，并随之失去主权的外衣时，它所失去的不只是公共面向和由宪法等事物奉为神圣的价值面向，更失去了个人主权的根基，即康德所说的自律。(109)

"奉为神圣"(enshrined)这个词选得很有意思。在政治的信徒看来，新自由主义确实要么表现为对神圣事物的打击，要么表现为它的一种异端形式。

正如福柯在一个截然不同的语境下所预测的那样，这是大写的人——作为隐遁的神的神性替代品——的终结。[1] 人不再能够按照自己的方式追求美好生活，因为除了人力资本，除了市场的奴仆以外，"人"什么都不是。在布朗看来，"存在意义上的自由已经在世界上消失了"(110)。当韦伯抨击理性的铁笼，马克思抨击商品物化时，他们都默认理性和商品之外存在一个主体性，尽管我不确定马克思的主体是否必然是政治性的主体。我认为，在马克思那里，主体就是劳动者，寓于劳动者认识、想象和改造世界的能力中。此外，我也不确定新自由主义是否抹除了马克思所说的这种另外的能动性。它更主要是被向量技术压制了，劳动者的全部能动性都作为"创意"被抽走，然后凝结为知识产权，为新一代的、严格来说未必算得上资本家的统治阶级服务。

布朗认为，福柯新自由主义政治理性论的思想来源是马克

---

[1] Foucault, *The Order of Things*, New York: Vintage, 1973, 387.（中文版题为《词与物》）

斯·韦伯和赫伯特·马尔库塞。他吸收了韦伯对目的理性和工具理性的区分，这一区分后来由阿多诺和霍克海默发展为一套完整的现代性批判。马尔库塞则聚焦于**技术**理性，研究它是如何从资本主义生产关系延伸到生活的其他部分。

在这一方面，福柯的研究明显是反马克思主义的。马尔库塞曾质疑政治的独立性，福柯将它请了回来，但他所说的政治是超越单纯的意识形态的一种理性形式。"在福柯看来，政治理性能够改变世界，是规范理性的霸权秩序，主体、市场、国家、法律、法学和它们之间的关系都是由政治理性产生的。"（121）布朗在自己的阐述中对能动性讲得比较多。她所说的能动者是"资本"，但除了当代的"金融"资本以外，她也没怎么讲资本的历史形态。我们不知道资本是何时、如何、为何变成金融资本的。

关于这些缺失的内容，布朗对**治理**的阐述中有一些线索。她认为，治理与资本主义有重合，但并不等同。治理是从等级制转向网络，从建制转向过程，从命令转向自组织。我在前面讲过，这种转变其实与现代军事组织形态相去不远。而且，两者使用同样的通信技术基础设施，它让信息成为控制和自治两者的关键。这就是当代的**后勤学**。[1] 政治变成技术——马尔库塞早就说明过这一点。责任下放到更小、更弱的单元中。"于是，责任加身的个人被要求自给自足，而他们所处的环境充斥着权力和意外，极大地限制了他们自给自足的能力。"（134）

1　Sylvère Lotringer and Paul Virilio, *Pure War*, Los Angeles: Semiotext(e), 2008.

第 12 章　温迪·布朗：反对新自由主义

布朗《瓦解民众》一书中对法律的讨论特别有意思。她认为，"新自由主义的法律是计划的对立面。它促进经济博弈，却不会指导或控制它"（67）。她举的例子是 2010 年联合公民诉联邦选举委员会案的著名裁决结果，它赋予大企业以拥有无限制言论自由权利的人格地位，甚至搬出了宪法来支持新自由主义对治理方式的调整。

按照布朗的解读，肯尼迪法官代表最高法院多数意见撰写的裁决书本质上是在主张言论**类似于**资本，因此应该成为另一个无限竞争的领域。有意思的是，尽管布朗认为肯尼迪的主张是言论**类似于**资本，但在肯尼迪那里，言论**就是**信息。"信息"似乎又是一个被布朗忽略的概念。布朗引用的几乎每一段裁决书原文里都有这个词，这就有点意思了。肯尼迪写道，公民有权利"运用信息来达成共识"（157）。他关注"一个人从何处获得信息"（160）。他还担忧个人"被剥夺信息"的情况（165）。

肯尼迪认为，言论具有创造力和生产力，这有一点像资本；但是，言论还具有商品经济中信息的属性，本身也已经变成商品。于是，尽管布朗强调肯尼迪的裁决书"只有资本，不管是人力资本、企业资本、金融资本，还是衍生资本"，这都是在隐喻层面跳过了"信息"这一关键词（161）。当代大企业势力的每一种主要形式的控制和积累手段都是由信息构成的。

信息是孟山都与华尔街的共同点，也是它们与科技企业、制药企业乃至沃尔玛的共同点。本质来看，沃尔玛不是零售商，而是一家物流企业。大企业间的竞争凭借的是品牌和供应链管理，而不是实物的交换和易货，更不是制造实物。当然，市场上仍然有实物在售，但实物总是包裹在信息当中，更不用说保护专有代码的终端用户协议了。从信息的视角出发，我们就能充分解释大企业为什么想要无限制的言论权利了，因为大企业"竞争"的手段和目标都是信息。从这个视角看，肯尼迪认为大企业在大选期间的言论权利受到国家妨碍，因此是弱势少数群体的观点甚至也能得到理解，一种倒错意义上的理解。

战后的商品经济体系无物可卖，只得出卖信息，这也是理解教育领域"新自由主义"转向的一个好途径。企业认为自己已经掌握合适的工具，能够操纵那些福特时代的旧生产力甚至不能将其量化的东西，并从中牟利。在新自由主义的"真理"机制下，再多的证据也不能让任何人相信特许学校和营利性学院的教育水平只是中等乃至劣等。

布朗的关注点是高等教育中通识教育的衰落。高校现在讲的是"投资回报率"和"清除传统思想中对人或公民培养的关注"（23）。布朗在这里弹起了怀旧的调子。"当年，高等教育是为了培养有智慧、有思想的精英，为了传承文化……现在则是生产人力资本。"（24）只要关注过冷战期间高校对涉嫌通共人士的大清洗，我们就会质疑这种对不久前的高等教育状况的美化。[1]

通识教育（liberal arts），当年是教自由人，不是教奴隶的。它将学生的视线从此时此地提升到更广阔的天地——如此方成公民。在布朗看来，将通识教育拓展到少数精英以外是战后美国的一大成就。但是，人们可能会思考，就像面对古代的情形

---

1 Noam Chomsky et al., *The Cold War and the University*, New Press, New York, 1978.

会思考的那样：公民身份与战争有着怎样的关联？参军的公民以身犯险保卫国家，现在对国家提出了要求，而《退伍军人权利法案》可以被视为对这些要求的认可，也可以视为安抚。有人可能会提出质疑：这种对公民教育的关注在多大程度上是冷战时期的特殊事业，而维系动力是苏联的"威胁"。另一个问题是：这种关注是否有经济方面的依据，目的是生产"技能集合"更宽广的工人，以适应更复杂的、越来越信息导向的经济体系。

我们或许应当记住一点：战后的大学是一头复杂的巨兽。为更多人提供通识教育是它的一部分职能，但它也是军事工业复合体——当代的**军事娱乐复合体**的前身——的心脏。[1]（更不用说哈拉维和普雷西亚多提醒我们注意的，与之平行的医学工业复合体。）从"二战"期间到70年代，国家资助的基础研究项目（其中有不少出自五角大楼）形成了一个通用的"创新"储备。关键的变化是允许大学持有自己创造的知识产权，于是，斯坦福大学和麻省理工学院这类高校以前所未有的方式进军信息产业。我之所以没有沉醉于顶尖美国大学的神话，或许是因为我不是那里出来的。毕竟，福柯所说的新自由主义两大分支之一正是来源于那里。那里并非人文思想的避风港，无论是不是政治人的人文思想。

从劳动力市场需求的角度来看，高等教育投入的减少可能会更好理解。当今的**向量阶级**不需要大众劳工。工人分成两支。一支是高技术含量的**黑客阶级**，他们是信息技术的使用者或设

---

[1] McKenzie Wark, *Gamer Theory*, Cambridge, MA: Harvard University Press, 2007, 8ff.

计者，人数很少，居于核心地位。另一支是广大的**脆弱不安**人口，同样的信息技术降低了他们岗位的技术含量。[1]

总结一下：布朗的观点将资本视为常量，认为断裂发生在政治理性的机制当中。与福柯的观点一样，她认为政治理性具有一定的原生性，但某种程度上也是**为了**资本而出现的。她将资本理解成某种隐喻，是一个同时涵盖现实企业和主体性形式的范畴。这种资本被理解为一种修正，属于金融资本，尽管她举出的唯一一个例子——孟山都——并不符合该范畴。

她漏掉了一点，即政治理性的变化可能有外部动因——商品形式本身的变化。这一变化的关键要素——信息——确实出现在了分析的边缘位置，但仍然没有上升到概念的层次。她的理论只阐述了两种主体形成机制：经济人和政治人。她没有考虑到，除了政治和经济以外，当今的战争、战略和教育都是由信息（既作为概念，也作为现实的基础设施）构成的。

布朗对新自由主义**是什么**给出了精妙的诊断，但在**为什么**方面就要差一些。或许，福柯在这里的助益不如有些人希望的那般大，这是有特定历史原因的。他是冷战时期大学内部围绕马克思主义展开的斗争的历史产物；当然，造就他的因素不止这一项。他一度对共产主义正统教条提出异议是英勇的、有意义的行为。如今，共产主义正统教条已经不复存在，或许是时候重新思考：为什么批判理论遗产本身也并非中性的资源，而是历史斗争的产物。

---

1 McKenzie Wark, *Telesthesia*, Cambridge: Polity Press, 163ff.

第 13 章

朱迪斯·巴特勒：
界线之上的肉体

杂篇文集《展演性的政治聚合》既展现了朱迪斯·巴特勒思想的惊人广阔性，或许也表现了其中的某些局限性。[1] 在这里，她的思想从**性别展演**（gender performativity）——她在该书中将其视为意义更广泛的**脆弱不安**（precarity）的一个特例——拓展到了根植于**彼此依存**（interdependency）的政治领域。

巴特勒分别讨论了**对立、媒体、基础设施、生命与非生命、劳动**等问题，但它们可能都是她的极限点，一旦越出去，她就必须修正自己的核心观点。巴特勒写道："彼此依存的观念，以及……为了让不堪生活的生活尽量好过一些而携起手来的社会关系网络，它们正在遭受打击。"(67) 话是没错，但要想明白缘由，我们还需要进一步探究其他一些问题。

书中各篇文章的目标是一种**展演性的聚合理论**。巴特勒将

---

[1] Judith Butler, *Notes Towards a Performative Theory of Assembly*, Cambridge, MA: Harvard University Press, 2015.

她著名的性别展演理论放在开头。[1]"人不是首先有了一个性别，然后再决定要如何施行它，何时施行它的。"（57）一个展演性的发言可以通过命名某个东西而使其出现（**言外行为**），或者让某个事件发生（**言前行为**）。但是，巴特勒更感兴趣的是身体做了什么，而非身体说了什么。我们可以认为巴特勒所说的展演性的起点是阿尔都塞著名的意识形态询唤论。[2]意识形态的原理是呼唤我们，问询我们。我们在问询中误认了自身，接受了别人提供给我们的视角。

巴特勒向其中加入了一点德里达，即重复做某件事的过程中必然会有变异。[3]于是，尽管性别展演并不意味着可以自由选择性别，但性别规范的展演中总会有某些差错。性别是通过性别展演出现的，这就暗示着性别中总会有一点**偏离**。巴特勒写道："不合规范的事情可能会发生，规范在这里或者被拒斥，或者被修正。"（64）性别规范不只是跟我们打招呼，更是召唤我们去重复规范，而我们的展演总会有一点走样，哪怕我们无意如此。

规范的再生产恰恰表现出了规范的弱点。重复规范本身就有颠覆规范的风险。规范是由身体施行的，但过程中却会有些许的转向、偏离和无意间的自作主张。性别（genders）和性（sexualities）与公开宣示它们的权利是不能分离的。它们的力量——以及它们的弱点——就在这一行动中。性别总会有一点

---

[1] Judith Butler, *Gender Trouble*, New York: Routledge, 2007（中文版题为《性别麻烦》）; *Bodies That Matter*, New York: Routledge, 2011（中文版题为《身体之重》）.
[2] Louis Althusser, *On Ideology*, London: Verso, 2008.
[3] Gilles Deleuze, *Difference and Repetition*, New York: Columbia University Press, 1995.（中文版题为《差异与重复》）

脆弱不安的成分。但是，偏离规范最远的人可能尤其脆弱不安，我们需要一种保护背离规范者的伦理。

但是，我们先要谈一谈**脆弱不安**这个词。它源于拉丁语，原意是通过请求或祈祷获得的东西。它早先的意思是依赖另一个人的心血来潮或恩惠赏赐，但主要义项后来逐渐变成依赖外界环境，处于危险之中。但是，有人可能会问：围绕广义的脆弱不安概念所形成的话语是不是更偏向前一个义项。我之后会谈这个问题。巴特勒写道："脆弱不安同时明确了伦理的必要性和困难性。"（109）或许是这样，但是，它可能也暗示了某种不仅超出伦理范畴，也超出被巴特勒视为伦理之基础的政治范畴的东西。

当然，脆弱不安会给人一种自己是消耗品的感觉。[1] 按照布朗的解释，人应该是自立的人力资本单元。但是，贝拉迪表明，人变得彼此孤立，加剧了脆弱不安的感觉，让人愈发焦虑。但是，性别规范不仅是个体身份认同的问题，更关乎什么人能够以什么方式，在何种场合公开现身。巴特勒写道："酷儿这个词指的不是身份，而是联盟。"（70）

那么，什么人能够被公开现身的场域所认可，又是以什么身份被认可呢？性别政治应该与各种脆弱不安的群体结成联盟。脆弱不安将所有这些公开化的诉求聚集在一起，不管是某种性向的人、残障人士、无国籍者还是无家可归者。政治就是让眼光越出一个人自己的主体性。巴特勒写道："身份政治没能提供

1　Lauren Berlant, *Cruel Optimism*, Durham, NC: Duke University Press, 2011.

一种更宽广的构想，关于如何在政治意义上共同生活，跨越种种差异，有时还要不得已地紧靠在一起。"（27）

脆弱不安与蒙受苦难的不均有关。为什么只有某些人类主体能获得认可？"哪些人才算是人？"（36）"黑命贵"这句标语给出了一个答案。[1] "抗争变成追求认可的具身性抗争，是对自身存在和价值的公开坚持。"（37）脆弱不安是提都不能提的人的展演，他们的现身就是颠覆。他们所要求的，正是他们所需要的。为了确保生存的手段，他们必须采取政治行动。

脆弱不安主要展演的不是强大，而是弱小。它要求被认可为某物而非自足的身体的权利。在巴特勒看来，一切身体都要依赖外界，都彼此依存。身体依赖各种维持着它们的**基础设施**。身体还是**彼此依存**的，依赖于其他身体。后者是相互的，却不是对称的；我们之后会看到，前者连相互性都没有。依存性是身体的一种超历史属性。政治理论往往不考虑这种有需求的身体。"共和主义的理想有待让位于一种更宽广的感性民主观。"（207）

巴特勒将其化为一个批判理论的问题。这些不以主体身份出现的、有需求的人是谁？被排斥的人如何称呼自己？模糊难辨的人能组成群体吗？他们能被认可吗？对任何人来说，获得完全的认可或许都是一个幻想。阿尔都塞和穆尔维坚持说，当意识形态向我们打招呼时，我们就会在它的呼唤中误认自身。[2] 但是，根本无人呼唤是什么感受呢？成为主体，成为政治存在，

---

[1] Keeanga-Yamahtta Taylor, *From #BlackLivesMatter to Black Liberation*, Chicago: Haymarket, 2016.

[2] Laura Mulvey, *Visual and Other Pleasures*, London: Palgrave, 2009.

意味着要展演对我们发出呼唤的某些规范。

那么，非常规性别者与无证移民（undocumented）的共同点就是，他们都要求被认可，而这种要求让"模范公民"既有的规范受到很大压力。于是，巴特勒呼吁道：没有被认可的人们、致力于拓宽"我们"这个词语含义的人们，联合起来。"我自己就是一个集会，甚至是一种普遍的集会。"（68）归根结底，这或许并不是对某种普遍性的要求，而是展现被普遍性排除的人，以此表明普遍是不可能的。

这种政治发生的语境是，相互依存的关系正在受到冲击。脆弱不安的政治要求让所有人都能平等地过上过得下去的日子，手段是将不同阶级、种族、宗教等背景的群体联系起来。但是，这里触及一个巴特勒仍然不得不排除的东西：墨菲所说的**对立**。谁（或者什么）在向相互依存发起攻击？所有能动者都站在对抗相互依存的一边。她也几乎未曾提到统治阶级在其中的缺席。

不仅性别和脆弱不安是展演性的，这些展演发生的公共空间也是展演性的。"群体公共行动是在行使享有地位和归属感的权利，行使这种权利是现身空间的前提条件，也是现身空间得以出现的手段。"（59）共同占领这种空间对公认的公私领域区分提出了质疑。用布莱希特的话说，公共空间发生了**功能转换**（refunction）。也许，情境主义者所说的**异轨**曾经是，而且总是展演性的。[1]

巴特勒写道："当集体行动的条件被摧毁或者逐渐消失时，

---

[1] 关于异轨，参见 Guy Debord, *The Society of the Spectacle*, New York: Zone Books, 1994, chapter 8（中文版题为《景观社会》）。

集体行动意味着什么?"(23)它意味着质疑将太多人、太多宜居生活的条件排除在外的政治形态。巴特勒承认墨菲的看法,即政治体总要排除某些人,而且是通过将**他们**排除才能为**我们**命名。但是,在扩大包容范围的同时,也许不能被认可之人的范围(unrecognizable)也被拓展到它的构成极限。"身体政治被认定为一个永远不可能实现的整体。"(4)民主政治更多是调整可以被认可的以及不可以被认可的两者间的关系,而非(像柄谷行人认为的那样)追求康德意义上的普遍性。巴特勒写道:"一致的行动可以是一种具身性的质疑,质疑政治主流观念中有力而不成熟的一些方面。"(9)

此处涉及的是那些有可能采取集会、罢工或守夜形式的行动,不过,最经典的例子还是广场运动。[1] 巴特勒偏爱集合起来的身体。不过,这并不是维尔诺所说的诸众。巴特勒更关心身体不能做什么,而不是它能做什么。她更推崇脆弱的肉体,而不是活跃的肉体。当一个脆弱不安、依赖外界的身体表现出自身的脆弱时,它就在行使公开现身的权利,揭示一部分人被视为可弃置的状况。它对阿希尔·姆贝姆比所说的生死政治(necropolitics),即专断地决定哪些身体可以生存,哪些不可以的政治,提出了挑战。更不用说露丝·吉尔摩对种族主义的定义了:面临过早的死亡。[2] 与其相对,公共集会表现出了一种人们的共

---

[1] McKenzie Wark, *Virtual Geography*, Bloomington IL: Indiana University Press, 1995, 95ff.
[2] Achille Mbembe, *On the Postcolony*, Berkeley: University of California Press, 2001; Ruth Wilson Gilmore, *Golden Gulag*, Berkeley: University of California Press, 2007.

同情况：挺着，"顽强地活着"（18）。

相互依存不在于做出与他人有关的伦理选择。与列维纳斯一样，巴特勒认为，早在我能做出任何伦理选择之前，他人就已经在影响我们了。[1] 影响我们的人就是他者。伦理关系不是由"同"造就的。它是相互的，却不是对称的。他者是优先于我的。伦理并不是利己或利他的问题。他者的面目就要求我给予伦理关注，与我的意愿无关。

巴特勒想将列维纳斯和汉娜·阿伦特共同作为否定资产阶级个人自由主义的思想家。[2] 巴特勒的许多政治思想都是在不断评点阿伦特的背景下形成的。在阿伦特那里，身体没有进入政治，政治是演说行为的领域。她笔下的典范城邦承袭自古典文献，在一个无需为日常需求奔波的自由世界里，男性占据着公共空间，讨论国家大事。阿伦特认为街道上讨要面包的穷人不是政治。在她看来，必需品不是政治，唯有自由才是政治。巴特勒提出疑问：饿肚子和理性能否共存？但是，这个问题仍然在坚持必需品和作为理性领域的政治之间的某种区分。但是，如果饿肚子本身就是理性的呢？如果政治根本不是理性的呢？

然而，阿伦特提出的"拥有权利的权利"是一个有实际意义的想法，这是无国籍者提出的诉求，一个在这个诉求之外提出的诉求。巴特勒补充道：无权拥有权利的人们需要组成联盟，向可以公开露面的世界（realm of appearances）引入一种张力，

---

[1] Sean Hand (ed.), *The Levinas Reader*, London: Blackwell, 1989.（中文版题为《导读列维纳斯》）

[2] Hannah Arendt, *The Human Condition*, Chicago: University of Chicago Press, 1998.（中文版题为《人的境况》）

让非常规性别者与无证移民能够以各自不同的方式提出相似的诉求。"成为政治行动者是一种官能,其特征是按照与他人平等的原则行事。"(52)公开露面的自由是各种民众抗争的核心,不管是占领运动、黑命贵运动,还是支持跨性别者或无证移民的运动。

巴特勒主张的是身体聚合的政治,但不只是单个肉体的集合而已。政治出现于身体之间。"那些处于极端暴力威胁下的人,那些没有获得以法律为形式的基本政治保障的人,他们并不会因此而处于政治之外,或者被剥夺全部的能动性。"(79)这种说法已经是承认他们是非人了——吉尔罗伊所说的**亚人**。与乔吉奥·阿甘本不同,巴特勒拒绝将被排斥的身体贬低为**赤裸生命**。从上方审视的生命政治可能会将其视为赤裸生命,但被排斥的身体在自己或亲属面前未必会如此呈现。[1] "如果我们主张无权者处于政治实践(politics)领域之外,即他们被贬低为非政治的存在形式,那就是隐含地认可了确立和限制政治事物(the political)的主流方式。"(78)

巴特勒从阿伦特那里提取一个原则:谁都没有权利选择与谁共居地球。我们不得不与其他人共居。阿伦特提出自由有不由自择的条件,正如列维纳斯提出伦理有不由自择的条件。社群必须服从非社群主义的对种族屠杀的拒斥。但是,它能不能进一步拓展呢?还是我们要坚持始于其他人(阿伦特)的政治(阿伦特)和伦理(列维纳斯),尽管它接下来会跃向更具神学

---

1 Giorgio Agamben, *Homo Sacer*, Stanford, CA: Stanford University Press, 1998.(中文版题为《神圣人》)

意味的他者（列维纳斯）？有没有一种方式能够引入与非人生物，乃至非生物的共处呢？这种政治和伦理或许是哈拉维的目标，但似乎不在巴特勒的考虑范围内。

在类存在物里，没有任何一个部分能对全地球提出主张。"于是，从不由自择的共处出发，阿伦特推导出的普遍性和平等观念要求我们建立旨在维系人类生命的制度。"（115）阿伦特认为，纳粹的种族屠杀、集中营和财产没收行径留下的教训是，我们应该反对国家暴力的不合理运用。平等必须越过语言、族群、宗教的藩篱，延伸到那些没有人会选择与其共处的人身上。政治关乎你对那些你没有选择与其共处之人的义务。巴特勒写道："人皆脆弱不安，因为我们是过着社会生活的身体，我们依赖其他人提供住所与生计，因此总有在不公正、不平等的政治状况下失去国籍、无家可归、穷困潦倒的风险。"（118）

巴特勒谈到被殖民者别无选择，只能与殖民者共处的问题。但是，这个例子对阿伦特和列维纳斯伦理政治框架造成的压力显然比他们愿意承认的更大。巴特勒写道："很大程度上，我们的脆弱不安取决于经济和社会关系的架构……于是，一旦存在性的要求落实到具体层面，它便失去了存在性的意味。"（119）不过，这种要求在巴特勒那里从来不具历史性。

针对那些让可能过上宜居生活的人越来越少的政治形态，巴特勒提出，体现了正义平等诉求的集会就是合理的集会。但是，如此纯粹的范例真的存在吗？一群人借用现有规范并用特立独行的方式加以实践，这种通过异轨手段来展演性地确立自身的做法意味着：他们永远不会形成稳定的伦理性集体主体。

不怀好意的媒体曾大肆渲染占领华尔街运动中的反犹主义成分，以及"伯尼兄弟会"——他们在2016年的民主党初选活动中支持桑德斯参议员，反对希拉里·克林顿——的厌女成分。媒体再次炮制出我们熟悉的故事，从当时的情形中提取出某些元素，而那些元素只有事后才能被看作模拟的伦理性集体主体的碎片。

在巴特勒以身体为中心的政治理论中，媒体只占据边缘位置。然而，媒体对性别展演来说不可或缺。[1] "根本上说，一种性别被认可与否取决于它有没有一种呈现模式，这是它公开出现的条件；我们可以称之为该性别的媒体或者呈现模式。"（38—39）媒体对于集会也是必要的："这样的身体能发挥引导性的力量：它与其他身体出现在可能被媒体报道看得见的区域内。"（9）但是，巴特勒从来没有提出一个详细的媒体概念，我们也无法从媒体产生的后果的角度去把握它。

在巴特勒看来，"媒体已经进入人的定义本身"（20）。这句话带有人文主义的意味，聚合为一的身体是第一位的，而身体的技术和媒体替身是第二位的。但是，在任何现代政治体中，情况恰恰相反。媒体才是主要的空间，而公共广场等场所只是媒体展演的布景。现代政治不等于对古希腊城邦的某种幻想再加上媒体。要占领的是媒体时间，为此才要夺取空间。并不是"媒体拓展了场景"（91），场景是从媒体追溯回去的产物。无人关注的集会能发声吗？

尽管媒体化是所有现代政治体的共同特征，但它并不是全

---

1 McKenzie Wark, *Telesthesia: Communication, Culture and Class*, Cambridge: Polity Press, 2012, chapter 17.

新的事物。巴特勒说，"街头与媒体的结合是一种非常现代的公共领域形式。"（94）这话不对，除非你觉得"现代"指的是长达一个半世纪的"Twitter 革命时代"。早在 19 世纪 40 年代，随着电报的发展，公共事件的**虚拟地理**（virtual geography）就开始形成了。[1] 起初，它似乎附属于邻接的、物理的、身体的空间，但它实际上构成一种新的、由**遥感**（telesthesia，意为从远处感知）主导的事件空间。之所以如马克思和恩格斯所言，"一个幽灵在欧洲游荡"，正是因为时间和空间的物质状态发生了变化，信息的速度开始超过商人、军人乃至革命者。

巴特勒写道："媒体难道对哪些人可以出现，哪些事物可以出现没有选择性吗？"（55）选择性肯定有，但是，围绕选择标准的争论可谓由来已久。媒体是对生产力（本雅明）或者生产关系（阿多诺）的复制吗？媒体是对生产关系的**再生产**（阿尔都塞）吗？媒体所表达的是居于统治地位的妥协（葛兰西），还是主流文化、遗留文化、新兴文化三者的混合体（威廉斯）？当人们通过成为积极的受众（洪美恩），进行妥协或反叛性的解读（霍尔），以至于注入亚文化的噪声（赫伯迪格）等方式发掘媒体的意义时，这里面难道没有一点展演性的东西吗？[2]

巴特勒的书里至少看得出媒体理论的端倪，这是一件好事。

---

[1] James Carey, *Communication as Culture*, 2nd edition, New York: Routledge, New York, 2008; McKenzie Wark, *Virtual Geography*, Bloomington IN: Indiana University Press, 1995.
[2] 此处列出的经典文本均收录于：Meenakshi Gigi Durham and Douglas Kellner (eds.), *Media and Cultural Studies: Keyworks*, 2 nd edition, Hoboken, NJ: Wiley-Blackwell, 2012。

毕竟仍有不少政治理论认为古希腊城邦就有媒体理论了，而且以为古希腊城邦不只是一个神话。巴特勒写道：

> 当然，我们必须研究这样一些情况：多种对立的图景导致正统框架解体；或者只有一种图景，导致社会陷入不可救药的分裂；或者许多人聚集在一起发起反抗，压倒了正统框架。（20）

但是，这些情况是什么呢？或许，这里的关键在于打破虚拟地理的短暂性和叙事融贯性的能力。

媒体叙事先于事件本身。新闻的功能就是把事件套进少数几个简单的故事模板中，本雅明已经看到这一点。[1] 套不进预设模板的事件最有可能引发彼此矛盾的媒体报道，而且也最适合——至少在一段时间内——进行非常规的展演。当然，这未必总是一件好事。世贸中心撞机事件之后的前24个小时就是典型的框架解体，之后框架卷土重来并得到坚决贯彻。

这就是我所说的**非常规全球媒体事件**的一个例子。作为全球性事件，它的解释性展演的范围甚至还可以更大。巴特勒写道："场景传播到外界，进入全球媒体这一点并未否定它的本地性。"（92）确实如此，但它的本地性（locality）依然是倒推出来的，是由它在某个特定的全球媒体想象中占据的位点（locus）所具有的变动不居的意义域决定的。全球媒体想象是跨越国界

---

[1] Walter Benjamin "The Storyteller," in *Selected Writings*, vol. 3, Cambridge, MA: Harvard University Press, 2002, 143ff.（中文版题《讲故事的人》）

的，但又是局部而多元的。一个特定的位点对外地人和本地人的意义可能大不一样。在纽约人看来，世贸中心只是二流写字楼；而在全球媒体的想象中，它的意义要大得多。再举一个与此不同的例子。祖科蒂公园离华尔街其实并不近，再说，华尔街只是一个抽象说法。一个抽象说法要怎么占领呢？[1] 占领华尔街是一个展演性的绝佳例子，但它有赖于在虚拟地理，而非现实地理中制造意义。

巴特勒的媒体观局限于再现的思维方式，例如：

> "媒体"一词指的是将现实的某个版本从外部传递给我们的任何一种呈现模式。媒体通过一系列排除行为产生所谓的"信息"，同时通过呈现的内容，也通过排除的内容——被删掉的部分，言外之意——对我们产生影响。（102）

德波讲得更精辟："出现的都是好的，好的都出现了。"[2] 请注意，这种媒体观是与巴特勒在别处坚持的展演性相悖的。一边是现实，一边是对现实的选择性再现。她不能解释媒体化的展演如何创造现实，又如何在其中同时规定哪些东西要包括，哪些东西要忽略。

这可能会让巴特勒用列维纳斯的伦理观来看待媒体图片的分析变得更加复杂。在她的分析中，"表现远方苦难的图片正在

---

[1] Wark, *Telesthesia*, 207.
[2] Guy Debord, *Society of the Spectacle*, Zone Books, New York, 1994, 15.（中文版题为《景观社会》）

寻求我们的关注"（100）。巴特勒认为，这些并非由我们选择的苦难图片拉近了我们与他者的距离。我在这里，但又不止在这里。"这不只是一个单独的人群透过特定的媒体视角观看另一个单独的人群，我们会做出回应，这就表明存在一种全球性的关联。"（105）义务的范围不是由共识与社群划定的。但是，我们必须问一问：我们看到的是哪些他者受苦的照片？最常见的难道不是孩子的照片吗？媒体中的他者处于人道义务的叙事中，这种叙事可能是伦理的，但绝不是政治的。我和杰姬·王在不同语境下都曾论证过，只有"无辜者"才是伦理责任的主体。[1]于是，或许犯过小罪的成年难民或者美国黑人青少年就不在宜居生活的范围内了，我们对此可能会担忧或难过。

在巴特勒那里，媒体不是或并非持续具有展演性。基础设施也是如此。"环境、营养、工作、社会生活与归属模式"**支持**着身体（84）。身体具有**依赖性**："为了生存，为了共同声张权利，拥有自身生存所需条件的权利，这些聚合起来的人依赖一套生活流程和制度流程，依赖一些基础条件。"（18—19）少数情况下，基础设施是"协作者"（127）。但是，大部分情况是这样的："身体行动受到非人的物及其在能动性方面的特殊能力的支持和辅助。"（72）

这是因为巴特勒还没有脱离阿伦特太远。在阿伦特那里，政治是头脑的交会；在巴特勒这里，政治也是身体的交会。但是，**劳动的**身体其实并不属于这种身体政治。于是，基础设施

---

1 Jackie Wang, "Against Innocence," *LIES* 1, 2012; Wark, *Telesthesia*, 16ff.

的面貌是支持政治身体的事物，而不是由劳动的身体来制造与维护的事物。与媒体一样，基础设施并不具有真正的展演性。在巴特勒这里，政治的身体在公共空间展演，公共空间也成为身体聚合的一部分；但是，一种相互性的展演是缺失的，也就是说，她没有讲基础设施让劳动者成为自身一部分。"所以，人行道与街道已经要被理解为身体的必需品。"（128）但是，（劳动的）身体并不是人行道的必需品。

公允地讲，巴特勒确实承认身体聚合外还有一个世界。"我们不能想当然地认为城邦是一个封闭的、食物充足的空间，城邦的所有物质需求都在城邦外，由那些因为性别、种族或地位而没有资格获得公众认可的人来满足。"（96）阶级问题就更不用提了。巴特勒写道："基础设施的建立与个体生命的持久意识紧密相关"——重点在**个体**这个词上（21）。萨特可能会说，用死劳动建成的世界所具有的实践惰性将我们编排进了序列性（seriality）的关系，而非彼此依存的关系。[1] 这个问题还有其他的思路。帕索里尼认为，基础设施不只是客体的大规模生产，也是主体的大规模生产；拉扎拉托延续了这条思路。[2] 有意思的是，有一种聚合形式确实对基础设施依赖形成了打击，巴特勒却没有提——暴乱。[3]

1　Jean-Paul Sartre, *Critique of Dialectical Reason*, vol. 1, London: Verso, 2004.（中文版题为《辩证理性批判》）
2　Pier Paolo Pasolini, *Heretical Empiricism*, Washington, DC: New Academia Publishing, 2005; McKenzie Wark, "Pasolini: Sexting the World," *Public Seminar*, July 15, 2015, at publicseminar.org.
3　Joshua Clover, *Riot. Strike. Riot*, London: Verso Books, 2016.

巴特勒贯穿全书的一个策略是，纳入那些被她的理念排除之物的名字：对立、媒体、基础设施、非人类。但是，劳动不在此列，它基本没有出现过。巴特勒写道：

> 为了把握一个不能用单个术语涵盖的问题，我用了一连串的词，努力寻找一组彼此相关的词来靠近它；没有任何一个词能充分描述这种人类抗争的特点和目标，这是齐心协力的抗争，或者说共同的抗争，它似乎构成了政治运动或政治动员的一重意义。(133)

也许是这样吧，但是"劳动"一词或许能够涵盖这个问题的很大一部分。多个性别的劳动，多个物种的劳动，死者与生者的劳动，更不用说哈拉维的赛博格混合体。

因此，我部分同意巴特勒的一个观点："各种主张完全不依赖外界的自主的政治抗争可能犯了一个错误，那就是将依赖理解成了剥削。"(147)消灭剥削后并不会留下一个由自主的身体组成的世界。但是，依赖的概念其实并没有走那么远。巴特勒认为，脆弱不安的身体是彼此依存的，但也要依赖基础设施的支持。彼此依存是一种相互但并非对称的伦理关系，其他人对我施加的影响是独立于我的意志的。而且，它似乎只适用于有面目的他者，面目的背后隐藏着一种无限的、本质上是神学的要求。但是这条思路从人走向了神，而没有通往另一个方向。不由人择的伦理义务是从人开始的，然后可能延伸到其他形式的生命。而且，其他生命形式的伦理要求也是以人为模板的。

尽管书中有一些对哈拉维和斯唐热的致敬，但我认为巴特勒并没有真正地聆听他们，或者听完；那是来自无面目之物的一种不请自来的要求，这种要求超越伦理，甚至超越政治，向我们施加着影响。在巴特勒那里，对**非生命**的伦理义务似乎是不可思议的东西。基础设施支持着身体，但身体不欠它一丝一毫。无面目之物并不要求任何关怀。它们只是在那里而已。既然劳动作为身体之所是，身体之所为的范畴已经被打了折扣，那么，基础设施就不可能表现为身体自身的一部分，表现为劳动的身体所制造之物，表现为死劳动。

于是，巴特勒留给我们的不是逻各斯中心论，而是**肉体中心论**（corporeocentrism）。理性、言说或个体的人类身体不再是原点和终点，但原点和终点仍然是人类的身体。这是一种包容的自由主义，与差异有关，但与对立无关。它想要回避一切对普遍性的主张，但仍然将古希腊城邦当作政治思想的模范，认为政治思想是一种可以泛化的范畴。它强调身体的脆弱，而非其劳动能力。如此，它只能将非人的物视为身体的支撑。如此，这本文集示范了一个人能够将政治理论延伸到什么地步，但它仍然受限于城邦这个偏狭的范畴本身。

第 14 章

东浩纪：
御宅族哲学

我是从 20 世纪 80 年代开始往东京跑的。托人之福（名字不便再提，他日后成为媒体界大佬），我得以住在一间位置很好的公寓。我的房东是个工作狂，于是我一切自便。

早在欧洲城市刚刚走出小镇阶段的几百年前，东京就是一座真正的大都市了。到了 80 年代，东京弥漫着厚重的媒体文化氛围，几十年来再没有别的地方能有如此盛况。当代都市媒体景观就诞生于此地。我不会说日语，只好在漫步城市时尽量学点东西。我有几名外国人作陪，他们的维生手段是教无聊的家庭主妇英语，或者抹上牛奶后裸体摔跤。

促使我去东京的因素是彼得·卡拉斯（Peter Callas）的视频艺术，他在东京工作过一段时间。[1] 另一个因素是克里斯·马克的论文电影《日月无光》。但是，关于这座后现代媒体化都

---

1 Peter Grilli (ed.), *Peter Callas 1973-2003*, New York: Earth Enterprise, 2003.

市，我却找不到多少文献。有一些日本现代经典文艺片可以看，或是一些优秀的日本文学可以读，但很少有材料向外国读者介绍日常生活的变化。

1983年，浅田彰出了一本《结构与权力》(Structure and Power)，意外畅销，它向日本读者介绍法国理论，并提供了多种分析当下状况的工具。该书有好几种欧洲语言的节译本，刊载于各种先锋杂志上。在日本国内，媒体文化似乎按照它吸收其他一切事物的方式吸收了理论——将其转变为引人注目的亚文化风格。可惜，西方对日本的"新学院派"(New Academicism)兴趣寥寥。真是遗憾。假如我们关注过80年代的日本，我们可能就不会对二十年后西方发生的事情感到惊讶了。

上述内容是为了说明我对日本媒体文化和日本理论有一点业余兴趣。我认为它们应该在全球的交流中占据更重要的地位。幸运的是，如今有一小批学者和译者在推陈出新，推动这项事业的发展。[1] 遗憾的是，在取消大学人文研究这一方面，日本似乎也走在美国前面，因此剩下的时间可能不多了。

就这样，我接触到了东浩纪的作品，他有两本书出了英文版。东浩纪生于1971年，比浅田彰（生于1957年）和柄谷行人（生于1941年）小一辈。柄谷行人重要著作的英文版正在制作当中。[2] 东浩纪第一次获得关注是凭借1993年发表的一篇期刊文章，期刊编辑正是那两位老一辈理论家。彼时，新学院派

---

1 参见明尼苏达大学出版社的期刊 *Mechamedia*。
2 例如 Kojin Karatani, *History and Repetition*, New York: Columbia University Press, 2011（中文版题为《历史与反复》）。

仍然如日中天。

正如浅田彰在 1998 年介绍东浩纪时所说："东浩纪的未来将会证明，他的'御宅族哲学'完全不是'御宅族**的哲学**'。"这里至少要做两点评论。**御宅族**通常指的是沉迷于某种兴趣的青年男子，兴趣对象有时是动漫，但也可能是其他事物。80 年代初，御宅族现象在日本引发了一场道德恐慌，但它绝不局限于日本文化。实际上，现在似乎有不少理论御宅族，他们消费理论，对理论无所不知，还会在博客上整理发布自己收集的理论。

浅田彰研究的内容比较深，尽管有些离题。他提出，从沉迷于作为媒体的理论出发，有可能发展出一种原生于这种文化和这种传播模式的理论。尽管浅田彰早年间引发过西方的关注，但到 90 年代，我们这些想要在 nettime.org 等列表服务器上搞网络批判思想的人（或者像后来的乔迪·迪恩这些人，她提出了自己的博客理论）并不太了解日本的类似发展。[1]

东浩纪的《动物化的后现代：御宅族如何影响日本社会》（以下简称《御宅族》）与浅田彰的新学院派的不同之处在于，它完全居于流行媒体的世界中，而不是嘲讽超然的态度。[2] 他将理论翻译到媒体中，而非相反。与弗朗西斯·福山的《历史的终结》（1992）和浅田彰关于"孩童资本主义"的论文一样，它

---

1 Josephine Bosma et al. (eds.), *Readme!*, New York: Autonomedia, 1999.
2 Hiroki Azuma, *Otaku: Japan's Database Animals*, Minneapolis: University of Minnesota Press, 2009.

的出发点是亚历山大·科耶夫的马克思-黑格尔历史哲学。[1] 福山将历史的终结称颂为自由资本主义的胜利，东浩纪则对不得不生活于历史终结时刻的"末人"更有兴趣。

科耶夫加过一个偏题的脚注，说战后美国已经达到马克思主义和苏联思想早就预料到的某个终点。一切基本需求都可以即刻满足，因此再也没有什么好去欲求和争取的了。在历史的终结处，欲望的可能性被排除了，人退回动物的状态，因为人不再渴望否定自然、创造历史了。

战后的日本是例外。日本的统治阶级已经放下武器，投入到培育一种纯粹庆典和仪式性的文化中去。在形式而非实体的层面，这种文化保持了欲望的鲜活。科耶夫认为，战后日本已经克服了军国主义的弯路，复归到"追求高雅"的活动中。通过否定世界，追求高雅者延续了欲望，从而延续了人性的可能。但是，被否定的世界不再是自然，其结果也不是历史性的活动。

东浩纪将这一叙事——福山的名作出版后，它在日本广为人知——转变成另外的东西。他提出，日本文化已经变成彻头彻尾的"美国"文化，是一种即时满足需求的消费文化。实际上，80、90年代的御宅族文化正是它最外围的边界。东浩纪没有将御宅族病理化，而是将其视为一种当代审美实践，很像迪克·赫伯迪格对英国亚文化的处理方式。[2]

---

[1] Akira Asada, "Infantile Capitalism," in Masao Miyoshi and Harry Harootunian (eds.), *Postmodernism and Japan*, Durham NC: Duke University Press, 1989. 这篇文章明显是在重复科耶夫和福山的论调。

[2] Dick Hebdige, *Subculture: The Meaning of Style*, London: Routledge, 1979.（中文版题为《亚文化：风格的意义》）

御宅族亚文化经历了三个阶段。第一波御宅族出生于60年代初，他们沉迷的标志性作品是电视动画剧集《机动战士高达》（1979）以及B级怪兽片和科幻片。第二波御宅族出生于1970年前后，与东浩纪差不多大，他们看的是《无限地带23》（1985）。第三波御宅族出生于1980年前后，他们的标志是电视动画剧集《新世纪福音战士》（1995）、悬疑片和电脑游戏。

有些人——比如著名的**超扁平**视觉艺术家村上隆——认为，御宅族与江户时代的日本木版画存在关联，江户木版画据说有处理衍生作品的独特手法，画家们会彼此借用主题。东浩纪则认为，御宅族是跨国后现代主义的产物。它的起源是战后从美国输入的文化形式。

> 御宅族文化的历史就是一部改编史——主题是美国文化的"本土化"……御宅族完全有可能继承了江户文化，但两者绝不是由一条延绵不绝的线连接起来的。御宅族与日本之间是美国。（《御宅族》11）

动画是一个重要例子。动画技术是战后从美国传入日本的，其中一脉发展迪士尼和兔八哥式的角色动画，后来结出了宫崎骏这朵奇葩；另一脉则沿着有限动画的路线前进，该方法成本较低，更适合预算不多的电视动画剧集，早期的经典作品有手冢治虫的《铁臂阿童木》，不过我小时候更喜欢看《游星少年啪嘛》。

在美国，只有角色动画发展到了高水平。而在日本，有限动画成为一种艺术形式，特别是美国无片可比的《机动战士高达》。但是，东浩纪认为，这是一种混合文化形式，而非纯粹日本的。战后日本文化执迷于日本性，原因正是连绵传承的**缺失**。"隐藏于御宅族文化根基处的是打造一个假日本的复杂渴求。"（《御宅族》13）这种状况在 80 年代发生了一次奇特的转折，并促成了一个全世界独此一家的现象：打着"新学院派"旗号的后现代理论风靡日本。当时的基本想法是，既然日本从来没有成为一个真正的现代社会，那么它就可以直接跳到后现代社会。"现代等于西方，后现代等于日本。"（《御宅族》17）

我还记得，日本 80 年代的文化自信中有迷人的地方，也有故意盲目的成分。东浩纪写道，科耶夫那段语焉不详的脚注获得的颂扬很契合当时的状况。"这个选择最充分地表达了日本后现代主义者们的真实欲望。"（《御宅族》18）这是一种遗忘不久前的历史，崇尚当下与未来的方式。在石黑升制作的动画《无限地带 23》中，80 年代的东京原来是一艘未来的宇宙飞船上用计算机模拟出来的。东浩纪写道："80 年代的日本完全是一个幻境。然而，只要它还在，生活在里面就很舒服。"（《御宅族》19）至少在经济泡沫破裂之前是如此。但是，对御宅族来说，计算机合成模拟出来的日本仍然在继续。

最受欢迎的模拟世界背景是科幻和江户时代，仿佛明治维新（1868）和同盟国军事占领（1945）两大转折点不曾发生一样。东浩纪将模拟世界与异轨和同人创作联系了起来，"官方"作品反过来还会借用同人创作的元素："御宅族文化的产品进入了一条模仿抄袭的无尽链条。"（《御宅族》26）因此，拟像（simulacra）

同时游离于历史时间和创造原创作品的观念之外。

东浩纪认为，御宅族文化是对让－弗朗索瓦·利奥塔所说的**宏大叙事**衰落的一种回应[1]，与乔迪·迪恩和其他拉康主义者们所谓的象征效力衰落也不无联系。按照利奥塔的说法，人们已经不再相信潜在的历史时间叙事了，特别是其马克思主义版本；不过，与理性、技术、和平贸易、消费者舒适联系在一起的关于进步的自由主义－资本主义宏大叙事可能也不能幸免。

在东浩纪看来，宏大叙事的衰落与父权制权威和民族权威的名誉扫地相关。再也没有宏大叙事，再也没有权威的叙事者。在深作欣二的电影《大逃杀》（2000）中，国家迫使问题中学的高年级学生彼此残杀，这或许正是那一衰落的一个象征。

"御宅族"是御宅族们的自称，意思大概是"家里蹲"。他们收藏了海量的杂志、动漫和手办，为自己制造了一个壳并生活于其中。东浩纪写道："御宅族神经质地利用亚文化垃圾素材'作茧自缚'，我们不妨认为，这是为了填补宏大叙事失落后留下的空洞。"（《御宅族》28）

东浩纪接着问道：拟像能够成就怎样一种文化？它又是为了何种人——或者说，何种"后人类"——的生活而出现的？有意思的是，东浩纪并不认为宏大叙事会让位于拟像，让位于解码的信息流、开放的语言游戏或无意义的戏仿——总而言之，让位于某种后现代的代码字。相反，他认为，个别文本或影视作品"背后"的宏大叙事不会被一个看不见的宏大叙事，

---

1 Jean-François Lyotard, *The Postmodern Condition*, Minneapolis: University of Minnesota Press, 1984.（中文版题为《后现代状态》）

而是会被一个**数据库**取代。

御宅族是分阶段消解宏大叙事的。第一波御宅族用虚构的宏大叙事取代了战后繁荣时期的官方宏大叙事。第二波更重视对具体作品的平行世界观进行详尽阐发。到了第三波，数据库本身浮出水面，成为各个具体文化物品的统领性原则。

萌角色的出现非常重要。所谓萌，就是某个角色的某个细节特征所具有的感染力。它可能源于萌芽、花苞绽放之意。尽管《机动战士高达》的粉丝们坚持认为，各个动画剧集和衍生作品有一个稳定的世界观背景，但在东浩纪看来，《新世纪福音战士》的情况就不一样了，粉丝们更喜欢画女主角绫波丽的色情图片。

《新世纪福音战士》与其说是原创作品，不如说是抄袭各种流行动漫元素，是"无叙事的信息堆积"，或者说"宏大非叙事"（《御宅族》38）。部分原因在于行业的变化。衍生作品在90年代已经无所不可为：从一套贴纸或一个公司logo就能发展出漫画、电影、电视剧、游戏等等产品。如今，"叙事只是多余项"（《御宅族》41）。

粉丝们的一大关注点是萌点（人物就是萌点堆出来的），比如尖耳朵、猫眼、眼镜、女仆装，或者因为《新世纪福音战士》里的绫波丽火起来的三无少女。现在甚至有一个网站可以按照萌点搜索人物，tinami.com。人物的萌点夸张了起来——一个人身上可以集合铃铛、猫耳、呆毛三大萌点。关注点从叙事或世界观转向人物，一个人物可以出现在不同的产品线中，不管情节或世界观统一不统一。

东浩纪强调与过去的断裂，有人会不尽认同。《新世纪福音战士》中的绫波丽和其他一些角色的名字都来自战后海上自卫队的舰名。现在可能仍有这种隐喻。但是，批判思想的一大追求就是发现新生事物，又不将其视为原有事物的单纯反转，或者——这种情况还要更糟——仅仅将其视为某种不变本质的表象，以此将其抹杀。因此，我认为不妨试试沿着东浩纪的思路，看看能得出什么。

东浩纪认为这里有一种新的双重表达，分别是数据库和拟像。后者不是独立的，而是受到数据库的制约。在这一点上，他与许多后现代著作中的观点不同，他不认为旧文化体制的衰落会导致无秩序和无政府状态。数据库与拟像之间的张力取代了宏大叙事与寓意式片段之间的张力，因此，我们不能再用认知去把握世界观了。

这种看法接近加洛韦的虚拟界面论（interface as simulation）。"一部作品抄袭与否的评判标准不是它与原作有多接近，而是它与数据库有多接近。"（《御宅族》61）在这个意义上，本雅明对原创和复制品的区分失去了意义。[1] "御宅族文化的表层包裹在拟像或者说衍生品之下。但是，它的深层内核是设定与角色的数据库，再往深挖就是萌元素的数据库。"（《御宅族》58）

叙事和影像的整体世界观已成昨日，如今要做的是通过搜索引擎和信息界面调和数据库与拟像之间的关系。于是，早期御宅族文化关于具体作品背后存在一个数据库的直觉意识成为现实。

1　McKenzie Wark, "Benjamedia," *Public Seminar*, August 27, 2015, at publicseminar.org.

关键在于，这是一种有组织的文化："充斥当今社会的各种模拟行为从来不是野蛮生长……它们的正常运转得到了数据库的保障，这是第一位的，也是最重要的。"（《御宅族》60）作者甚至连复制品的生产者都不是了。萌元素的排列组合取代了作者的创造能动性。

宏大叙事，不管是马克思主义的整全叙事，还是启蒙理性的完满叙事，还是后工业进步叙事，曾经为作品提供了隐藏于背后的深度。如今，它被一扫而光，那么作者会怎么样，人类又会怎么样呢？东浩纪在这里回到了科耶夫。人本身并不是人，因为人类只是一种动物罢了。人之所以为人，是因为人努力否定自然，超越自身。历史就是努力否定自然，否定人的动物性。

东浩纪忽略了科耶夫观点中的阶级维度，即主人面对死亡的威胁，迫使他者服从自己。只有主人才表现出完全的人性，而他迫使仆人回到自然性和动物性。奴隶不仅要满足主人的需要，更要满足主人的欲望，这是在满足他人的欲望，服从高于奴隶自身欲望的命令。我们之后会继续谈东浩纪忽略的这一部分科耶夫思想。

在科耶夫看来，战后现代社会的问题在于，"福特主义"的工业生产如此彻底地满足了直接的动物性需要，以至于针对自然乃至针对他者人性的斗争都被抹除了，而这种斗争正是创造历史的欲望和行为之基础。凭借一次浮光掠影的日本之旅，科耶夫提出，日本的追求高雅文化是另一条出路。追求高雅者创造出了一种纯粹形式的欲望游戏。于是，在科耶夫看来，切腹这种自杀仪式从形式上分开了人的荣耀与动物的本能，前者压倒了后者，是追求高雅的标志。

抛开文化上的陈词滥调不谈，御宅族或许是将追求高雅者对人的形式化建构倒转过来，变成了对动物的形式化、虚拟化建构。御宅族们知道自己只是在摆弄拟像，但是，从数据库中抽出来的萌点能够引发真正的感情。这些拟像立即满足了情感需求，于是，克服和否定自然的欲望便无从产生。后历史的人类，或者说后人类的动物从内容脱离了出来，不再以改变内容为目标，而只想改变形式，也就是拟像。

东浩纪将战后日本文化分为三个阶段：理想的时代（1945—1970）、虚构的时代（1970—1995）、动物的时代（1995年之后）。他认为，齐泽克和斯洛特戴克阐发的主题，即对待宏大叙事的犬儒态度，或者科耶夫笔下日本崇尚者眼中的追求高雅者只是其中的第二个阶段而已。到了第三个阶段，御宅族已经不再需要与宏大叙事维持一种消极关系。他们放弃了宏大叙事，转而拥抱数据库。于是，现代性的崩溃在御宅族手中完成了。如果这是一种发展，那也不是现代性的发展，而是别的某种东西。

有意思的是，尽管有些情色作品受到御宅族的喜爱，但在东浩纪的阐释中，情色是从属于情感的。例如，"Key 社游戏的用意不在于满足消费者的情色欲望，而是通过将御宅族中间流行的各种萌元素集合在一起的做法，为御宅族们提供一个感萌而哭的理想载体"（《御宅族》78）。

尽管如此，御宅族的需求之间还是存在张力；一方面是对提供情感回报的叙事碎片的需求，一方面是理解底层数据库的兴趣。有些人甚至会动用黑客手段，从软件中提取文件内容，直接用游戏或其他内容素材制作衍生品。

需求可以通过这样的方式满足，但欲望不可以，因为在科耶夫看来，欲望永远是对他人欲望的欲求。在东浩纪那里，这也能区分御宅族的两种情形：他们有时在性的问题上相当保守，却又很喜欢其他人会觉得带有浓厚恋物色彩的东西。后者有效地满足了他们的生理需求，而这种需求与残存的爱、性、欲望等观念已经失去关联。

东浩纪回避了认为御宅族的行为带有恋物性质的看法，但是我们可以展开谈一谈。按照因劳拉·穆尔维的著作而流行开来的经典弗洛伊德影视理论，男性凝视与窥阴癖的欲望有关，但又受到具有阉割力量的女性图像的威胁。[1] 遏制这种威胁的一种策略就是恋物，将女性身体降格为恋物意义上的部件。或许，东浩纪在谈论一种二阶的发展。既然带有威胁性的女性身体图像已经降格为部件，接下来数据库就可以随意地将其重组为萌点的集合。目前为止，把这一点做到最极端的作品可能就是电影《机械姬》(2015)。

宏大叙事加寓意式片段的旧模式产生了一种解释过程，特定作品的片段可以被解读为更大历史时间中失落或毁灭的一个碎片。但是，新模式或许失去了纵深。东浩纪将其称为**超平**(hyper-flatness)。他预见到了列夫·马诺维奇的思想，即软件

---

1 Laura Mulvey, *Visual and Other Pleasures*, London: Palgrave, 2009.

层成为泛化的元媒体。[1] 东浩纪眼里只有对视野的控制。你可以用不同的方式来看待数据，但你没有办法透过片段看到底层的整全真相，片段属于这个真相，但真相并非数据库。

御宅族的解读活动只能走侧路，从一个数据库的视野到另一个。

> 所有这些信息都是作为平行的、同等的东西来消费的，好像它们打开了不同的"窗口"。因此，当今的图形用户界面远远不仅是一项有用的发明，更是一种将我们对当代世界的观察局限住的神奇工具。（《御宅族》104）

没有从屏幕上看到的东西通往真实数据库的路径，只有真实数据库内容片段的不同再现方式。

东浩纪在后来的一部作品中探讨了数据库的政治内涵。《公意2.0：卢梭、弗洛伊德与谷歌》（以下简称《公意》）的主题是政治机关失去公信力之后的状态。[2] 该书同样是一部衍生作品，是异轨或拟像，他这一次复用的不是科耶夫，而是卢梭的《社会契约论》。

东浩纪从卢梭那里剪切下来**公意**，或者说人民主权的概念。在卢梭那里，它是一种虚拟的建构。"他大概做梦都没有想到，'公意'会成为看得见、摸得着的东西。"（《公意》7）在政治理

---

1 Lev Manovich, *Software Takes Command*, London: Bloomsbury, 2013; McKenzie Wark, "On Manovich," *Public Seminar*, September 15, 2015, at public seminar.org.
2 Hiroki Azuma, *General Will 2.0*, New York: Vertical Books, 2014.

论中，公意是一种被压抑欲求的表征，即对非审议式政府形式的欲求。现在，作为潜在内容的开始利用信息来达成自身的物质实现。

在卢梭笔下，社会性事物是由社会契约创造的，而这种社会性的最高权力就是公意。先有社会，再有政府。主权和政府是有区别的。后者只是公意的工具。这种形式的社会契约思想所合法化的不是任何现存的政府，而是政府没有满足公意时发起革命的可能性。

公意是一种理想建构——可能是某种宏大叙事的一部分——它能够产生对现实政府腐败行为的批评抓手。但是，卢梭的公意不是舆论。舆论可能会错，公意永不会错。公意是共有的利益，而舆论只是个别利益的混合。舆论是意志的总和，而公意则是意志间**差异**的总和。

东浩纪给出了一个有价值的类比：舆论好比标量，公意好比向量。舆论是"诸众"的平均值，而公意则是各个分量相减后的总和。在卢梭笔下，公意有时好像是可以计算的数学实体。早在集智的数学型（matheme）能够诞生的几百年前，他就假想出了它的存在。

对主张民主治理的理论家来说，卢梭是一个麻烦的家伙，因为他不仅反对舆论，而且反对代议制民主和政党。公意根本不是通过公民彼此交流达到的。

> 卢梭认为，公意得出的方式不是由一群人肯定某一个意志，将所有差异都取消掉，而是允许各种意志出现在公

共领域中，保留所有这些意志各自的差异。(《公意》33)

公意是全部差异的总和。

现实政治体背后隐藏的理想模型及其评判标准是一种不依赖交往的政治形式。公意属于物的领域，而不属于社会世界。不是社会造成政治，而是政治契合自然。(这一点偏离了科耶夫的观点。) 与御宅族一样，卢梭喜欢独处胜过公共生活。在卢梭（和之后的傅立叶）看来，文明的矫饰是一切罪恶的根源。

东浩纪对各种规范性的审议式民主模式的价值心存怀疑，比如汉娜·阿伦特和于尔根·哈贝马斯提出的版本。[1] 按照审议式民主的思想，理性交往是审议的必要条件，而脱离劳动的公共领域又是理性交往的条件。这不是单纯将需求或欲望集合起来，而是通过理性审议实现其转化。

东浩纪不仅与审议式民主保持距离，同时也疏远另一种截然不同的政治观，一种占据墨菲思想核心地位的观念：卡尔·施米特提出的政治就是区分朋友和敌人，并从存在的层面将敌人消灭。公意不是审议，也不区分朋友和敌人。或许，公意属于政治中一个有趣得多的领域，一个总是与非敌和非友相关的领域。

如果公意既不是审议民主，也不是战斗至死，那它是什么呢？在卢梭看来，它是一种规定性的理想；而在东浩纪看来，它正在迅速成为现实：它就是数据库。计算无处不在，从环境

1　Jürgen Habermas, *The Theory of Communicative Action*, Boston: Beacon Press, 1985.（中文版题为《交往行为理论》）

中以大数据的形式直接提取出无意识的需求，基本不需要公民——或者我应该说是用户的有意识参与。"公"获得了实体，但也落入了私人之手——这就是谷歌。"没有人意识到谷歌的存在，但所有人都在为谷歌做贡献——这个悖论正是关键所在。"(《公意》58)

有人可能会马上将其归结为**控制社会**或**生命权力**或**新自由主义**，这也不无道理。但是，与这些广为接受的观念相比，东浩纪的思路至少胜在新颖。御宅族似乎觉察到了一些东西：在吸引人的萌点之下有一个不被人意识到的数据库。人民的愿望成了一个物。"卢梭……说过，公意烙印在公民的心上。因此，它是不能察觉到的。而公意 2.0 则烙印在信息环境当中。"(《公意》63)

但是，公意 1.0 是一种神秘的宏大叙事，公意 2.0 则是一个实在的数据库。"迄今为止，公意 2.0 的接入权完全掌握在私人大企业手里。"(《公意》64)但是，东浩纪没有多谈这一点。用我自己的概念来说——在此很契合东浩纪的语言：源于数据库的治理权力掌握在统治阶级的手中，也就是我所说的**向量阶级**。[1]

不过，东浩纪与蒂姆·奥莱利等鼓吹向量阶级内的科技产业分支的硅谷宣传家也保持了距离。在某种程度上，他的数据库版公意仍是一种规定性的理想，其实还是一种宏大叙事。它是已经无以为继的审议式民主的一种潜在而非实在的补充手段。

---

[1] McKenzie Wark, *A Hacker Manifesto*, Cambridge, MA: Harvard University Press, 2004.

在他看来，政治已经复杂到无法由全体公民审议的地步。但是，记录着需求的数据库或许可以帮助公民，将理性审议与"由无意识引导的政府"结合起来（《公意》72）。

不难想见，依然将大写的政治奉为神圣的超越性存在的知识分子们对这一点会相当抵触。但我们必须承认，在过发达世界的不少地方，现实政治的状况相当糟糕。人类这种动物并不是很擅长运用理性来克服个别的同情心，转而为普遍的事业奋斗。理性没有克服同情，普遍没有克服个别，交往也没有克服私利。

交往产生的是人际网络，而不是普遍性。它创造了一个个孤岛和回音室——上过网的人都明白。如今，人们希望从媒体工具中获得的是降低信息的复杂度，而不是无止境的商议。除了喷子，没有人写评论；除了其他喷子，没有人看评论；时势如此，何来审议民主？我们或许需要一个全新的政治架构，一个能够直观呈现无意识的需求和欲望的架构。

如果说心理分析是揭示主体所不知道的个体无意识的方法，那么，数据库就是揭示人民所不知道的集体无意识的方法。而且，与解梦一样，这里不存在否定。以谷歌的网页排名服务为例：它能测出有多少个网页链接到了某个网页，但它不会评判这个网页。因此，如果你在谷歌里搜索"犹太教"这样的"敏感"词，激烈的反犹网页可能会排在点击量的前几名。或许，为了抨击反犹网页而加入其链接的反反犹网站也为反犹网页的高排名出了一份力。

但是，这里可能漏掉了一点。数据库的所有者和控制者是谁？如果说旧的宏大叙事是由上层建筑产生的，那么正如帕索里尼当初所说，新的文化权力形式事实上具有直接的基础设施性质。我所说的向量阶级掌控了探测作为社会无意识的公意的手段。探测公意的主要目标是用拟像满足我们的动物性需求。正如拉扎拉托所说，人类这个物种的情感生活如今被机器所奴役。

从数据库中把东浩纪挑出来，读一读他的文字还是能带来一些愉悦。他似乎比许多人都更早意识到，理论书写和阅读的物质条件本身已经变化，也成为数据库的一部分。与御宅族的做法一样，他的写作是沿着拟像走侧路，不管是动漫的侧路，还是哲学的侧路。

第 15 章

保罗·B. 普雷西亚多：
药物-色情的身体政治

"读读这个！"他把一份脏兮兮的影印打字稿扔到我手里。"它会改变你的人生！"接着，他回到他刚才在里边转悠的公厕，不见了。我就是这么与福柯著作结缘的。那是一部"盗版"译本，译者自称是一名"下流的街头男同"。它确实改变了我的人生——某种意义上。我觉得最有趣的书总是关于**低理论**的著作。它们的作者可能在研讨课教室里接受过高理论的教育，却将各种高理论思想资源直接运用于生活。保罗·普雷西亚多的《睾酮瘾君子》就是这样一本书。[1]

普雷西亚多成长于弗朗哥统治西班牙的末期，上的是耶稣会学校。普雷西亚多至少去过四个城市，学过三门语言，经历过两种性别。他在新学院大学读哲学的时候遇上了德里达。当时，德里达正在写一本讲圣奥古斯丁的书，而《忏悔录》中关

---

[1] Paul B. Préciado, *Testo Junkie*, New York: Feminist Press at CUNY, 2013.

于转变信仰的内容让普雷西亚多想到了关于变性的当代著作,普雷西亚多在巴黎生活了一段时间,然后到普林斯顿大学获得了建筑学博士学位。[1]

在《睾酮瘾君子》中,普雷西亚多记述了服用睾酮的短暂经历。该书为思考这种经验的意涵搭建了一个令人惊叹的概念框架。它不是回忆录。它可能是一份关于情绪的研究,但只针对那些非私密的情绪。它是"绘制灭绝地图中的一个点"(12)。

普雷西亚多不确定那些情绪属于"一个睾酮成瘾的女性主义者,还是一个迷上女性主义的跨性别身体"(22)。关于睾酮,普雷西亚多写道:

> 我用它来挫败社会对我的企图,这样我才能书写、性交和感受一种后色情片的快感,为我那由自慰棒、短信和动图组成的低科技跨性别认同安上一条分子假肢;我这样做,是为你的死复仇。(16)

"死"指的是法国自传体小说家纪尧姆·达斯坦的死。《睾酮瘾君子》徘徊于缅怀他和赞颂她与作家兼导演维尔日妮·德庞特的关系之间:"干她比工厂做工还要累",但是,她"被我的女性主义覆盖,好像是一次稀薄如清水的射精,一片泛着政治浪花的海洋"。(97—98)[2]

---

[1] Béatriz Préciado, *Pornotopia*, New York: Zone Books, 2014.
[2] Guillaume Dustan, *In My Room*, New York: High Risk Books, 1998; Virginie Despentes, *King Kong Theory*, New York: Feminist Press at CUNY, 2010.

这本书主要不是讲这些事情的，而是讲从这种体验出发能延伸出怎样的思考。它要为一种围绕对身体、性、身份认同的管理——用普雷西亚多的话说，"肉体政治"（somatico-political）——产生的商品经济体系的地图，讲述肉体政治是如何被"性-性别产业综合体"造就，又是如何被它终结（28）。这种做法就是波格丹诺夫所说的"替换"，即用隐喻的方式讲述如何利用自身的劳动体验造就出整个世界。现在，最有意思的一种劳动就是"生产作为物种的物种"的劳动。

"我在书里寻找生存的钥匙。"普雷西亚多写道（135）。《睾酮瘾君子》在各个地方列出了一些作者和艺术家的名字，他们对任何同样有志于寻找生存钥匙的人都很有用：让·热内、瓦尔特·本雅明、莫尼克·维蒂希（Monique Wittig）、苏珊·斯特赖克（Susan Stryker）、埃德蒙·怀特（Edmund White）、费思·林戈尔德（Faith Ringgold）、费思·怀尔丁（Faith Wilding）、吉尔·约翰逊（Jill Johnson）、瓦莱丽·索拉纳斯（Valerie Solanas）、西尔维娅·费代里奇（Silvia Federici）、艾伦·威利斯（Ellen Willis）、凯西·阿克（Kathy Acker）、桑迪·斯通（Sandy Stone）、郑淑丽、戴安·托尔（Diane Torr）、拉格雷斯·火山（Del LaGrace Volcano）、佩德罗·勒莫贝尔（Pedro Lemebel）、米歇尔·蒂（Michelle Tea）。与所有低理论的书籍一样，阅读书目的决定性因素是活下去的需要，而不是维护学科界线。有意思的地方在于普雷西亚多是怎么把这件事做成的。

《睾酮瘾君子》远远不只是用叙事来说明一个酷儿的波希米亚式体验的**情感**。它一开篇就为这种体验发明了**概念**：

> 在性或者性认同里面发现不了什么；**内在**不存在。性的真理不是话语，而是**性设计**（sexdesign）。主打药物-色情的生命资本主义（pharmaco-pornographic biocapitalism）并不生产**物**，而是生产流动的观念、有机体、符号、欲望和化学反应。(35)

它主要不是讲个人情感，而是讲制造出这些情感的系统性效应。

性-性别产业综合体的主要对象是合成类固醇、色情产品和互联网，结果就是药物-色情-朋克超现代性（pharma-porno-punk hypermodernity）。它过去隐藏在福特主义的经济体系之下，现在由于后者被转移到所谓的欠发达地区而显露出来。在欧美和日本这些吉尔罗伊所说的过发达世界中，这种超现代性成为当代的商品化引擎。

如果说这种体制下存在能动性的话，那也不能与自然的身体画上等号。尽管如此，有一种能动性是存在的，它能够容纳一种寓于罗网之中，又与罗网对抗的政治。

> 如果当代经济增加的价值创造的主要动力其实全都是群众得不到满足的身体——阴茎、阴蒂、肛门、激素和性-神经突触，那会如何？如果协作是自慰性的协作，而不单纯是大脑的协作，那又如何呢？(37)

此处提出的挑战是反思21世纪的劳动是什么。"当代生产流程的原材料是兴奋、勃起、射精、自我满足的愉悦和感受、完全的控制、彻底的毁灭。"如今,性的情动(sex-affect)的生产是其他一切生产的模样。"性是资本主义和战争的必然结果,是反映生产的镜子。"(40)

但是,在普雷西亚多那里,既是生产者又是产品的系统能动者不是劳动力,也不是一般智力,而是**快感力**(potentia gaudendi),或者说高潮力(orgasmic force),也就是自己感到兴奋、使别人兴奋、与别人一同兴奋的能力。与其说是看不见的手,不如说是看不见的手活。资本就是要"将我们的性资源转化为工作"(131)。资本试图将快感力私有化,但它实际上是作为一个事件、一种实践,或许还是一种演化过程存在的。

我之后还会谈快感力。现在要记住的要点是,在普雷西亚多看来,它并非存在于科学技术之外。它并不是一种自然内核。就此而言,它不同于威廉·赖希所说的**性政治**(sex-pol)及其所有后继者。[1] 市场并不是压抑,甚至也不是挑动某种自然赋予的性能力。在这种经济体制下,身体甚至不是统一的单元。"性的身体是某种躯体分解的产物,每一个器官都被还原为一种功能。"在这里,普雷西亚多接近全喜卿等人的媒体考古学,但对象却涵盖全部性器官,而非只包括感官。

其他人写过互联网如何改变了某些与商品形式相关的东西,包括我在内。[2] 普雷西亚多将其与另外两种机制联系起来:药物与色情。药物部分包括避孕药、百忧解、万艾可的生产,色情部分则包括表现口交、插入式性交、"三人行"等内容的影片。

---

[1] Wilhelm Reich, *Sex-Pol: Essays, 1929–1934*, London: Verso, 2013.

[2] McKenzie Wark, *Gamer Theory*, Cambridge, MA: Harvard University Press, 2007.

互联网对药物和色情作品增添的东西是：一方面对女性身体进行独特的操纵，另一方面则专注于被编码为男性的身体的射精机能。

药物-色情资本主义就算生产客体，也只是生产主体的道具而已。这些主体并没有表面上那样具有整体性，而更多是一个系统，功能是把药片咽下去、把阴茎插入口中、把自慰棒插入阴道里、把假体装入胸部、把胳膊上的皮肤和脂肪拿来造成阴茎、用眼球扫视图片——还有将激素注入各种各样的身体。

这是由德勒兹提出，由加洛韦发扬的**控制社会论**的恶心版本。[1] 普雷西亚多写道："由政治编排的射精是这个分子-信息控制新时代的通货。"（77）这是软机器的时代。一种比福柯所说的**规训**更复杂的权力机制出现了。"身体不再生活于规训的空间，而是规训的空间寓于身体。"（79）[2]

这套体系存在某些张力。一方面，技术具有让二元性别划分解体的前提；但另一方面，它又花了很大力气来生产和再生产这种二元划分。药物-色情资本主义虚构了自然主义的性和性别观，目的只是制造出贴合这种观念的技术，只是为了将图片和药品卖出去，让身体看起来更符合二元划分的样子。

普雷西亚多的一点提醒很有价值：性和性别划分的起源地不是女性主义或跨性别社群，而是生物科技产业。通过从概念

---

[1] "Postscript on Control Societies" in Gilles Deleuze, *Negotiations 1972-1990*, New York: Columbia University Press, 1997.（中文版题为《哲学与权力的谈判》"附文：关于控制的社会"）

[2] 关于规训社会，参见 Michel Foucault, *Discipline and Punish*, New York: Vintage Books, 1995（中文版题为《规训与惩罚》）。

层面上区分身体的性和主观的性别,一整个用技术手段让性贴近性别,或让性别贴近性的行业就此出现。但要说明的是,普雷西亚多并不认为,跨性别身体不是自然造就的,于是就没有合理性。一切身体都不是自然造就的,这不是什么坏事。普雷西亚多并不反对技术-身体(techno-body),它可能具有尚未发掘的承担特质。他反对的是对技术-身体的商品化和规训控制。

目前的性-性别产业综合体是根据柏拉图式的理想化男女范式来生产和再生产身体的。[1] 性别审美、性别认同等规范生产、调整,但也监视身体,只允许主体向设定好的几种身份靠拢:男性还是女性,异性恋还是同性恋,顺性别还是跨性别。性别分配的过程不仅基于外在形态,也要看繁殖能力与社会角色——性和性别原本是一片游移不定的领地,现在则通过不断生产图像将关系模糊复杂的众多节点化约为二元形式。

柏拉图式的理想化身体模型中凡是能性化的部位都发明和再发明出了各种各样的规范。但是,在这个框架中,肛门的地位总是很麻烦:

> 它在性的划分中制造了一个短路。作为原始被动性的一个中心,作为可鄙之物的一个完美位点,一个与屎尿如此接近的地方,它成了一个性别、性、身份和资本涌入其中的世界黑洞。(71)

---

1 Wark, *Telesthesia*, 176ff.

难怪肛交是互联网时代色情片的一个明确类别。色情片既表现各式男权支配的幻想,又表现出这些幻想永远存在的崩溃可能性。

柏拉图式的理想化男女二分性观念越来越需要技术和图像的道具来支持。异性恋生育远远不是"自然"的,而是一架庞大的技术机器的一部分。没有**赤裸的生命**,只有赤裸的技术-生命。[1] 异性恋是一种得到政治支持的生殖技术。尽管普雷西亚多没有提,但任何一位在医院讨论过"生育计划"的顺性别女性(或跨性别男性)肯定会颇有所感!早在50年代末,通常认为是自然的生育体系就已经发生变化了。配方奶粉成了母乳的替代品或辅助品。口服避孕药成了最常见的口服处方药之一。

在这一方面,普雷西亚多借鉴了特蕾莎·德·劳雷蒂斯对第二波女性主义将女性气质自然化提出的批判。[2] 我们现在知道,"女人"这个范畴的普适性底下藏着许多别的东西,从种族和阶级到生产、维持性别的各种技术。当性别表征成为自我表征时,它就成了真的东西,而这些表征是工业化生产出来的。

性-性别产业综合体的药品和色情两个方面之间存在张力。图像产业的内核是坚持柏拉图式的理想化两性图景,而且在显示两性之间地带的模糊图像并为其分类方面下了不少功夫。但是,从药品而不是媒体生产的角度看,性别范畴显示出生物化学干预手段的任意性和建构性。

---

[1] Giorgio Agamben, *Homo Sacer*, Stanford, CA: Stanford University Press, 1998.(中文版题为《神圣人》)
[2] Teresa de Lauretis, *Technologies of Gender*, Bloomington IL: Indiana University Press, 1987.

例如，女性的"多毛症"有一种治疗手段是激素疗法。现在有标准化检查来决定毛有多少才算是多毛，于是女性可以接受相应的激素治疗来减少面部或其他部位的毛发。但是，多毛的标准并不是客观的常量。比方说，白人女性的多毛标准就和犹太人或拉丁裔不一样。医学-技术机制是设置身体边界的复杂工具。

再举一个例子，鼻子整形手术和阴茎手术适用的法律-医学机制不同。鼻子是你的私有物。如果你觉得自己的鼻子太大、太宽之类，这是你的私事，就像关于柏拉图式的"完美鼻子"理型的任何一种复杂的、种族化的假定一样。但是，如果你想要对阴茎做手术，那就是另一码事了。在切除或者加上阴茎这个问题上，身体不是你的私有物，身体的性和性别是由国家分配的。

于是，身体并非一个整体，而是在图像、技术、法律等组成的网络中编织出来的。"我们不是一具没有诸器官的身体，相反，我们是各种异质性的器官组成的阵列，这些器官不能统归到一具皮囊之下。"（116）药物-色情的性别不只是意识形态，或图像，或表演。它进入了皮肤底下。它是一种政治技术，"国家会从生产和控制我们的色情血碾音乐式（pornogore）的主体性中获取快感"。

但是，普雷西亚多最感兴趣的不是国家，而是资本和技术。

> 这些人造物（也就是我们）不能存在于某种单纯的状态，而只能存在于封闭的性技术-体系（sexual techno-

system）中。作为性的主体，我们正生活在生物资本主义的游乐场里。我们是实验室制造的男女，是某种政治-科学性质的生物柏拉图主义所造成的结果。(119)

普雷西亚多将一种福柯式的思考方法延伸到新的领域，即商品化与权力交会之处，颇有意义。

某种意义上，这本书讲的是利奥塔所说的**力比多经济**，这种经济如今是通过生产性、性别、性取向和主体性的数字技术及分子技术来运行的。[1] 它包括药物和色情两方面，两者既有协作，又有对立。色情作品主要宣扬柏拉图式的性划分。性别规范处于持续的变异、分配和再分配之中，尽管大体上是围绕着同样的二分法。

但到了药物这里，便只有各种技术性别（techno-gender），这些性别的界线越来越模糊。自行车运动员兰斯·阿姆斯特朗和跨性别男性都是由同一类实验室造出的同一类激素所造就的。普雷西亚多撰写这本书时正在服用睾酮。普雷西亚多认为自己（themself）既不是服用睾酮的女性，也不是技术意义上的男性，而只是激素的注射端口。他意识到睾酮不是男性气质，这种自愿的内分泌重塑行为只有配合某种政治议程才有意义。普雷西亚多没有去任何正规的医疗机构，因为那就是把自己的身体交给国家，由国家来裁决你的性向和性别是什么，或者说应该是什么，决定哪些技术将被"恰当"地用来协调这件国有财产的

---

1 Jean-François Lyotard, *Libidinal Economy*, Bloomington IL: Indiana University Press, 1993.

各个不协调的部分。

但是，这样做也有风险，那就是落入另一个致力于抓捕"瘾君子"的规训网络。如果普雷西亚多服用睾酮的行为没有得到一种医学化话语的庇护，那就会有来自另一种话语的风险。如果普雷西亚多说服一名医生相信在他身上性向和性别存在错配，那是有一种制度来处理这个问题的。但是，如果有人想要保持性别之间的模糊状态呢？如果有人出于审美原因服用激素呢？如果有人服用药品的直接目的就是改变肉体，主观感受的改变只是次生现象，而不是反过来，这有什么要紧？换句话说，激素的工业化意义何在？

无意识和激素大约是同时发现的。前者与语言符号有关，后者与身体内的化学信号有关。对激素的研究——内分泌学——从属于建立（或者说重建）一个基于对交流和信息的认知的广阔知识范围。[1] 与任何一门新的科学一样，它的发展途中不免有磕绊。（就连波格丹诺夫也上过伪科学的当，以为猴子的胰脏能延长寿命，提高活力。[2]）现在回看，如果说研究猴子胰脏的内分泌学超现实主义阶段并没有昭示该领域的研究方法，那也确实预示了它的雄心所在。"激素理论代表了大众传播的另一种形式。"激素能够远距离发挥作用——它们是**遥感**的一种。因此，激素可以在不束缚身体的情况下"规训"它。

"激素是由碳链、语言、图像、资本和集体欲望制造出来

---

1 有一本书不容遗忘：Jean Baudrillard, *Forget Foucault*, Los Angeles: Semiotext(e), 2007。

2 Nikolai Krementsov, *A Martian Stranded on Earth*, Chicago: University of Chicago Press, 2011.

的生物制品。"（160）激素属于技术-分子控制手段的谱系的一部分，控制的对象起初是女性（避孕药），现在也包括男性：睾酮、万艾可，等等。各种各样的身体都能通过人造激素生产出来，但这些身体仍然是围绕柏拉图式的二元划分组织起来的。有意思的是，美国食品药品监督管理局（FDA）起初没有批准避孕药上市。早期的避孕药连月经也会一同抑制，这种技术性的性别改造过于激进了。直到激素含量较低的配方恢复或是模仿了月经周期之后，避孕药才经审批通过。

普雷西亚多不仅要超越福柯的规训机器思想，还要超越巴特勒的**性别展演论**。性别展演不仅存在于身体姿态和语言层面，还有生物模拟（biomimicry）或者说生物变装（biodrag）的一面。这里存在一个分子的维度，药物的维度。我们也许都会做生物变装，这是一种对柏拉图式的理想化性别的摹仿，具有或多或少的嘲讽意味，用化学辅助用品和着装标准来打扮自己的身体。

这些相对新兴的分子层面的权力改变着作为生命平台的身体本身：

> 当然，我们仍然在面对某种形式的社会控制，但这一次的控制是"小控控"（control lite），它就像肥皂泡一样，五彩斑斓，戴着米老鼠的耳朵，穿着碧姬·芭铎的低胸装，与福柯描绘的冰冷、用于规训的全景监视建筑形成鲜明对比。（211）

面向成人的武器化萌物。[1] 好莱坞电影《美少女特攻队》简直就是关于这一切的一个诡异寓言。

普雷西亚多描绘了一个噩梦般的景象：

> 一种新的高科技异性恋……：一方是高科技芭比娃娃，永远年轻，超级性感，几乎完全不孕不育，也没有月经，但总是可以进行人工授精；另一方是没有生育能力的超级壮汉，勃起要通过将万艾可和色情视听物品的代码结合的技术手段。(220)

在我看来，这意味着顺性别身体的不复存在，因为这个词隐含着一个人可以"顺着"某种前定的标准，而在当下，这种标准全都是性-性别产业综合体的产物。普雷西亚多的著作新就新在彻底、坚定地认为性、性别、身份三者如今全都处于同一个层次，全都是由同样的一些系统用工业化的方式生产出来的。

普雷西亚多没有提到针对绝经女性的激素替代疗法，但我们可以自己把它加进去。性-性别产业综合体接下来的前沿领域大概就是向男性推销不会削弱他们男性气质感的激素了。爷们的身体自有其一套所谓天经地义的荣誉守则。服用类固醇来提高比赛成绩永远是"错误"的，即便万艾可已经被认可为一种治疗男性"勃起障碍"的化学修正手段。

普雷西亚多认为，自由主义的女性主义已经与国家和制药

---

1 Rachel Law and McKenzie Wark, *W.A.N.T.: Weaponized Adorables Negotiation Tactics*, Iceland: Oddi, 2013.

产业缔结了契约。他的意思不是为计划生育辩护不好，而是用激素改造身体成为一种未经审视的国家干预生育活动。普雷西亚多对与国家共谋——包括在色情作品方面——的女性主义流派也表示了警惕。当国家加大整治色情物品力度的时候，被定罪和查禁的往往是非常规性向的影像作品，这是毋庸赘言的。[1]

"色情物品是转化为景观的性行为。"（266）这是当今文化产业的圭臬。"文化产业就是**对色情物品的嫉妒**。"（271）色情物品是对性兴奋—性挫折回路的管理。现在，文化产业想要造成同样的生理效应。色情物品与畸形秀、马戏团的关系，可能要大于与电影的关系。"帕丽斯·希尔顿代表着奢华白人异性恋科技婊子的性政治生产的巅峰。"（280）一个更近的例子是卡戴珊家族。但她们似乎在过一种懒散荒废的电视真人秀生活：全部的生活都处于监控下。对身体的情感与排射的审视与控制使得色情物品的数量翻番。

色情物品受到某种认为只有射精镜头才算数的"精子柏拉图主义"的管制。色情物品制造了快感力的假象，而性兴奋其实基本上只是一种不由自主的反应罢了。但是，"色情物品讲述了关于性行为的**展演性**真理"（270）。我们可以说黄片里的性爱是演出来的，因此不是真实存在的，或者说身体本来就不是真实存在的。但是，这种非实在性恰恰就是具有规范性的柏拉图式的理型，整个性-性别产业综合体都是绕着它转的。

不光是性爱，连劳动也被色情化了。在过发达世界，我们

---

[1] Carol Vance (ed.), *Pleasure and Danger*, New York: Routledge, 1984.

的工作场所正在变成由体液、合成激素、硅胶、兴奋剂、情绪调节剂和数字信号所推动的色情工厂。性劳动将快感力转化为商品。现在如果要找葛兰西所说的**有机知识分子**的话,那就得去摄影师和性工作者中间去找。[1] 对许多"体面"人来说,性工作者仍然是"异类"。不过,或许将性工作的定义拓宽一点会有益处。普雷西亚多有一次陪维尔日妮·德庞特做水疗,结果发现了个人护理行业里的情欲元素。有些人可能的确只想做按摩,不想要大保健,但在某种意义上,这就是性服务。顺着普雷西亚多的思路再进一步,我们或许可以这样看:性工作者与"性别工作者"都处在身体和身份工业化生产的延长线上。

与麦克罗比不同的是,普雷西亚多想要研究**劳动的色情化**,而不是劳动的女性化。劳动女性化这个概念对女性气质做出了某些假定。比方说,它"忽视了射精镜头"(49)。而且,它仍然接受了柏拉图式的绝对性别观。动感情的劳动属于女孩,出力气的劳动属于男孩。女孩灵动,男孩稳重。

普雷西亚多还反对**认知劳动**或**非物质劳动**的观点,这个观点把布唐、维尔诺、拉扎拉托、贝拉迪等意大利工人主义理论后继者的思想都搞糊涂了。"他们谁都没有提一粒万艾可配上相应的图像会对他们这些哲学家的鸡巴产生什么效果。"(293)当下也许是超物质(über-material)劳动,而不是非物质劳动的时代。

而且,这不是"劳动的性分工",而是劳动的色情分工。性

---

[1] Antonio Gramsci, *Selections from the Prison Notebooks*, New York: International Publishers, 1971.(中文版题为《狱中札记》)

分工里的"性"字默许了异性生殖观,好像"只有异性生殖是正常的"这一点是毋庸赘述的。它还把异性性行为的不对等奉为圭臬。能够自愿被插入的身体类型至少包括顺性别女性、跨性别女性和男同性恋的身体。另外,劳动的性分工概念也没有谈它在其中被生产出来的技术机器。

非物质劳动是不存在的,**一般智力**也是不存在的。广义的性是存在的。它可能是**快感力**的另一个名字,指的是"穿行于群众之间的对共同快感的冲动,让全体具有性兴奋能力的资本的生产者-身体都强烈抖动起来"(309)。现代性是家庭的性化,也是性的家庭化。性与家庭的结合主要发生在私有产权的符号之下。(偷情就是偷窃。)但这里还有另外一面:快感力,它既是性-性别产业综合体的产品,又受其束缚。

我们就不能大大方方承认,非物质劳动是一个糟糕的、无用的概念吗?低理论令人耳目一新的地方就在于,它总是从现实经验出发,然后借用和调整概念,去贴合对经验的描述。它永远是一种异轨,或者说把高理论搬过来用于另外的目的。[1] 于是,低理论通常不会因为找不到概念的现实对应就无止境地搞研究,出成果。于是,普雷西亚多坚决地抛弃了几十年来的社会理论。

与传统认识不同,普雷西亚多觉得心理分析也没多大用处:

> 父亲和母亲都已经死了。我们是好莱坞、色情片、避

---

1 Debord, *Society of the Spectacle*, 129ff.(中文版题为《景观社会》)

孕药、垃圾电视节目、互联网和赛博资本主义的孩子。顺性别的女孩想要将自己的身体转化为让尽可能多的人凝视的可餐秀色……她想要把自己色情化……将自己的身体转化为抽象的资本。(408)

与巴特勒不同,普雷西亚多认为**酷儿**也变得商业化了。批判思想和实践必须前进。但是,批判理论既要避开思辨实在论的中立化客体(默顿),也要避开精神化主体的弥赛亚式飞跃(齐泽克)。批判理论必须谈劳动,但不只是与漂亮事物有关,比如时尚界的劳动(麦克罗比),也不只是所谓的非物质劳动(贝拉迪)。"就算是死,也要死得其所,让我们在剩下的时间里想象一种新的色情朋克哲学都由哪些部分组成吧。"

普雷西亚多的目标是将小众知识转化为集体实验,为身体代码(biocode)的公有制而奋斗。与苏雷·罗尼克(Suely Rolnik)一样,他认为心理治疗断绝了对创造性主体的审美性回应。[1] 普雷西亚多将性别异见者放在审美的语境下,而不是烦躁症、病理学等语境下。普雷西亚多将他们服用睾酮的做法类比于瓦尔特·本雅明抽大麻、弗洛伊德注射可卡因、波格丹诺夫给自己换血,是一种不受国家或专家认可的实验项目,更应该理解成对日常生活情境的建构。

政治主体性并不浮现于主体在自身的表征中认出自己的时候,而是浮现于没有认出的时候。这种断裂不仅为另一种表征,

---

[1] Félix Guattari and Suely Rolnik, *Molecular Revolution in Brazil*, Los Angeles: Semiotext(e), 2008.

也为另一种生活打开了空间。现在是时候成为性别海盗或者性别黑客了:"我们是著佐权(copyleft)用户,主张性激素免费,身体代码开放。"(55)普雷西亚多号召发起一场"诸性别的分子革命"(235)。回到自然的或者说私密的性行为?不存在的。

那么,落实到行动就是要"发明主流色情作品和标准化性消费品的其他形式,共通、共享、共有、无版权"。它的客体也可以变成主体。参与这场运动的有机知识分子是作为理论家的色情物品制作者和性工作者。就实践而言,"自70年代以来,唯一一场重大革命是由一边听音乐,一边吸毒,一边做爱的同性恋者进行的"(417)。

我尤其喜欢下面这句话,因为它很契合我的《黑客宣言》(但也是对我的批判):"权力经历了转移;在整个20世纪,它从土地转移到制造业,接着又转移到信息和生命。"(277)但是,普雷西亚多为思考这句话里的最后一点——生命——打开了新的空间。欲望和性类似于信息,甚至**就是**信息,它们是抗拒所有权的:一个人占有一点信息(或者欲望,或者性,或者性别)并不会妨碍另一个人使用它。分享会让欲望、性和性别成倍增加。

但是,性解放的观念已经过时了。我们早就从福柯那里——不管是从"街头"影印本里读到,还是在研究生院里学到——明白,性并不存在一个受到压抑的、先在的自然状态。现在,我们都必须反思如何从内部夺取对药品和色情的主导权。普雷西亚多想了一些口号,每一个都是朋克乐队的好名字,也是学术会议的好主题:免费黄件!(FreeFuckware!)开放性别!

(OpenGender!) 身体朋克！(BodyPunk!) 被插态！(Penetrated-State!) 后色情！(PostPorn!) 这可是好玩得很，有新的身体，以及新的身体间关系在等待性设计。但是，这一切都需要先做一件事：抛弃关于类存在物的理想化理论，开展与真实的赛博格团体的合作实验。普雷西亚多写道："人类并不存在于神性的符号之下……而存在于兽性的符号之下。"（239）

第 16 章

全喜卿：
编程政治

模拟和数字**之间**的关系本身是数字的，还是模拟的呢？这可能是思考亚历山大·加洛韦与全喜卿两人工作区别的一种方式。在下一章中，我会讲加洛韦的观点，他认为软件是对意识形态的**仿真**（simulation）。本章通过解读全喜卿的著作《编程而来的幻象：软件与记忆》一书来介绍她的观点：软件是意识形态的**模拟**（analog）。[1]

作为模拟量的软件是个奇怪的事物。它是通过一个不可知的东西来展示一个未知的东西。它不仅将信息某些异常的属性具象化，其本身也是这类属性的一部分。全喜卿写道："数字信息已经造成了可感性与持久性的分离。"（5）或者用我在《黑客宣言》里的话说，物——作为信息的支撑者——的关系已经具

1　Wendy Hui Kyong Chun, *Programmed Visions: Software and Memory*, Cambridge, MA: MIT Press, 2011.

有了任意性。[1] 信息被物化的历程与软件——作为一种独特的劳动过程和产权形式的对象——生产的历程是彼此相伴的。全喜卿对此的论述用了更多福柯的词汇：

> 软件逐渐从服务转化成产品，关系固化为物，信息外化于自身，这个不寻常的过程恰好与米歇尔·福柯所说的**治理术**内部更重大的变化同时发生，并体现了这些变化。(6)

与软件同时出现的是**新自由主义**，全喜卿在这里采纳了福柯和布朗的说法。我不确定"新自由主义"作为一般性概念是否合情合理，但大体的区别是：在自由主义下，国家必须被排除于市场外；而在新自由主义下，市场成为国家的模板。新旧自由主义都没有一个自上而下施行治理的主权者，而是存在一种**治理术**，它能产生自行其是的主体，主体的"自由"行动是不能预先知晓的。生产这样的自由能动者需要对人口进行管理，也就是**生命权力**的实践。

以上是对标准模板的简要说明。全喜卿加入的新内容是计算机技术在人口管理，以及培养作为"人力资本"的个体过程中的作用。新自由主义下的主体是通过计算界面产生掌控和"赋能"的感觉的，界面会告诉用户过去的事件与可能的未来——实际上，可能的未来就会变成未来本身。这种治理模式的"源泉"就是源代码本身。代码变成**逻各斯**：太初有代码。

---

[1] McKenzie Wark, *A Hacker Manifesto*, Cambridge, MA: Harvard University Press, 2004. 见 "Information" 章。

在某种层面上，用户知道代码本身并无奇效，而是控制机器发挥作用，但从用户的行为来看，代码仿佛真有奇效。机器的工作和人类的劳动都毫不重要。

作为逻各斯的代码将过去作为存储的数据组织起来，并通过界面将其呈现，然后人力资本单元们就会相应地下注。"作为物的软件与记忆的外化密不可分，也与这样一种梦想或者说梦魇密不可分：有一间无所不包的档案馆，它不断更新资料，也不断丢失资料，它呼唤我们，要我们上前去，然后又在我们面前消失。"（11）正如贝拉迪等人所说，这与其说是异化的悲剧，不如说是鲍德里亚所说的**传播的迷狂**。[1]

软件是生成信息透明表象的关键部件，用户在软件里可以管理自己的数据，想象自己已经看到了对自身人力资本进行投资决策的一切相关变量。奇怪的是，这种可视性是由某种看不见的、将自身工作原理隐藏起来的东西生成的。于是，计算成为一种可替换的隐喻，隐喻一切我们认为不可见然而会产生可见效果的事物。经济、自然、宇宙、爱情被当作一个个黑箱，我们可以通过它们界面上的可见数据来了解它们。

界面表现为某种**认知测绘**的仪器，尽管并不是詹明信设想的那种认知测绘，也就是对资本主义社会关系总体的审美性直观。[2] 我们得到的是一张地图的地图，是可量化单位兑换关系的地图。在这台我们不知道其工作原理的设备的屏幕上，我们清

---

[1] Jean Baudrillard, *The Ecstasy of Communication*, Los Angeles: Semiotext(e), 2012.
[2] Alberto Toscano and Jeff Kinkle, *Cartographies of the Absolute*, Winchester, UK: Zero Books, 2015.（中文版题为《"绝对"的制图学》）

楚地看到了其他我们不知道的事物的工作原理。正如仪器似乎可以还原为让数据显示出来的代码一样,这台仪器所模拟的其他系统肯定也能还原为让它们的数据显示出来的代码。

但是,这似乎并非一般意义上的计算的属性,而是计算的一种特定历史形态的属性;在这种形态下,作为计算机能做的各种事情的二阶(三阶、四阶……)呈现方式的软件出现了。全喜卿写道:"通过将代码变成逻各斯的商业化和商品化过程,软件作为物——作为可迭代的文本程序——出现了:代码是本源,代码是行动的真实表征,实际上,代码与行动合而为一,代码替代了行动。"(18)

软件崛起的一个副作用就是认为程序员无所不能的幻想。我不认为程序员完全就是理想的新自由主义主体。相反,程序员的形象被吸收进一系列既有的典型形象中,并悄然发生了转变。程序员既可以是管控的形象,也可以是反叛的形象,还可以是许多别的形象。有时,程序员是秩序的形象;有时又是浪漫主义者的形象,是追寻**战利品**的法外之徒。[1]

我认为更有益的做法是,不要太关注所谓的程序员特性,而要问程序员现在的工作是何种类型,还有哪些其他可能性?信息本身的特殊属性——部分程度上,信息也是这种科技色彩浓厚的发展轨迹的产物——让码农成为一种同样特殊的劳动的首要形式。但奇怪的是,劳动在全喜卿的思想中全不见踪影。浪漫的、不走寻常路的黑客码农形象可能确实基本上是一种神

---

1 Alexander R. Galloway and Eugene Thacker, *The Exploit: A Theory of Networks*, Minneapolis: University of Minnesota Press, 2007.

话，但它却能针对能动性提出质疑，这可是顺着福柯的思路通常不会出现的问题。[1]

与加洛韦不同，全喜卿不愿意从技术层面理所当然地将软件视为控制手段，认为软件与它所控制的机器是等同的。她不希望让机器的物质性离开我们的视线。代码并不是一切，尽管代码本身要我们这样相信。"这种夸大源代码力量的做法还主导着对代码的批判性分析，将软件限定为'驱动层'的做法则从概念上将软件建构为一种层次明晰的东西。"(21)

代码变成偶像，哈拉维也有同样的看法。[2]但是，这是一种奇特的偶像，与宗教偶像、商品偶像或性偶像都不完全相同。我们认为其他偶像提供的是假想的控制手段，代码却**真实**地控制事物。我们甚至可以把这句话反过来说。如果说**不**认同代码具有控制力才是某种拜物教的标志呢？这种拜物教认为，个别的客体只有作为一种抽象、不可见却真实的权力关系的护身符才能进入其中。

我认为，一个人可以既维持上述观点，同时又认同全喜卿对于计算发展史上的关键节点、关键文本所作的非常有趣、很有说服力的解读中的许多细节。例如，她认为代码不应该与代码的执行混淆。"源"代码本身是不能运行的，必须要先进行编译。从技术层面看，源代码与机器码不能简单地等同起来。"源代码是事后追认的源头。"(24)

---

[1] Gabriella Coleman, *Coding Freedom*, Princeton, NJ: Princeton University Press, 2012.
[2] McKenzie Wark, *Molecular Red*, London: Verso, 2015, 132ff.

提醒一下：在这一点上，甚至可以比全喜卿更进一步。她认为机器码是源代码的根基，机器架构又是机器码的根基。但是，只有存在"能源"，这一切才能运转；只有先从稀少的原材料中制造出来，这一切才能存在。[1] 在今天，在当代，这一切都从属于将上述材料和工人集合到一起的计算机指令的不同形态。将计算机——其实不只是计算机，还包括整个政治经济体系——还原为指令的看法或许主要不是计算机的拟人化，而是意识到信息已经变成一种非人的东西。

我的观点是：或许，一种欲望，一种想要看到如何通过界面，通过软件——代码在软件里好像是源头，是逻各斯——指挥一台不可见的未知设备的欲望，正是理解新自由主义下政治经济体系的不透明（实际上还有不理性）的方式。但是，或许指令本身并不是那么颐指气使，而是一种姿势，现身只是为了让主体恢复到自身。也许除了自身，指令不会为任何事物"赋能"。信息**既**控制客体，**也**控制主体。

为了阐发这个想法，全喜卿有意义地回顾了计算发展史上的一个时刻——"ENIAC女孩"。早期的计算工作存在性别分工，男性负责提出数学问题，女性则要按照一系列步骤操作机器让问题具象化。"我们不妨说，当指令架构从命令'女孩'变成命令机器的时候，编程就成了编程，软件就成了软件。"（29）

我们可以将战后的软件事业视为劳工斗争的结果，尽管全喜卿并没有这样表述。软件让人们不必再直接用机器语言为每

---

1 Jussi Parikka, *A Geology of Media*, Minneapolis: University of Minnesota Press, 2015.

一个任务编写程序。软件提供了一个码农为机器写指令,或者用户自己为机器写待解算问题的环境。软件是通过一个将机器隐藏起来的界面出现的,但同时提供了更方便人类理解,而且从人类的能力和时间限制方面看更加高效的思考指令或问题的方式。

软件出现后,人们不必再用机器语言写程序了。这让编程变成一项基于数学和逻辑运算,而非操作机器的高阶任务。但是,这也让编程能够成为一种工业化劳动。某些任务可以自动化。机器的常规运行能够与完成具体任务分开。部分程度上,我们甚至可以将其视为一种**去技能化**。[1]

软件与硬件的分离也让软件内的某些编程任务与另一些编程任务的分离成为可能。于是,当编程成为一个产业时,**结构化编程**就成为一种质量管理和劳工规训的手段。结构化编程让劳动分工成为可能,并且让机器运行不再依赖于常规编程任务。从组织机器"工作"的角度看,这样做可能降低了效率;但是,从组织人类劳动的角度看,效率却是提升了。结构化编程让机器参与自身的管理。这是通往**面向对象编程**的一个步骤。在面向对象编程下,劳动分工内部的程序员更加看不到机器以及其他"对象"的内部状况了。

与文德林一样,全喜卿提出是查尔斯·巴贝奇而非马克思预见了认知性工作的工业化和分工化。[2] 巴贝奇和马克思都没有

---

[1] Harry Braverman, *Labor and Monopoly Capital*, New York: Monthly Review Press, 1998.(中文版题为《劳动与垄断资本》)

[2] 另见 Nick Dyer-Witheford, *Cyber-Marx*, Urbana: Illinois University Press, 1999, 2–5。

预见到软件作为一种特殊商品，或者——这是我的补充——一种相当特殊的劳动的产品。她在这里其实还可以多谈一谈私有产权关系发生了怎样的演化，从而让软件能够成为一个由劳动生产出来的物，而不仅仅是一项将自然发生的数学关系应用于机器运行的服务。

全喜卿分析的一个关键点是，源代码如何变成一个将执行从视线中抹除的物。[1] 它隐藏了机器的劳动，后者变成一个类似德里达所说的**幽灵**的东西。它让人类在机器上的行动表现为一种强大的关系。"作为计算自动化的源头和驱动力的指令观念中，内嵌——不断地萦绕着——一种不停重复的叙事，解放与赋能，巫师与（前）奴隶。"（41）

我怀疑这也许是劳动过程的一般属性。汽修工不需要知道制造现代引擎用到的复杂冶金学知识，而只需要知道如何替换坏掉的引擎垫片。更特殊的一点是，这些由储存于某个随机材料表面的信息所组成的具体"对象"也可能成为私有财产的形式，而且它们呈现信息的方式也可以专门用来传递私有财产。还要更特殊的点可能在于代码形式与财产形式的互动关系，而非代码形式本身。

如果我们将这些形式的演化一同视为一系列斗争的产物，那或许就能解释当代电子设备的特殊形态了。全喜卿写道："计算的历史充斥着'计算机解放'的时刻，而这些时刻同时也带来更大的混乱。"（45）这一切都归结于一个问题：谁摆脱了什

---

1 Jacques Derrida, *Specters of Marx*, New York: Routledge, 2006.（中文版题为《马克思的幽灵》）

么？但是，在全喜卿那里，这些事情更多是某个结构的后果，而不是斗争或协商的结果。

用户一步步"摆脱"了必须懂得自己所使用的机器的负担，但也失去了对机器上运行的东西的所有权，接着又失去了对自己在机器上产生的数据的所有权。这里就有一个问题：第一种"解放"——不再需要了解机器——本身是不是必然会导致另一种"解放"，即丧失对我们生产的信息的所有权。毋宁说，它可能是与阶级斗争共同发挥作用的；在阶级斗争的驱动下，以软件为主导的生产方式加上以知识产权为形式的生产关系出现了。

简言之：程序员似乎更强大了，但也离自己的机器更远了；用户似乎更强大了，但也离自己的机器更远了。先是程序员，后是用户，他们操作的不再是实体的机器，而是信息。信息变成物，可能是偶像崇拜意义上的物，也可能是产权形式意义上的物，是一种高于操弄它的人，并与其处于对立关系的现实权力。

但是，我们也不要忘记这个论证中的性别线索。程序员是一个怪行当，因为在一个其他曾经由男性主导的行业都有女性涌入的时代，编程却反其道行之，越来越由男性把持。原因或许是，它起初属于女性办公室工作，通过软件的中介后变成一个祭司等级，成了工程和学术专业。男性主导的部分原因可能在于，程序员这个职业出现得相当晚。有一个广为人知的故事可以拿来做比较：一百多年前，妇科医生将产婆挤出了接生这个行当，并使其男性化和专业化；但是，近年来，女性以专业人士的身份卷土重来，对男性主导的产科发起了挑战。[1]

我的观点是，尽管时代变了，但编程或许与其他专业并没有那么不同，因为它同样基于排除了某些实物和实际操作维度的协议知识，要求排他的掌控。就此而论，它与建筑学有什么不同呢？或许更需要解释的是，软件如何介入并改造了**所有专业**。大多数专业都被重新定义为信息工种。在许多情况下，这一方面会导致去技能化和临时工化，另一方面导致各种工作都围绕某些以信息为基础的高阶职能部门转动。与其说编程是"新自由主义"的范例，不如说新自由主义是一系列迹象的统称，这些迹象来自当前形态下的计算机技术在生产作为控制层的信息的过程中所扮演的角色。

因此，我对下面这种模糊的表述持有异议："软件成为公理。作为第一原理，软件将一种特定的新自由主义因果逻辑固定下来，这种逻辑的基础是掩藏实际的执行和赋予编程特权。"（49）如果并不是软件让新自由主义成为可能，而是新自由主义不过是对以软件为中心的生产方式的一种相对不准确的描述，情形会如何？看不见的机器加入其他看不见的做工者的行列：奴隶、女人、工人。只要他（它）们听话就好，用不着被那么多人看见；只要能看见他（它）们在做该做的事情就好。不可见就是权力的一面。[2] 从软件具有权力，或者说软件就是权力这一点来看，它并不是虚拟的崇拜偶像。

1　Silvia Federici, *Caliban and the Witch*, New York: Autonomedia, 2004.
2　Nicholas Mirzoeff, *The Right to Look*, Durham, NC: Duke University Press, 2011.（中文版题为《看的权利》）

或许，我们可以不用偶像崇拜和意识形态的概念，换一些概念，也就是波格丹诺夫所说的**替换**（substitution）和**简单隐喻**（basic metaphor）。[1] 按照这种思考方式，用来控制劳工的**现实组织形式**被投射到了其他的未知现象上。我们用自己有了解、有经验的组织形式**替换**了我们不了解的形式——生命、宇宙等。于是，这里发挥作用的**简单隐喻**可能就是主流劳工组织形式的隐喻，其因果模型将会变成一整套世界观。

我觉得这简明扼要地说明了代码、软件和信息怎样成了万金油词汇，可以替换到理解大脑、爱情、自然、演化的每一个、任何一个相关问题当中。例如，默顿等人借用**面向对象编程**这个词，剥除掉它的技术和经济发展历程，然后改造成一个隐喻：**面向对象的本体**。在这个客体和主体都可以用信息来控制的世界里，计算创造了一种思考——乃至测绘——权力关系的方式。

全喜卿承认，计算机已经变成了隐喻机。它们从数学意义上的通用图灵机变成了诗意的通用机器。[2] 用全喜卿的话说，计算机是一种**模拟**；或者用加洛韦的话说，它是一种**仿真**。正是在这个意义上，全喜卿认为模拟与数字两者间的关系是模拟性的，而加洛韦认为是数字性的。从机器这边来看，代码是对它所控制的世界的模拟；而在软件这边，我们看到的是对被控制的世界的数字仿真。现在，马克思的货币—商品—货币循环中

---

[1] Wark, *Molecular Red*, 13ff.
[2] Andrew Hodges, *Alan Turing: The Enigma*, Princeton, NJ: Princeton University Press, 2014.（中文版题为《艾伦·图灵传》）

又嵌入了另一个循环：数字—模拟—数字。当前的问题或许就在于：前者是如何并入后者的。

在全喜卿看来，"情报界"所说的通过计算实现"顶视"（topsight）的愿景只是虚妄。由计算生成的认知地图模糊了生成认知地图的手段。但是，这里不是有一种现代主义美学在起作用吗？按照这种美学，要想知道一个表象的真相，就要揭示它是用什么材料制造的。对于她对计算领域文献的解读，我有一点不同的看法。代码的真相在于代码凭借机器、在机器之中、作为机器执行任务，我认为问题不在于此。果真如此的话，为什么要止步于此？为什么不进一步探究机器与机器制造的关联？我也不能完全确定软件就是新自由主义（事后追认的）逻辑的密码。我们或许也可以将其解读为斗争的表现，斗争的焦点是信息能够成为何种权力。

于是，我们要回溯一下界面的历史。全喜卿从有史以来最庞大的计算机系统，富有传奇色彩的 SAGE 防空网络讲起。该系统使用了 60000 个真空管，运行功率达 3 兆瓦。SAGE 于 1963 年竣工时便已过时；不过，它后来衍生出了 SABRE 航班预订系统。SAGE 的部分硬件被拆下来，用于需要一闪一闪的计算机的电影布景中——比如《逃离地下天堂》。

SAGE 是实时计算和界面设计思想——让机器像用户操作一样"直接"进行操纵——的起点。它也是布伦达·劳雷尔后来提出的**作为舞台的计算机**思想的一个例子。与舞台类似，计算机提供了一个保罗·爱德华兹所说的交互的**封闭世界**，我们必须将怀疑悬置，然后融入一个可预测的世界里的种种快感体验。[1]

界面提供的选项让变化成为常规，并影响了关于"什么是可能的"的概念。我们知道"文件夹"和"桌面"不是真的，但我们还是把它们当成真的东西在用。提醒你一下，纸质文件已经是一种隐喻。从呈现世界的角度看，实体文件夹并不比数字"文件夹"更好或更坏，尽管两者是大不相同的呈现方式。

全喜卿写道："软件和意识形态配合无间，因为它们都试图测绘无形之物的有形后果，并通过看得见的线索提出关于无形起因的假定。"（71）这或许是对后现代状况下的方向迷失的一种回应。加洛韦会说，软件是对意识形态的仿真。在我看来，要点在于软件成为一个简单隐喻，一个方便的模型，其来源是替换未知过程的当代主要劳动流程。现在，我们每时每刻都不得不进行认知测绘，而且形式上很受局限——对象是关于成本与收益、风险与回报的数据——无法从总体上把握商品化的社会关系。

全喜卿书中最大胆的一个敏锐直觉或许是：计算是当代思想中一个总体倾向（也就是一种**认识论**）的一部分，按照这种倾向，不可捉摸的当下现象可以被理解为一个不可见的过程的可见产物。在某种意义上，这个过程是被加密的，它需要一个资料库，或者说"过去"来运行，同时又需要一个让未来发展从过往信息中浮现的过程。

JCR·利克莱德、道格拉斯·恩格尔巴特等战后计算领域人

---

[1] Paul Edwards, *The Closed World*, Cambridge MA: MIT Press, 1997; Brenda Laurel, *Computers as Theater*, Upper Saddle River NJ: Addison Wesley, 2013（中文版题为《人机交互与戏剧表演》）.

士追求的机器有如下特征：彼此连通，实时运行，具有既能让用户在复杂问题中"导航"，又能够一步步学会，逐步"驾驭"的界面。全喜卿写道："恩格尔巴特的系统强调，个人赋能——个体看的能力、导航的能力、进行创造性毁灭的能力——这一重要的新自由主义特质是社会进步的关键。"（83）我认为，现在用"新自由主义"概括的各种现象倒不如理解成"恩格尔巴特主义"。他曾为"智力工作者"提出了著名的交互式计算"演示"（demo），现在看来，这个演示应当被视为1968年留下的真正重要的文化遗产。[1]

全喜卿写道：

> 软件是文化的简略表达，硬件是自然的简略表达，这已经是常识了……在我们所谓的后意识形态社会中，软件延续着意识形态和意识形态批判这两个概念，并使其去政治化。人们可能会否认意识形态，但不会否认软件——而且在隐喻的层面上，人们赋予软件的权力比当年赋予意识形态的还要大。我们与软件的交互规训了我们，产生了对因果的特定预期，为我们提供了愉悦和力量——一种探索新自由主义的世界的途径——而我们相信这种愉悦和力量可以转换到其他领域。它还培植了我们的信念，让我们相信世界就是新自由主义的，是一场遵循某些规则的经济游戏。（92）

---

[1] Douglas Engelbart, "The Mother of All Demos," 1968（中文版题为《所有演示之母》），该文很容易在网上找到。

但是，软件果真"去政治化"了吗？或者说，它真的改变了政治的实然和可能性吗？

数字媒体同时设计着过去和未来的程序。资料库是私有财产的公共记录，这是它首要的，也是终极的属性。情境主义者之所以要搞异轨，不把资料库当成财产，而当成**公共资源**，原因就在这里。政治权力需要掌控资料，要是能掌控记忆就更好了——谷歌一定已经明白这一点。[1] 全喜卿写道：

> 这种新媒体永远都在那里，于是，它与一般将来时意义上的未来建立起了联系。它将过去存储起来，人们便认为它会让知晓未来更简单。未来成了技术，因为技术能让我们窥见趋势并做出预测——让我们根据存储起来的、将时空压缩的程序和数据干预未来。(97)

波格丹诺夫会说，这就是当代的**根本性隐喻**："再说一遍，软件成为公理。作为第一原理，软件将一种特定的因果逻辑固定下来，一种将执行过程抹除，将编程降格为写代码的因果性快感。"(101) 心智、基因、文化、经济乃至隐喻本身都可以理解为软件。软件从秩序中产生了秩序，但它本身也是一种更广博的认识论的一部分：

> 软件的驱动力——追求一种将立法和执法合而为一

---

[1] Siva Vaidhyanathan, *The Googlization of Everything*, Berkeley: University of California Press, 2011.（中文版标题为《谷歌化的反思》）

的独立程序——并不单纯生发于计算领域内部。相反，作为逻各斯的代码早在别处就存在，而且是从别处扩散到软件领域的——它是生命政治可编程性（biopolitical programmability）更广大的认知域的一部分。（103）

实际上，福柯自己的思想可能也是如此。

全喜卿有一个特别有意思的阐发：计算和现代生物学都源于上述认识论。生物学并不是在计算的影响下，才对作为代码的基因产生了兴趣。相反，计算和遗传学都是从同样的概念空间中发展出来的。实际上，早期控制论里并没有软件的概念。诺伯特·维纳与克劳德·香农都不谈软件。[1] 在两人的著作中，信息被当成**信号**来处理。前者认为信号是**反馈**，后者认为信号必须打败**噪声**。那么，控制论和生物学后来是怎样产生信息是代码、是控制的想法的呢？这两个学科都属于同一个治理术层面的冲动，想要将可见事物理解为受到某种不可见的、从过去推导出当下、协调人口与个人之间关系的程序的操纵。

对全喜卿来说，埃尔温·薛定谔的《生命是什么》（1944）是一个关键文本，其中假定基因是某种"晶体"。[2] 在他看来，生物细胞是在军队或工厂式的治理下运转，每一个细胞都遵循同样的一种或多种内化秩序。这就与香农和维纳的信息概念不

---

[1] Norbert Wiener, *Cybernetics*, Cambridge MA: MIT Press, 1965（中文版题为《控制论》）; Claude Shannon and Warren Weaver, *The Mathematical Theory of Communication*, Bloomington IL, University of Illinois Press, 1971.

[2] Erwin Schrödinger, *What Is Life?*, Cambridge: Cambridge University Press, 2012.（中文版题为《生命是什么》）

谋而合，前者认为信息是负熵（衡量无序程度），后者认为信息是正熵（衡量有序程度）。薛定谔的文本让一种非**活力论**的生命观成为可能——不需要一种特殊的生命精神，而能够从蛋白质的层面解释生命组织；在当时，李约瑟等生物化学家已经有能力解释这种复杂度的物质。但是，这样做的代价就是生物体本身被替代为"晶体"，或者说"形式"。

运用福柯的早期思想，全喜卿认为薛定谔的文本中体现了一种知识论的某些关键元素。福柯感兴趣的是断裂。因此，他采用的喻体是"考古学"，让我们想到断裂的地层。福柯从来没有讲清楚，导致这些断层之间的边界形成的"突变"是怎么一回事。按照"考古学"这个根本性隐喻，这位知识哲学家的作品好像是一种超然的"田野工作"，调查对象是由档案组成的"地层"。

全喜卿写道："考古活动的目标是测绘可见、可言说之物。"（113）我们必须要问：有没有这样一种可能，福柯的作品主要是一种特定知识模式的范例，而不是对它的批判。福柯说，马克思是一位畅游于19世纪的思想家，就像鱼儿在水中游动一样。[1] 现在，我们或许可以说，福柯是一位畅行于20世纪的思想家，就像鱼雷在水中航行一样。计算机、遗传学、福柯知识考古学的主题都是不连续的、离散的知识。

尽管如此，他也有他的用处。全喜卿利用福柯的著作来表明，遗传学和优生学是计算的概念框架的前身。优生学是一项假托以遗传学为基础，以改善人类物种"种畜"为宗旨的政治

---

1 Foucault, *Order of Things*, New York: Vintage, 1973, 261-2.（中文版题为《词与物》）

计划。但事实证明给人类编程是很难的,或许正因此,努力的方向转到了计算上面。

现代遗传学公认的"起源"是孟德尔实验的重见天日。[1]在某种意义上,孟德尔遗传学是"数字性"的。他研究的性状都是两两一对。豌豆的性状(表现型)是由代码(基因型)控制的。由于隐性基因的概念,选择性优育在现实中难度很大。但是,这是一种"狭义"遗传理论,只有先天因素,不讲后天因素。因此,在关于生命权力应采取何种形式的论战中,它可以被用来支持优生学一方,反对福利政策。

有意思的是,全喜卿认为,将孟德尔遗传学运用(或者说误用)为优生学理论的做法是控制论的先驱。"优生学的基础是一种根本性的信念,相信人的身体的可知性,也就是能够'读取'人体的基因并对人性进行相应的编程……与控制论一样,优生学是'治理'或者引领自然的一种手段。"(122)早在计算技术或现代生物学之前很久,信息是源代码的观念就在遗传学中发挥作用了。因此,通过操控代码和被代码操控来培育生命、发挥能动性、进行沟通以及提高可以自由行动的人力资本的质量的观念可谓由来已久。有人可能会问:这种观念会不会不符合当时劳工组织的某些发展趋势?将机械信息系统与生物信息系统两者联系起来的是这样一种想法:源代码可以根据某种信息档案计算出系统将来的状态。但是,记忆逐渐被等同于存储。

---

[1] 相关资料很多,此处仅举一例:JBS Haldane, *The Causes of Evolution*, Princeton NJ: Princeton University Press, 1990。该书是人口遗传学的奠基性文本之一,对遗传学的引申内涵颇有先见之明。

这种既包含遗忘又包含记起的积极过程变成了大规模的、无止尽的数据存储。

我对全喜卿有两点异议。第一点与**信息**的本体论状态有关，第二点与它的政治-经济地位有关。全喜卿将信息降格为执行信息功能的机器，然后又将机器置于一个只见治理术，不见政治经济体系的历史框架中。全喜卿写道："穿行于计算机之间的信息并不是1和0；二进制数位与逻辑的底下是一个由信号和干扰所组成的混乱而嘈杂的世界。信息——如果它存在的话——总是要具体地体现在机器或动物身上。"(139)没错，信息并没有独立的、先在的存在。在这个意义上，全喜卿、加洛韦和我都不是柏拉图主义者。但是，我不认为信息可以降格为承载它的物理受质。

信息这个词不好把握。它既有秩序、负熵、形式的意思，又有类似于信号或通信的意思。这两方面有关联，但并不等同。按照我对技术-思想史的重构，重点会落在信息的双重生产上：从机器被设计成能够由信息操纵这一点来看，信息既是概念，又是事实；但是，在机器中，信息被用作信号，作为信号的信息又变成生成秩序和形式的手段。

接下来，我们可以思考信息是如何作为一种实在被历史地生产出来的，而在技术发展史上的前一个阶段，能量也曾作为一种实在被生产出来，两者的生产方式大体相同。在两个阶段，人们都发现了自然史的某些特征，并将其复现于技术史中。或者说是回溯地看会成为自然史的那些特征。在我们看来，信息过去一直存在；正如在维多利亚时代的人看来，能量一直存在

（但是，信息是不存在的）。以由劳工调配的、**介入的**（inhuman）技术领域为中介，**非人**（nonhuman）进入了人的历史。

因此，我不认同把信息看成是在"云端"自由飘荡，让它变成一种新的宗教意义上的本质，或者说给定的东西。[1] 但是，要说一个信息与物质性可以建立任意、可逆关系的世界已经产生，这也包含着一定的历史真实。尤其重要的是，信息与其受质的关系是一种控制关系，这是史无前例的。信息控制着物质性的其他方面，也控制着能量。在物质性的三个方面——物质、能量、信息——当中，信息如今表现为控制着其他两者的形式。

讲到这里，我觉得应该停下脚步，除了将信息理解成治理术以外，还要从商品的角度理解。全喜卿写道：

> 如果说商品——按照马克思的著名论断——是"可感觉而又超感觉的物"（a sensible supersensible thing）——那么信息似乎就与商品互相补充：超感觉而又可感觉的物……这就是说，如果信息是一种商品，那也不是单纯因为历史状况或结构性变化，还因为商品——与信息一样——同样依赖于一种幽灵般的抽象。（135）

当我们回溯自然史是如何进入社会史的时候，或许我们需要从信息的角度重读马克思。文德林评点道，马克思深通热力学；但是，当时还没有我们现在理解的信息。

---

1 Tung-Hui Hu, *A Prehistory of the Cloud*, Cambridge, MA: MIT Press, 2006.

信息在何种意义上是商品那缺失的"互补品"？马克思那里只有一种信息（的雏形），就是**一般等价物**——货币。一件东西——比如说"大衣"——的物质性（使用价值）由于它的信息量（交换价值）而加倍，然后通过一般等价物，或者说作为量的信息进行交换。但是，请注意这里有一个缺失的步骤。在一个人用作为物的"大衣"换取货币之前，他首先需要作为信息的"大衣"。在市场中，与一般等价物相遇的不是物，而是另一种信息——不妨称之为**一般不等价物**——一种普遍的、共有的、公认的、关于物的**性质**的信息。[1]

将上面这些概要放在一起，我们接下来就可以考察：在一个不仅交换价值压倒了使用价值，而且使用价值进一步退到一般非等价物，即关于使用价值的信息，身后的政治经济体系（或者说后政治经济体系）崛起的过程中，计算扮演了怎样的角色？在这样的世界里，拜物教是将身体误认为信息，而非相反，因为信息在这里控制着身体。

于是，我们希望认为身体是重要的，生命是重要的，事物是重要的——其实，这些只不过是信息积累的过程和作为积累的信息的道具。对于一个不仅"放任"身体去积累财产，更让信息与身体"脱离"，而且让信息本身成为财产的世界，"新"自由主义这个说法似乎太过时了。或许，当代的身体正被不止一种代码塑造。或许，用福柯和德里达来解释计算已经不合时宜，更恰当的做法是将他们视为计算时代的副产品。[2]

1　McKenzie Wark, "Capture All," *Avery Review*, 2015, at averyreview.com.
2　Lydia Liu, *The Freudian Robot*, Chicago: University of Chicago Press, 2011.

第 17 章

亚历山大·加洛韦：
界质

界面的要义在于：当它顺畅运行的时候，你几乎不会注意到它。其实它与意识形态颇为相像；或许在某种特殊的意义上，它就是意识形态。也许这正是亚历山大·加洛韦《界面效应》一书的出发点之一。加洛韦复兴了詹明信的**认知测绘**概念并做了一些调整。简要来说，认知测绘就是抛开具体的社会关系，来追踪我们这个商品化世界的社会关系的**总体**如何呈现于特定文学、艺术或媒体作品的一种方法。[1]

就拿电视剧《24 小时》来说，它在什么意义上可以说带有"政治性"呢？当然，它表现出了一些"共和党红州"的政治倾向。在"国家安全"的名义下，剧中角色杰克·鲍尔犯下了包括虐待罪在内的各种罪行。但是，也许还不止这么简单。加洛

---

[1] Alexander R. Galloway, *The Interface Effect*, Polity, Cambridge: 2012; Alberto Toscano and Jeff Kinkle, *Cartographies of the Absolute*, Winchester, UK: Zero Books, 2015（中文版题为《"绝对"的制图学》）.

韦关注叙事和剪辑的某些形式上的特点，这可能有利于我们从其他方面来审视《24小时》中的"政治"。

有意思的是，《24小时》是一部关乎总体（totality）的剧，方式上却相当反动。剧中角色与一个比私人小算盘大得多的东西连在一起，而那个东西是国家安全，它是至高的道德律令，可以将任何行动正当化。当然，这基本上就是右翼保守派和中间自由派先后安在共产党人和后现代主义者身上的罪名："道德相对主义"。

主角杰克·鲍尔是一名黑客，技术协议和制度规则都能绕过。整部剧都围绕被用作武器的信息论。审讯是为了提取信息。"身体是数据库，酷刑是查找算法。"（112）时间总是很紧迫，因此走捷径和黑客手段总是正当的。剧中常用"分屏"的剪辑手法，就是将屏幕分成几个独立的部分，呈现多个同时发生的不同事件，突破了表现相继关系的传统蒙太奇逻辑。

这部剧的叙事节奏紧张而紧密。不同地点的角色连为一体，他们的行动都顶着同一个滴答不停的时钟。角色们没有内心世界，也没有集体生活。就像后福特时代的完美工人一样，他们（几乎）全天候在岗，而且总是在监视下工作。这里没有家庭空间。除了工作，他们一无所有。而且，他们唯一的精神成就来源就是极高的工作归属感，贝拉迪和麦克罗比也表明过这一点。"现在，活着和干活基本上成了同义词。"（109）

但是，加洛韦往后退了一步，从更广泛的形式层面来审视这部剧，并探讨形式与内容的关系。《24小时》每一季有24集，每集1小时，本意是讲述连续的24个小时内发生的故事——但其实片子的总时长只有 16.8 小时。剧里刻意没有提观众大约有 30% 的时间花在看广告上。看电视就是"工作"。现在，我们还可以加一句：我们今天在各种屏幕上进行着大量更加细致的非劳动（nonlabor），而看电视正是这种状况的先驱。[1]

加洛韦写道："《24 小时》是政治性的，因为它形式上的手法包含了控制社会的本质语法，一种由特殊的信息诸逻辑所主导的语法。"（119）有人可能会补充，这部剧的观剧方式很可能也是特殊的：电视剧在大屏幕上放着，而观众同时还要查看短信，在笔记本电脑上刷 Facebook。它必须要与所有其他界面竞争。"现在，'文化产业'获得了一个全新的意义，因为在软件里面，'文化'和'产业'的范围是一样的。"（59）

那么，界面是如何成为这样一个场所：我们能发现其中有更宏大的历史和政治力量在发挥作用，将个体经验和感性接合到那个更宏大的世界里？一方是如何转化为另一方，就好像形成某种平行世界的关系，二者都既看不见外面的世界，又与其若合符契？文化与历史是怎样的辩证关系？二者之间或可称为**寓言**（allegory）的东西是什么？[2] 在加洛韦看来，当代的寓言采取了界面的特定形式，甚至可以更具体一点说，是**界质**（intra-face），大概可以描述为界面内部的中心和边缘之间的关系。

文化是表现形式的历史，因为作为整体的社会生活是不能

---

[1] Dallas Smythe, *Counterclockwise: Perspectives on Communication*, Boulder, CO: Westview, 1994; Sut Jhally, *The Codes of Advertising*, New York: Routledge, 1990.（中文版题为《广告符码》）

[2] Fredric Jameson, *The Political Unconscious*, Ithaca, NY: Cornell University Press, 1982, 17–29.（中文版题为《政治无意识》）

直接表达的（社会-自然的新陈代谢生活不在此列）。文化不是对社会生活本身的表现，而是对社会生活表现的**不可能性**的表现。因此，我们或许可以将同样多的注意力投入文化作品实例的盲点上——比如《24小时》里那不见的30%时间，即广告时间。

进一步看，运行于历史当中的总体生产方式与一个文化作品的形式发挥其作用的特定方式之间，是否存在某种同源性呢？这或许就是詹明信在关于"后现代"的名篇中所提出的看法。[1] 但是，当代不是任何"后"什么：当代就是当代本身。如果现在是控制社会——这个词是加洛韦从德勒兹那里借来的——的话，那么界面可能就是一种**控制寓言**。[2]

我记得有一段时间，我们尚且把这一切都叫作**新媒体**。[3] 现在来看，这个词荒谬极了，特别是对那些自记事以来基本就生活在互联网时代，而且越来越生活在万维网（web）和手机时代的学生们来说。我还记得有一段时间，"新媒体"的潜力似乎相当开放——在某些方面也确实如此。那一过去现在常常被解读为一种目的论发展，即新媒体的结局注定是在一个控制和监控的社会里被巨头企业垄断，而那些巨头企业从非劳动中获取利益。然而，这是一段有选择的记忆。曾经有先锋人士试图造

---

[1] Fredric Jameson, *Postmodernism, or, The Cultural Logic of Late Capitalism*, London: Verso, 1991.（中文版题为《晚期资本主义的文化逻辑》）

[2] Gilles Deleuze, "Postscript on Control Societies," in *Negotiations, 1972–1990*, New York: Columbia University Press, 1997.（中文版题为《哲学与权力的谈判》"附文：关于控制的社会"）

[3] Wendy Hui Kyong Chun et al. (eds.), *New Media, Old Media: A History and Theory Reader*, 2nd Edition, New York: Routledge, 2015.

成不一样的形势，结果失败了。他们——或者说我们——失败了，这并不是我们接受硅谷官方的历史意识形态的理由。

我提到这一点的原因是，加洛韦《界面效应》一书的开篇就回忆了当年列表服务器网站 nettime.org 和 rhizome.org 中的先锋人士——但他完全没有讲自己在其中扮演的角色。他与激进软件联盟（Radical Software Group）和 rhizome.org 合作的经历不是故事的一部分。在这里，那个世界只是这样一个场所，它接受了第一次尝试描述它的先驱者——列夫·马诺维奇的《新媒体的语言》。[1]

马诺维奇进入这个话题的身份与众不同，既不是硅谷加州意识形态的技术鼓吹者，也不是西欧的政治-媒体先锋人士。他自己的相关陈述——加洛韦在书中引用了这段话——颇有先见之明："作为后共产时代的主体，我不禁要将互联网看作斯大林时代的集体公寓：没有隐私，每个人都在监视每个人，总是要出现在公共区域排队上厕所或者用厨房。"[2] 斯诺登表明我们早已处于这样的境地，如今他却不得不向普京治下的后苏联时代的俄罗斯寻求避难，这又何其讽刺。

按照加洛韦的解读，马诺维奇是一名现代主义者，注意力放在"新媒体"的形式原则上。他总共找到了五条原则：数表示法、模块性、自动化、变化性、转码。重点从线性序列转向了线性序列从中抽取信息的数据库，或者说从组合转向了聚合。

---

[1] Lev Manovich, *The Language of New Media*, Cambridge, MA: MIT Press, 2000. （中文版题为《新媒体的语言》）

[2] Lev Manovich, "On Totalitarian Interactivity," *Telepolis*, April 3, 1996.

自这部开创性作品问世以来，媒体的形式属性就经常被视为掩盖政治经济本质，即新自由主义的一张面具。但是，新媒体的形式并没有改变人们对那个本质的理解，也没有人关注表象与本质之间的关系，本质仍然被视为给定的形而上存在。

加洛韦独特而微妙的论点是，数字媒体主要不是一种新的存在（ontology），而是对一种新存在的仿真。Ontology 这个词在这里不太好把握，也许单纯将其理解为"存在的东西"就好。电影一类的媒体与存在的东西，或者说曾经存在的东西，有某种物质联系。电影原型事件是电影中线索式的东西，或者反过来讲，电影是某个过去事件的索引标记。电影之所以是现实的一种符号，在于事件的排序，而不在于相像，就像烟是火的索引性符号一样。

加洛韦写道："如今，所有的媒体都是提喻（将部分放大为整体），而不是索引（从此处指向彼处）。"（9）加洛韦在此处没有援引本雅明，但我们会想到本雅明的电影观。本雅明认为，电影是从感知的尺度和节奏对索引性符号进行的一种组织，这种符号可以超越人类本身，指向一个更大的世界。就连忍受它都需要某种受虐的态度，而且不完全是劳拉·穆尔维所理解的作为观影模式之一的受虐型。每一个观影者都要将自己的感知力交托给一台大机器。[1]

通过二元对立的语言，数字媒体将通常微妙而连续的变化过程进行了边缘锐化，让我们能更好地感知到这些变化；从这

1　Laura Mulvey, *Visual and Other Pleasures*, London: Palgrave, 2009.

一点来看，不妨说数字媒体是施虐性的，而不是受虐性的。"世界不再向我们显示它的存在了。我们在向世界显示我们的存在，于是，世界显现于我们自身的映像之中。"(13) 这种媒体无关世界的索引，而是关于用户档案。

但是，加洛韦不想沿着这条思路深入。他要做的不是媒体（media）理论，而是**媒介关系**（mediation）理论；也就是说，他的理论不是关于一类新的客体，而是关于一类新的关系：中介、寓言、界面。他不是从技术媒体中来，到技术媒体中去，而是要探究技术媒体的行为：储存、传输、处理。他从哈拉维等人那里吸取了反本质主义思想，小心地不去寻找主体或客体的本质。

计算机不是一种本体论，但也不是一种更广义的形而上学，即不仅是"是什么"，也包括"为什么是这样"和"如何是这样"。最有意思的是，加洛韦提出计算机其实是对一种形而上安排的**仿真**，而不是一种形而上安排："计算机调整的不是其他物理媒介，而是调整形而上学本身。"(20)

加洛韦在此处给出的例子很简略，而我要尽可能把它充实一些。他举的例子是**面向对象编程**。

> 面向对象系统所采用的形而上学-柏拉图主义的逻辑令人惊叹不已，特别是类（理型）定义对象（作为理型实例的物）的方式：类是程序员定义出来的模板，（通常）是静态的，用抽象的语言陈述对象如何定义数据类型和处理数据；对象是类的实例，按照类的形象被创造出来，只存

在一段有限的时间，并最终会被销毁。一边是理念，一边是实体。一边是本质，一边是实例。一边是本体，一边是存在者。(21)

我们可以对此多谈一点，谈谈面向对象编程或者它的任何一个种类的（信息科学意义上的）"本体"其实就是哲学意义上的本体，或者某种类似的东西。面向对象编程是一种以包含数据和流程的对象为基础的编程范式，大多以类为基础，其中对象是类的实例。类定义了对象的数据格式和流程。类可以按照层级来安排，子类会继承"母类"的属性。而对象之间的互动关系或多或少是黑箱。

在某些版本的面向对象编程中，这些黑箱不仅可以隐藏代码，还能给代码加密。由此带来的一个影响就是，代码的模块化程度更高了，使得码农之间可以进行劳动分工。从防患的角度看，这意味着大项目底下的半瓶子醋程序员不会对自己负责部分以外的代码造成太大损害。此外，面向对象编程还可以掩盖分工情况及其历史。这种软件架构带来一种社会现实：代码既可以在加州写，也可以在班加罗尔写。

Java是一种业界流行的面向对象语言，不过，其他同类编程语言也有很多。它们鼓励重复使用代码功能块，但也带来了不必要的复杂性的沉重负担，而且往往缺乏透明性。这种"本体论"将世界看成一个个物的集合，这些物作用于彼此，但共通之处只有输入和输出而已。至于这一切是怎么发生的，则受到更高层次的控制。用加洛韦的话说，这就是它的"形而上学-

柏拉图主义的逻辑",尽管我觉得更像是莱布尼茨。

软件架构——软件在信息科学意义上的"本体论"——让一种更广泛的社会现实成为可能。但是,方式可能与旧媒体有所不同。电影是定义 20 世纪的媒体,当代类似于游戏的界面则是另外的东西。[1] 界面本身看起来还是屏幕的样子,因此有人可能会想象它的工作原理和过去一样。加洛韦写道:"它并不促成或指涉某种存在物的安排,它重新调整的是存在物本身的条件。"(21)计算机用逻辑关系仿真了本体意义上的平面。"计算机示例的是行为,而不是存在;是结果,而不是对象。"(22)

或许,计算机伦理(**应然**)的成分要大于本体(**实然**)。

> 这种机器是一种伦理,因为它的前提是这样一种观念:对象从属于定义以及根据一套行动准则进行的操作。眼下的问题不是逐步了解世界,而是特定的、抽象的定义如何被执行从而形成世界。(23)

(我倾向于将其视为另一种索引,就像形式逻辑可以用来管理电导率那样。)

"计算机不是对象,也不是对象的创造者,而是协调两种状态的过程或者说活动阈值。"(23)或者说,不止两种状态——层级可以有很多。"如今,景观社会的反射光学变成控制社会的折射光学。"(25)换一种说法:我们拥有的不再是平面镜,

---

1 McKenzie Wark, *Gamer Theory*, Cambridge, MA: Harvard University Press, 2007.

而是透镜。尽管世界发生了根本性的重组，但加洛韦依然坚持马克思和弗洛伊德，以及二人各自的**纵深解释模型**具有持久的价值，这些模型都试图发现某个东西如何能够表现为自身的对立物。[1]

加洛韦从纵深模型中另辟蹊径，用中心和边缘的语言来思考界面问题，认为"位于边缘的艺术总要指向媒体自身"（33）。加洛韦将这种中心-边缘关系叫作**界质**。这是中心与边缘之间的一片游移地带，有点像罗兰·巴特所说的**意趣**（studium）和**刺点**（punctum）。[2] 实现界质内部一致需要对边缘问题进行神经质式的压抑。另一方面，如果将边缘的真实存在向界质示意，作品本身就会失去融贯，变得精神分裂，这就是莫里斯·布朗肖所说的"不可为之物"。[3]

在电影领域，神经质式的融贯界质和精神分裂式的不融贯界质的宗师分别是希区柯克和戈达尔。选项似乎有两种，要么是融贯的美学，相信界面但不用于实践（希区柯克），要么是不融贯的美学，将界面用于实践但不相信它（戈达尔）。但是，加洛韦警惕一种假定，即认为只有第二种界质是"政治性"的。多人电脑游戏《魔兽世界》是一个不亚于戈达尔电影的不融贯界质。"在它的根子里，这款游戏不仅仅是一片有巨龙，有神奇

---

[1] 不过，加洛韦在 Alexander R. Galloway, Eugene Thacker and McKenzie Wark, *Excommunication: Three Inquiries in Media and Mediation*, Chicago: University of Chicago Press, 2013 一书中对纵深解释模型表示出了相当的怀疑。

[2] Roland Barthes, *Camera Lucida: Reflections on Photography*, New York: Hill & Wang, 2010.（中文版题为《明室：摄影札记》）

[3] Maurice Blanchot, *The Space of Literature*, Lincoln NE: University of Nebraska Press, 1989, 13.（中文版题为《文学空间》）

武器的奇幻大陆,还是一个车间,一个信息时代的血汗工厂,每一个细节都为协作性的、娱乐性的劳动量身定做。"(44)

加洛韦为融贯/不融贯**美学**配上了另一对概念:融贯/不融贯**政治**,于是形成一个四宫格。[1] 如今,"融贯美学+融贯政治"大概已经很罕见了。加洛韦没有提建筑学,但柯布西耶会是一个很好的例子。在柯布西耶那里,一种全新的、明晰的几何美学被认为是现代统治阶级的代表性形式。[2]

"不融贯美学+融贯政治"颇为活跃,有贝托尔特·布莱希特、阿兰·巴迪欧、让-吕克·戈达尔和朋克乐队Fugazi。他们以各自截然不同的方式将一种自我显现或自我湮灭的美学与一种坚定的政治抱负结合起来,不管是共产主义的抱负,还是"直刃"(straight edge)硬核的抱负。《魔兽世界》这个界面或许也属于这一格,精分式的游戏画面与某种秩序在其中关联交互,这种秩序里的政治问题我之后会谈到。[3]

然后是"融贯美学+不融贯政治"。在加洛韦看来,这意味着为艺术而艺术,或者让美学优先于政治,包括电影风格大不相同的比利·怀尔德和阿尔弗雷德·希区柯克,也包括吉尔·德勒兹的美学,我觉得奥斯卡·王尔德也算,还有一切只以"才华"自我标榜的人。

---

1 参见 A. J. Greimas, *On Meaning: Selected Writings in Semiotic Theory*, Minneapolis: University of Minnesota Press, 1987(中文版题为《论意义:符号学论文集》)。
2 关于柯布西耶,参见 McKenzie Wark, *The Beach Beneath the Street*, London: Verso, 2015, 19-31。
3 关于《魔兽世界》,参见 Mikko Vesa, *There Be Dragons!*, Helsinki: Edita Prima, 2013。

最有意思的组合是不融贯美学加上不融贯政治。这是一个"肮脏"国度，有反人性，有虚无主义，有"否定之否定"。加洛韦还会说，这里是真理的界面。尼采、乔治·巴塔耶在这里游荡；我还要把情境主义者和提出**力比多经济**的让－弗朗索瓦·利奥塔也加进去。在书的结尾处，加洛韦把自己的思路放到了这个格子里。不过，我还要指出略微令人困扰的一点：尼克·兰德及其追随者的策略也在此列[1]，还有——这一点更有意思——普雷西亚多的《睾酮瘾君子》。

因此，简言之，美学－政治界面共有四种模式。第一种是**意识形态**的，艺术和正义并肩而立（主流模式）。第二种是**伦理**的，为了正义必须消灭艺术（有特殊地位的模式）。第三种是**诗学**的，为了艺术必须驱逐政治（得到容忍的模式）。第四种是**虚无主义**的，要求打烂一切现有的艺术和正义模式。在加洛韦看来，这是一种被驱逐的模式——除非我们秉承尼克·兰德的精神，将其视为资本主义去地域化模式本身，在这里其实就是主流的新意识形态模式。它的化身大概就是约瑟夫·熊彼特。[2]

加洛韦认为，我们可以将当代描绘为从意识形态模式向伦理模式的转变，以及（用迪恩的话说）广义的"意识形态效力的衰落"（51）。而我怀疑实际情况可能是从意识形态模式向虚无主义模式转变，只是这场转变不能自己公然表明，这就导致在意识形态效力不断衰退的情况下，人们依旧加倍努力地生产

---

1 Nick Land, *Fanged Noumena: Collected Writings 1987–2007*, Falmouth: Urbanomic, 2011.
2 Joseph Schumpeter, *Capitalism, Socialism and Democracy*, New York: Harper Perennial, 2008.（中文版题为《资本主义、社会主义与民主》）

有一线希望的意识形态模式。(这就能解释为什么尼克·兰德私底下在博客哲学圈子里那么火：他的思想是一种性感而令人愉悦的伤口和症状。)

不管是哪种情况，造成这种结果的机制——机械装置意义上的机制——或许正是计算对界面本身的改造，它与意识形态状况形成一种仿真关系，其中软件成了意识形态本身的模板。计算机界面是一种不融贯的美学，要么服务于一种融贯的政治（这是加洛韦的解读），要么**表面**上想要为融贯的政治服务，其实服务于一种它不能言明的不融贯政治（这是我的解读）。

加洛韦对界质的关注很有意义：界质是美学形式问题与形式问题所属的政治历史整体之间的表面。他认为，在当下，界面的美学–政治状态是在第二、三种模式之间摆动，而我认为是在第一、四种之间摆动，由此引申出的一点就是，戈达尔和希区柯克们、巴迪欧和德勒兹们过去在政治和美学之间做出的妥协都贬值了。在我看来，意识形态和虚无主义两者之间现在有一条短路，**不接受任何妥协的结构。**

在加洛韦看来，界面是一种寓言式装置。这一看法与全喜卿"软件是意识形态的功能模拟"的观点有关联，但不完全相同。当然，两人都关注了同一个焦点，不同之处在于，他不认可全喜卿和基特勒将软件还原为硬件的观点。基特勒的观点属于一个完整的概念场，而这个概念场本身可能就是界面效应的产物。他认为数据和计算机是分开的。数据被认为是非物质的观念，而计算机是机器，来自一个名为"科技"的现实世界。前者表现为某种唯心主义残余，可以通过"物质是大牌，非物质是小牌，大牌管小牌"的手段还原为后者。

对于某些唯心主义者来说，这或许是对的。以拉扎拉托为例，他认为"非物质"或者说"算法"自身就拥有神秘的力量，与物理的逻辑门和存储核无关，更不用说计算机运算所需要的能源了。但是，加洛韦的思路也存在一种风险：将数据和信息当成实在性、"物质性"不如物质和能量的东西。于是，像通常发生的那样，纯哲学意义上的"唯物主义"复制了它想要反对的唯心主义。

我认为，加洛韦希望赋予信息更多的"物质性"，尽管他在书中没有直接探讨这个话题。不过，他的理论不是媒体理论，而是**媒介关系**理论，换言之，是行动、过程和事件的理论。[1] 加洛韦没怎么谈劳动，不过，如果我们将只有人类才能劳动的假定去掉，那劳动在这里就是一个有用的词汇。媒介关系理论也可以是信息劳动理论。于是，界面就是劳动的场所，个别的、具体的行动与社会性的、抽象的整体劳动在那里相遇。[2]

软件并不能还原为硬件。我认为雷蒙德·威廉斯提出的一个公式在这里很适用：硬件设定了软件能够做什么的**界限**，但不会在任何更强的意义上决定软件实际做什么。[3] 因此，软件并不是"意识形态"性质的东西，而要更复杂一点。在加洛韦看来，软件不只是意识形态的载体，"相反，转码技术和拜物教性质的抽象这些意识形态悖论都是在软件自身的形式之内上演和

1　Galloway et al., *Excommunication*.
2　McKenzie Wark, *A Hacker Manifesto*, Cambridge, MA: Harvard University Press, 2004.
3　Raymond Williams, *Culture and Materialism*, London: Verso, 2006.

'解决'的。"（61）

当然，界面并不都面向人类。实际上，现在的大部分界面都是在机器之间。软件将意识形态转向了机器，让意识形态成了一个主要与机器相关的界面。在这一点上，加洛韦与凯瑟琳·海勒等人也保持了距离，后者将代码视为一种**言外行为**。[1] 就像自然语言需要社会环境一样，代码也需要技术环境。但是，拓展语境的概念，将代码视为发言（enunciation，拉扎拉托的一个关键术语）的子集这种做法太将其拟人化了。我还是喜欢加洛韦在别处用到的一个词——算法寓言（allegorithm）——以算法为形式的寓言。[2]

数据**可视化**是什么意思呢？什么是数据？简单地说，数据大概就是"给定的东西"，而信息的大概意思就是（之后）赋予给定的东西某种形式。数据是实证的；信息是审美的。但是，大部分数据可视化有着自己的呈现规则。加洛韦在这里举的例子是对互联网本身的可视化，具体例子有很多，看起来也相差无几。"数据不包含必然的信息。"（83）但是，运用到数据上的信息似乎总是一个样子，永远是节点加连线的云图美学，图中只有连接线，却看不见协议、劳动或权力。

或许，迪恩所说的**象征效力的衰落**的一种形式，就是**美学信息**增多与**信息美学**衰落的同步发生。数据并没有必然的视觉形式，但数据获得的形式似乎都来自少数预先设定好的模板。

---

[1] N. Katherine Hayles, *How We Became Posthuman*, Chicago: University of Chicago Press, 1999.（中文版题为《我们何以成为后人类》）

[2] Alexander R. Galloway, *Gaming: Essays on Algorithmic Culture*, Minneapolis: University of Minnesota Press, 2006.

加洛韦是借助雅克·朗西埃的**感性分配**（distribution of the sensible）来思考这个问题的。[1] 从前，特定情境下的特定事物都有给定的表现方式。但是，之后出现了一种崇高的机制，试图记录不可表现的东西的踪迹。它取代了旧的分配，结果就是艺术主体与表现形式的断裂。

实际上，现代虚无主义的起源是现实主义。现实主义将表现体系拉平了，因为在它里面，一切都是同样可表现的。现实主义甚至连犹太大屠杀都可以表现，而它的**可表现能力**（representability）确实是一个问题，因为它在表现时并没有采用特定的语言，表现大屠杀的语言很容易就能用来表现茶会。或许，问题主要不在于大屠杀可不可以表现，而在于对大屠杀的表现所引发的后果似乎微不足道。表现已经失去了伦理力量。

但是，朗西埃谈的可能只是之前的景观社会，而不是当下的控制社会。加洛韦写道："控制社会的一个关键后果就是，我们从由单一的机器生产繁多的图像，变成由繁多的机器生产单一的图像。"（91）对于控制社会，我们没有足够多的图像。它的**无表现能力**与生产方式本身所显现和隐藏的事物相关。

加洛韦写道："**无表现能力**的位点就是权力的位点。在今天，权力的位点不在图像中，而在网络、计算机、算法、信息和数据中。"（92）马克·隆巴尔迪和法国"设计工作室"团队

---

[1] Jacques Rancière, *The Politics of Aesthetics: The Distribution of the Sensible*, London: Bloomsbury, 2006. （中文版题为《感性配享》）

（Bureau d'études）的作品算得上是**算法寓言**的有趣尝试。[1] 算法寓言确实有可能让权力和协议诸问题回归到"网络"的图像中。但是，上述尝试仍然局限于地图形式这一种界面的某些承担特质。

因此，我们（暂时）没有针对控制社会的视觉语言。不过，针对它的某些影响的视觉语言已经有了。加洛韦没有提到气候建模，但在我看来，它显然是人类世要处理的**数据→信息→可视化**问题的关键形式。我在《分子红》一书中试图表明，数据→信息界面实际上相当复杂。[2] 在气候科学中，数据与信息总是相伴相生。数据并不具有哲学意义上的实证性，却与特定的现实状况结合起来，无意中成为后者的索引。

我们还可以想一想研究成果可视化的各种问题，特别是科普性质的可视化。我见过许多将温度上升数据标在当前各大洲上的地图，也见过许多显示海平面上升会如何改变大洲轮廓，但是不标预计气候变化的地图。想象一下：把你扔到60年后的某个地貌和气候都让你觉得很陌生的 GPS 坐标，这样的未知领域怎么能可视化呢？大多数可视化都会把一个变量固定，方便读者理解另一个变量的变化。我曾在《博弈者论》一书中说明，电子游戏《模拟地球》其实在这方面取得了一些进步——但它

---

[1] Patricia Goldstone, *Interlock: Art, Conspiracy and the Shadow Worlds of Mark Lombardi*, Berkeley: Counterpoint, 2015; Bureau d'Etudes, *An Atlas of Agendas*, Onomatopee, 2014.

[2] McKenzie Wark, *Molecular Red*, London: Verso, 2015. 见"Climate Science as Tektology"一章。

后来在商业上失败了。[1]

表现网络和气候变化的可视化作品已经有很多了——同时表现两者的作品却很少，有点意思。而且，行动主体往往也不会表现。社会劳动和生产关系都没有描绘出来。当代社会劳动的图像通常会放到别的地方。加洛韦提到了华人金币农夫，这些半是真实，半是神秘的生物在诸如《魔兽世界》的游戏里挖掘值钱的道具，换取微薄的报酬。[2] 另一种是呼叫中心的工作人员，我们或许常能听到他们的声音，却从来见不到面。[29] 他们大概就是当代的劳动者寓言形象吧。

加洛韦认为，一切计算机化和网络化的活动都与价值榨取相关，在这个意义上，我们都是华人金币农夫。或许还可以加一句：我们都是呼叫员，因为我们都在回应，不得不回应网络加诸于我们的要求。当然，这些劳动（和非劳动）获得的酬劳极其不均，但在形式上可能会越来越类似。

一切劳动乃至非劳动都变成抽象劳动，成为价值增殖的对象。但是，种族这个范畴要顽固得多，而且是软件模仿意识形态的一个好例子。[3] 在《魔兽世界》这样的游戏中，阶级是暂时的，只要努力就能提升"地位"。但种族是基本的，不可消除的。游戏里的"种族"都是幻想出来的类别，并非"真实"种族，但或许只有幻想形式下的种族才是可以接受的，才可以视

---

1 Julian Dibbell, *Play Money*, New York: Basic Books, 2007.
2 关于呼叫中心的工作人员，参见 Kolinko Group, "Hotlines: Call Center Inquiry," 2010, available at libcom.org。
3 Lisa Nakamura, *Cybertypes: Race, Ethnicity and Identity on the Internet*, New York: Routledge, 2002.

为理所当然。控制社会甚至会鼓励人们不停地通过种族或其他区分标志来贴标签和构建认同——吉尔罗伊提出，这都是为了在划分细密的劳动和消费层面上把你们连接起来。

佳亚特里·斯皮瓦克提出过一个问题：属下阶级（subaltern）能说话吗？答案是：属下阶级不仅能说话，而且必须说话，哪怕仅限于某些设定好的套话。[1] "属下阶级说话，某处的算法在听。"（137）在这个区别成为加洛韦所说的**娱乐资本主义**（ludic capitalism）所剥削的对象的时代，像巴迪欧和齐泽克那样回归普遍性是一个富有诱惑力的选择。但是，普遍性抹除或者压制了什么，这个问题并没有被回答，只是被忽略了。

加洛韦提倡减法和失踪的政治：既不要普遍的主体，也不要区别的主体，而要**一般**的主体，**无论是什么的存在**（whatever being）。我不是完全信服这种形而上-政治转向，至少目前不信服。令我惊讶的是，《界面效应》一书的大部分都处于詹明信的影响下，詹明信并不认为政治是一个独立领域，而是资本主义自身历史的一个寓言。然而，该书的结论却主要采取迪恩、墨菲等后阿尔都塞主义者的雅各宾式路径，认为政治是一个**对立于纯经济领域的独立领域**。

从雅各宾式的政治-哲学视角来看，经济本身也开始被物化了。于是，加洛韦将《魔兽世界》游戏里的逻辑与资本本身的经济体系联系起来，因为这款游戏模拟出了一个资源稀缺且

---

1 Gayatri Spivak, "Can the Subaltern Speak?," in Lawrence Grossberg and Cary Nelson (eds.), *Marxism and the Interpretation of Culture*, Champaign, IL: University of Illinois Press, 1988.

可量化的世界。但是，**任何**生产方式肯定都是要量化的。前资本主义的生产方式也不例外。[1] 我认为，单纯将使用价值与质性的、不可数的东西画上等号，将交换价值与量化画上等号没什么用处。气候科学及其上级学科地球科学带给我们的教训之一是，批判交换价值的一条必由之路是表明交换价值试图将虚构的价值量化。其实，交换价值的问题正在于它的"性质"，而不在于计算方法。[2]

因此，尽管我和加洛韦有许多共识，但也有一些有意义的分歧。加洛韦写道："虚拟世界（或者说新世界、下一个世界）不再是解放的场所……今天，从关于新世界的理论中得不出任何政治主张。"（138）我同意的是，虚拟世界成为神学理论——再一次——从后门溜进批判理论的一种途径。而在《黑客宣言》和《瓦解的景观》这两本书中，我试图通过解读德波的**策略**（strategy）概念对加洛韦做一点纠正。我认为，**策略**概念试图调和单纯的算计模式与完全浪漫的、只讲性质的模型两者间的关系。[3] 这也是敏锐把握情境中**实际**的承担特质，而非乞灵于莫测的"事件"的一种思维方式。

但是，我认为加洛韦摆脱历史主义的（詹明信式的）思维模式，转向空间化的、雅各宾式的或者说"政治的"思维模式的尝试有一个问题。用"非某某"来取代"后某某"仍然没有

1　V. Gordon Childe, *What Happened in History*, Harmondsworth: Penguin, 1985.
2　Paul Burkett, *Marx and Nature*, Chicago: Haymarket Books, 2014.
3　McKenzie Wark, *The Spectacle of Disintegration*, London: Verso, 2013, chapters 18 and 19; 另见 Alexander R. Galloway, "The Game of War: An Overview," *Cabinet*, Spring 2008, at cabinetmagazine.org。

脱离时间先后的序列。我认为，我们需要提出另外的关于过去-当下关系的构型。我们要回到文献资源的数据库（例如**马克思场域**），但不是将其理解为前后相继的各个理论形成的蒙太奇，而是理解为一个由可能的路径和岔口组成的场域——然后从中选择另外的（但不是"新的"）道路。

加洛韦坚持认为"另一个世界是不可能的"（139）[1]，此举是正确的。但是，我对这句话的解读主要是通过自然科学所坚持的行动的边界，而不是哲学里面讲的思维的边界。我也认为我们需要告别消费主义的区别模式，告别不断要我们给自己贴标签、将自己生产出来，为娱乐资本主义的利益服务的索求。我在《瓦解的景观》中将这种"告别"称作**自行决定权的语言**。但是，我不太认同阿甘本为其赋予的形而上色彩。[2]

我认为，选择政治-美学四宫格中的第四格有一点危险。从可能的后果来看，不融贯的政治加不融贯的美学与其他三个格子同样模糊不定。当然，下述情况在一定程度上成立的："'无论是什么'是真理机制的征兆，它融入公有领域，将表现美学与代议制政体一概扫除。"（142）但是，现在还有当代统治阶级向量阶级掌握的大企业虚无主义呢。我认为，更符合加洛韦实际看法的是，将政治-美学界面的四个格子视为同样的模糊

1　参见 McKenzie Wark, "There is Another World," *Public Seminar*, January 14, 2014, at publicseminar.org。

2　Alice Becker-Ho, *The Essence of Jargon*, New York: Autonomedia, 2015; Giorgio Agamben, *Means Without Ends: Notes on Politics*, University of Minnesota, Minneapolis, 2000, 63-73（中文版题为《无目的的手段：政治学笔记》）; Wark, *The Spectacle of Disintegration*, chapter 17.

不定，而不是给第四个格子开绿灯。

一方面，娱乐资本主义是一个游戏时代，席勒和赫伊津哈分别认为游戏对社会整体和社会进程非常重要。[1] 另一方面，这也是一个控制论意义上的控制时代。诗学与设计在一种"律法-几何式的崇高"中相遇，而它的明星宣讲者就是史蒂夫·乔布斯这样的诗人-设计师（传记片《史蒂夫·乔布斯》不妨一看）。重点就是要剥去这种资本现实主义的"自然"外衣，它想要打扮成一套融贯的意识形态机制，其实却是一种最彻底的虚无主义——而且不是在能够得救的意义上。[2]

避世的"好虚无主义"能不能与颂扬赤裸裸的、不公正的权力的坏虚无主义撇得一干二净，我不是完全确定。这个问题需要引起更多的关注。从亚历山大·加洛韦、尤金·撒克（Eugene Thacker）和我都否认哲学具有某种立法权来看，我们或许算得上是"虚无主义者"。在我看来，加洛韦认为有一种办法可以**黑掉**（hack）哲学，从哲学内部打击它。我觉得，我的路径是**异轨**，将哲学视为一台隐喻性的机器，既生产连接，也生产断裂，这些连接和断裂能够跨越脑力劳动分工，能够找到让知识如同志般，并且通过交换价值以外的东西与自身及世界相关联的方式。从我的后一种角度看，这些可能都是同一项事业的组成部分罢了。

现在的软件很擅长模拟景观，以至于能够巧妙而隐秘地让

1　Friedrich Schiller, *Letters on the Aesthetic Education of Man*, Mineola, NY: Dover, 2004〔中文版题为《审美教育书简》〕；Johan Huizinga, *Homo Ludens*, Kettering, OH: Angelico Press, 2016〔中文版题为《游戏的人》〕.
2　Mark Fisher, *Capitalist Realism*, Winchester, UK: Zero Books, 2009.

另一种逻辑进入它，也就是景观模拟本身，而在那之下是一个非知识（non-knowledge）的深渊。但是，我不确定这就是必然的结果。我发现，加洛韦与迪恩一样无视围绕"新媒体"前景展开的斗争，反而从后视的角度将实际结果视为——即便不是视为本质——给定的东西。这就是退出、撤离（或者维尔诺所说的出走）的语言让我焦虑的一部分原因。不受权力沾染的局外人主体正是一大政治神话。当下，这样的立场全都可以被认为彻底招安了，不管认为主体是工人、女性，还是属下阶级。但是，我认为这意味着我们要从内部努力——比方说，通过哈拉维提出的赛博格形象——而不是再次寻找离退出的出口。

第 18 章

蒂莫西·莫顿：
从 OOO 到 P（OO）

多年来，我一直乐于阅读蒂莫西·莫顿的著作。我是研究英国浪漫主义诗歌出身，我觉得他的著作最好当成诗歌，又或许是诗学来读，是一种独特的莫顿世界观——或者在《超客体》一书中那样，是一种对世界**缺失**（absence）的想象。[1] 不过，作为理论来看，我有一些质疑，接下来会试着简要说明我和莫顿思想的异同。或许，做工的身体就是莫顿所说的**超客体**（hyperobjects）的一个例子——扭曲的、无定域的、无处不在的实体，我们寓于它们，它们也寓于我们。在这种情况下，最好的办法就是将一方映现到另一方上，寻找双方发生共振的边缘。

莫顿著作的一个优点在于关注 21 世纪的问题。莫顿写道："在维多利亚时代的那些伟大发现——进化论、资本、无意识——以外，我们现在必须要加上空间时（spacetime）、生态

---

[1] Timothy Morton, *Hyperobjects*, Minneapolis: University of Minnesota Press, 2013.

互联（ecological interconnection）、非定域性（nonlocality）。"（47）如果我们暂且放下怀疑，将他的文本当成一种科幻诗学来读，我们就会开始呼吸时代的空气（过于温暖，而且可能带有放射性）。通过阐发阿方索·林吉斯的思想，莫顿为越来越常见的奇特而不合时宜的客体提供了一种现象学——**超客体**。[1]

但是，首先要讲讲**客体**。莫顿写道：

> 客体是独一无二的。客体不能还原为更小的客体，也不能向上消解为更大客体的一部分。客体对其他客体隐匿，也对自身隐匿。客体像Tardis[2]一样，内部的空间要比外部看起来更大。客体是诡异的。客体构成了一个非统合、非整全的集合，抵制整体论和还原论。因此，不存在赋予所有客体价值和意义的顶层客体，也不存在客体都可以还原到的底层客体。如果没有顶层客体，也没有底层客体，这就意味着我们处于一种奇特的状况中：局部的东西比整全的东西更多。于是，任何意义上的整体论都是不可能的。（116）

简言之，莫顿预先宣告了诗人的胜利。世界是由不能通过任何其他方式了解的物组成的。**超客体**更是如此，它们固执地"存在"着，它们是粘稠的，无定域的，具有怪异的时间属性，而且只能通过它们发出的，与其他更普通种类的客体同相位或

---

[1] 参见 Bobby George and Tom Sparrow (eds.), *Itinerant Philosophy: On Alphonso Lingis*, Brooklyn: Punctum Books, 2014。
[2] 电视剧《神秘博士》中的虚构时间机器与航天器。——译者注

反相位的波才能探测到。

莫顿诗学是**面向对象本体论**（object-oriented ontology，简称 OOO）这个属底下的一个种，OOO 又自称是属于**思辨实在论**（如梅亚苏）这个科。[1] 按照我的解读，莫顿更像是一种诗性实在论，其中的实体羞涩腼腆，就像喷出墨汁掩护自己逃跑的章鱼。我们在加洛韦和全喜卿那里发现，**面向对象编程**确实是一个由掩藏自身工作过程的对象所组成的世界，不过，那是出于产业和商业目的，而与原初的本体论无关。[2]

通过一点巧妙的隐喻**替换**，莫顿让客体——尤其是超客体——的不透明性发挥了很多作用。跳出现实世界，进入超客体世界的超越之跃并不存在。而且，如果"世界"这个词指的是外在于"我"、与"我"对立的事物的话，那就根本不能说存在一个超客体的"世界"。我们再也不能区隔出一个世界了，因为"我们再也不能认为人类独占历史了"（5）。外在是不存在的。我们总是在超客体之内，超客体也总是从我们中穿过，不管这里的超客体是放射性废料还是全球变暖。这种诗学将我们领到一个神秘的地方——世界尽头。

莫顿的目标是将我们从世界即将终结的迷梦中叫醒，让我们认识到世界已经终结。不存在外在，也不存在区隔。

> 因为超个体比我们大得太多，所以它们放大了物的怪异性让我们审视……如果超个体最后迫使我们意识到**羞辱**

---

[1] 参见 Levi Bryant et al. (eds.), *The Speculative Turn*, Melbourne: re.press, 2011。

[2] 参见 McKenzie Wark, *Molecular Red*, London: Verso, 2015, 235。

这个词的真意，也就是被迫俯下身子，低到泥土里，那会发生什么？（12，17）

莫顿运用了许多现代科学中的例子，但对于他试图将这些例子统归到 OOO 底下的做法，我是抗拒的。莫顿写道："科学未必懂得自己研究的对象。"（10）但是，这句话的逆命题甚至还要更真确，莫顿本人几乎也承认了这一点："你必须要想一想：你写下的关于全球变暖的诗歌，会不会只是超客体将自己传播到人耳和图书馆里的一种手段。"（175）理解超客体需要理解气候科学，因为气候科学是重要的例子，但反过来就不成立了。先是别人通过劳动形成一门具体的学问，然后哲学追加一个冗余的解释，这种情况太常见了，OOO 也是如此。

作为**思辨实在论**科下的一个属，OOO 的目标是提出梅亚苏（沿袭自梅洛-庞蒂）所说的**关联主义**（correlationism）的一种替代品。关联主义认为，关于某物的知识需要对应的主体才能存在。具体到 OOO 这个种，它的思路是推广海德格尔的一个主题——工具本身在履行其工具性功能的行动中会**隐匿**（withdrawal）——提出所有客体都会以这种方式对彼此隐匿。[1] 于是，主客间关系就会变成客体间关系的一个子集。在客体间关系中，客体永远对彼此隐匿，彼此只有**美学**的关系，通过呈现出来的面貌（或界面）。

莫顿用了一个来自胡塞尔的例子。你拿着一枚硬币，你可

---

[1] 参见 Graham Harman, *Towards Speculative Realism*, Winchester, UK: Zero Books, 2010（中文版题为《迈向思辨实在论》）。

以看到正面，作为**背面**的硬币背面却是看不到的。你只能把硬币翻过来，将背面变成**正面**。但是，我认为值得注意的不是神秘的背面，也不是只能看到正面的局限性，而是翻面的**劳动**。因此，我要从 OOO 的沉思转向它不得不一笔带过地承认，却不断压抑的东西：我们借以了解事物的劳动，或者说实践（praxis）。

但是，谈"劳动"不是谈"主体"，不是要回归关联主义，因为劳动总是人与**介人**（inhuman）的混合：谈"工具"就是只谈劳动的一部分，随后将劳动抹杀；特别是谈到了解世界的现代手段时，劳动和**技术**的**装置**已经变成介人的庞然大物。气候科学就是一个很恰当的例子。[1] 它是一个由卫星、计算机、气象站、国际协作科研项目、经多方缜密考量达成一致的标准等组成的阵列。与所有现代科学一样，气候科学是一个**介人**装置，通过它的中介，人类得以理解**非人**的世界。

与莫顿不同，我完全不认为尼尔斯·玻尔对量子力学的"哥本哈根诠释"是关联主义。[2] 在莫顿笔下，"玻尔认为，量子事件仿佛是与（人的）仪器的关联关系"（37）。但是，仪器为什么是"人的"呢？仪器难道不是人与非人的中介，是**介人**的吗？这里又一次发生了空间坍缩，"实践"从中出现。

在莫顿看来，我们总是在客体之内。我们既不在中心，也不在边缘；而如果它们是超客体的话，或许它们是庞大的、无处不在的、怪异的。但是，我不认为隐匿的是客体；我认为是 OOO 封闭了我们一开始了解客体的途径，这个过程分三步。

---

[1] Wark, *Molecular Red*. 参见"Climate Science as Tektology"一章。
[2] 同上。参见"From Bogdanov to Barad"一章。

第一步，产生知识的具体实践是存在的。不论是劳动还是科研，实践总是人的活动与介人装置两者的赛博格混合体。

第二步，通过隐喻和图像的形式将上述实践泛化。这也是一种劳动，是智力劳动，是人的话语与介人的传播装置两者的混合体。

第三步是抹杀前两步。首先，研究量子力学或气候变化的科研实践是存在的。其次，生产出针对这种超客体的隐喻的活动是存在的。最后，不承认隐喻依赖于之前的实践。在这种情况下，隐喻被宣布为先于其他步骤，并**替代**其他步骤，而实际上，隐喻是后来才衍生出来的。

于是，客体乃至超客体都表现为沉思的对象，它们环绕着我们，独立于之前产生出关于它们的知识的劳动。在这一点上，我认为莫顿的思辨实在论与梅亚苏的著作有着同样的局限性。梅亚苏提出的是绝对物的景观，莫顿提出的则是一种与长久存在的环境的沉思关系。不过，这就是进步。恰如莫顿那句明智的话，想象长久存在要比想象永恒更难。

梅亚苏认为，现象学的问题在于，与知识客体相关联的人类主体是有限的。莫顿则认为，这恰恰是人类特有的先验领域。莫顿写道：

> 按照康德的设想，尽管我们有这样的局限，但至少在隐喻的意义上，我们的先验官能游荡在宇宙边界以外的空间。梅亚苏坚定地认同康德，声称归根到底，只有（人类）主体性才能了解实在。这就是问题，它叫作人类中心主义。(17)

莫顿拿出的替代品是，通过反思进入陌生、怪异之物的内在。但是，OOO与思辨实在论有着同样的毛病，思辨实在论与至少某些现象学派别都有这个毛病：抹杀实践。

我们被扔到了某种永恒的裂缝中，一边是感官现象和对它们的沉思，另一边是不可知的物的本质。有意思的是，莫顿选择的关注点是对本质与表象本身之间裂缝的沉思："物只是它的本质与它的表象之间的一道裂缝。"（18）一旦我们将介人的实践——是它首先产生了作为沉思对象的物——抹杀，那这个"只是"就成立了。

这正是莫顿作品最有趣的地方：它是一种美学。通过关注边缘感知、环境调性和干扰模式，我们可以在日常生活中探测到某些超客体（但前提是，我们提前通过其他方式知道了它们的存在）。

> 存在的根基动摇了。我们原本在工业、资本主义和技术的时代求索。突然间，我们接到了来自外星人的信息，就连最迟钝的人都不能忽视的信息，因为信息传递给我们的形式恰好是现代性本身的工具性的、数学形式的表达。现代性这艘泰坦尼克号撞上了超客体这座冰山。（19）

不过这是假的。这就像是柏拉图式的神话。信息并不来自"外星人"，而是来自自然科学。现代性撞上的（举例而言）是针对人类世气候变化的自然科学实践所产生的信息。

那座冰山已经有一个名字了：人类世。人文学者——甚至像哈拉维、斯唐热这样的佼佼者——是出于怎样的冲动，才不愿意接受这个并非由我们创造的名字呢？当然，我们是靠语言吃饭的。不得不承认相关的资料来自外部，来自其他的知识获取方式，还有随之而来的其他命名方式，其他关于命名权归属的传统，这确实令人害怕。[1] 不知怎的，我就是觉得，非要说我们有权利为并非由我们发现的东西命名并无多少益处。实际上，我们可以（像莫顿一样）将人类世理解为一个新的、不再将非人类排除在外的历史时期。或者，我们可以反其道行之。这条道路可能更有挑战性，而且地球科学已经走到这一步：人类世是一个新的、将人类包含在内的地质时期。对我来说，这样的想法确实很奇怪。我们这种"类存在物"是岩石地幔的一部分，也许算是一种**粪化石**吧……

但是，对20世纪的区隔批判来说，莫顿的思想有一些可取之处。他严厉批评了假设社会和自然、自我和世界、前台与背景之间存在先定区隔的思维模式，尽管他并没有深究这些思维模式的来源。甚至"环保主义"的一些形式也需要区隔一些东西，不去管它们。但是，这种模式已经不再可能了。"我们必须感谢石油在**世界**这个概念上烧出了一个洞。"（34）石油制品如今无处不在，它是人类世的转喻，是全球塑料垃圾的超客体。就在我们说话的时候，地质学家甚至找到了正在形成的塑料岩石地层。

莫顿简要讲述了一种美学，它正与这个以石油为基础的世

---

[1] 在这个例子中，命名需要经过国际地层委员会第四纪分会"人类世"工作小组审议。

界所具有的黏稠性和无处不在相称。那就是现代历史发展到特定阶段的狂热的、氛围的、现场的艺术：杰克逊·波洛克、约翰·凯奇、威廉·巴勒斯。礼萨·奈格莱斯坦尼的惊人之作《风暴之书》或许是其在当代的延伸。该书以石油为主角，它是一个邪恶的污点，一段阳光的记忆，从地底深处喷发，将历史的进程改变。[1] 莫顿写道："现代性就是石油如何支配一切的历程。"(54)

但是，我认为莫顿思想中应该抵制的一种姿态是：他将这种诗学当成一种高于其他知识实践的真理。借用电影《黑客帝国》中的一个画面，莫顿写道："科学的镜子融化了，粘在我们的手上。"(36) 他想要黏稠的超客体既先在于，又外在于科学领域，而按照凯伦·巴拉德的看法，这就需要在装置内营造一个稳定的封闭空间，以便进行观察、重复过程、记录结果然后传播出去。[2]

（复数的）诗学把特定科学的具体结果拿过来，然后试验性地加以推广，这或许是有意义的。这正是波格丹诺夫所说的系统科学论。[3] 但是，我认为当我们假定诗学是一种更高力量时，问题就来了。与科学思维模式的局限相比，莫顿对诗学局限的关注要少得多。好呀，我们可以去关注杰克逊·波洛克，但或

---

[1] Reza Negarestani, *Cyclonopedia*, Melbourne: re.press, 2008; Reza Negarestani et al. (eds.), *Leper Creativity*, Brooklyn: Punctum Books, 2012.

[2] Alexander Bogdanov, *Essays in Tektology*, 2nd edition, Seaside, CA: Intersystems Publications, 1984.

[3] 关于冷战期间文艺界的政治活动，参见 Frances Stonor Saunders, *The Cultural Cold War: The CIA and the World of Arts and Letters*, New York: New Press, 2013（中文版题为《文化冷战与中央情报局》）。

许也应该关注一下：他的作品在战后美国的传播与直面阶级斗争或种族压迫的艺术所受的打压有何种关联，又如何参与了男性天才崇拜——男性天才崇拜恰恰是一切现场艺术创作或环境涌现创作的反面。[12]

莫顿的**非定域性**隐喻是一个很好的例子，同时展现了对特定科学的具体结果进行诗性和隐喻性延展的价值和局限性。他想到的是核辐射和内分泌干扰素一类的事物，它们是现代性的产物，但是不能被区隔，于是支配了一切事物。大气中的碳元素是另一个例子。用我沿袭自约翰·贝拉米·福斯特的一个词来说，它们都是**新陈代谢断裂**。[1]

这个隐喻替换的源头可以追溯至马克思，他从单个生物体的**新陈代谢**延伸开来，提出了整个地球是一个新陈代谢系统的思想。马克思已经在思考新陈代谢的崩溃了。在他的时代，断裂点是磷循环和氮循环。现在，我们可以将这种系统科学论式的替换方法拓展到大气中的碳元素、复杂碳氢化合物或核反应产生的放射性同位素上面。从新陈代谢断裂的角度来思考的话，我们能够紧跟地质化学的发展，而且不需要增加太多额外的概念。

确实有一门科学仍然看起来相当怪诞，那就是量子力学。但是，只有当我们试图维护某种 19 世纪的实在论时，量子力学才会显得怪诞。从那种实在论的角度来看，量子力学似乎指向一种令人困扰的、自相矛盾的实在。尼尔斯·玻尔其实提出了一个解决方案，却受到强烈抵制，来自那些确实需要维护对外

---

[1] John Bellamy Foster, *Marx's Ecology: Materialism and Nature*, New York: Monthly Review Press, 2000.（中文版题为《马克思的生态学：唯物主义与自然》）

部独立实在的信仰的人。一种解读玻尔的方式是，认为他提出了一种关于知识的**实践**，而非知识的**对象**的实在论，但是，知识实践是在**介入**的装置空间内发生的。

这就是玻尔所说的**互补**：一台装置得到一个结果；另一台装置得到一个不相容的结果。这些结果是装置的产物。独立的元素是装置所处的人为的时间和空间。人们得抵制诱惑，不要对装置内部产生的结果进行过度阐释，延伸到实验活动自身以外，以为它与我们设想的那个实在的、独立的世界有多少关系。

但是，莫顿没有肯定装置确实产生了现象，一种具有事实地位的东西，而是走上了相反的道路。他并不坚持对装置能够**产生**的客体进行有限的**记录**。他想说的是，**真正的客体是隐匿**的。好，没问题，但这就涉及了某种本质上不可观察、不可知的东西，它只能是诗歌艺术或思辨话语的结果。

这种诗学面临很大的风险：将无意识间复现了当前社会关系的隐喻套到了宇宙的尺度上。它会得出显然虚假的论断："在深层次上，OOO 契合现有的最深刻、最准确、最经得起检验的关于物理实在的理论。实际上，我们最好反过来说：量子力学的成功就在于它是面向对象的。"（41）只用两句话，他就把自称的契合独断为根基。

有时，科学实践确实会在我们的世界观上击出一个洞来。因此，我认同莫顿的看法：只要一个人对量子非定域性等概念有了最皮毛的认识，他就很难自称是唯物主义者了，连"新"唯物主义者也不行。**马克思场域**内对此有三种回应。第一种是完全切断科学世界观意义上的唯物主义与社会历史构成领域内的唯物主义。第二种是提出一种与其他科学并驾齐驱的"辩证唯物主义"。第三种是转移阵地，不再强调世界是唯物的，而是对知识生产进行唯物主义的批判，这种知识是关于世界的知识。

西方马克思主义与许多当代批判理论走的是第一条道路。我认为，我和莫顿都会同意：超客体、人类世或新陈代谢断裂（随便你怎么称呼）已经让它过时了。不存在一个独立的社会领域。第二条道路是恩格斯的道路。后来，新唯物主义沿着德勒兹的路子，OOO沿着海德格尔的路子分别将其重新发明出来。这条道路没有脱离具体科学，而是自称研究某种先于具体科学的东西。

第三条道路就是波格丹诺夫的系统科学论，后来由哈拉维与凯伦·巴拉德在另一个语域中再次创造出来。[1] 这条道路的好处在于，它像第二条道路一样保持了批判思想与具体科学的联系，但收敛了野心。它尊重具体科学的方法，并不主张能通达一种更高的实在。它批判地看待来自社会领域的观念在科学中造成的影响，也会创造性地研究如何让具体科学产生出能够通过隐喻延伸到其他领域的形象。但是，它不会主张这些二阶生成的隐喻是一阶知识，是关于某种比科学知识所能知道的东西更根本的东西。

读莫顿的书有一种别样的诗学愉悦："非人看着我们，就像神在拍照。"（50）又如："我们是关于地球这个超客体的诗。"（51）实际上，所有生命形式都成了关于无机物的诗，成了献给存在

---

[1] 参见 Wark, *Molecular Red*, Part II, Section 3。

物所受的"地质创伤"的歌。讲得挺不错的——直到你读到这一句:"外在于诗的、能够解释诗的事物是不是比诗的此在更真实呢?没有办法知道。"(53)知道的办法是有的,而这些办法是局部的、可能犯错的。它们是各种各样的知识与劳动实践,对于沉思的灵魂总是不可见的。**劳动**在 OOO 中永远是**隐匿**的。在劳动缺失的情况下,神秘思想回归了。

莫顿打了一个可爱的比方,他说相对论出现之后,"时间和空间从物中涌现,就像身体扭来扭去的海胆或章鱼"(63)。但是,他在这里对实验证据的重要性又只是轻描淡写地予以承认。"超客体终结了时间和空间是容纳实体的空容器的观念。"(65)不,是物理学终结的,物理学起初是理论,后来是得到特制实验装置验证的理论。

超客体不仅具有怪异的时间和空间性质,在莫顿看来,它们甚至是存在于更高的维度。它们通过与普通客体相遇时产生的**相变**,或者说干扰模式,而显现。他的整个论证基础是一个;**类比**:

> 如果一个苹果进入二维世界,首先接触的部位是它的底部,这时二维世界里的火柴人会看到一些斑点,接着会迅速接连出现一系列形状,看起来好像是一个不停伸缩的圆形水滴,然后收缩成一个小圆圈,也可能是一个点,最后消失不见。(70)

与冯古内特小说《五号屠场》中的特拉法麦尔多星人一样,"维度足够高的存在可以将全球变暖视为静态的客体。这样一个实体，一个被我们叫作全球变暖的高维客体，它该有着怎样复杂到骇人的触手啊？"（71）

在莫顿看来，数学描述并不是客体背后的东西，而是一种改写。我在这些问题上不是柏拉图主义者，对此可以表示赞同。但是，对于莫顿试图把描绘客体的诗变成对更高级实在的摹仿这种做法，我不能苟同。我们要放弃一种代换的习惯：通过我们世界里的层级式社会关系，将自己的智力劳动实践打扮成"第一等"。与波格丹诺夫一样，我认为，目标不应该是断言一种形式的知识比其他形式层次更高，不管是科学、哲学或诗学。目标或许应该是：作为劳动方式的一个子集的认识模式之间进行同志般的协作。

因此，我欣赏这一隐喻之跃的文学性："超客体是一幅表现主义画作中令人烦躁的小丑，这些小丑盖住了画作的每一寸表面，不停地窥视我们的世界。"（76）但是，对于这种声称了解世界的方式，我无法赋予其先验的真理性。与莫顿不同——与加洛韦也不同，不过不同的方式有别——为了把握一种知识实践形式到底在做什么，我想要的是一种将索引性或转喻性**一以贯之**的思路。但是，我们须臾不可忘记隐喻性符号是如何从世界中造就的，而且应该采取最朴素的态度，不要超出索引本身太多，漫谈世界。

或者，我们也可以尝试性地设想出许多客体，乃至"隐匿的"客体，但只是作为语言网络中的可能性，而不赋予其实在性。因此，一个人可以说："深渊不是空的容器，而是一群涌动的存在"(80)。或者，我们也可以不按照莫顿的表述，而效法梅亚苏（梅亚苏又是效法马拉美的文风）描绘一个随时可能崩塌、没有存在理由、作为无理而存在的宇宙——仿佛宇宙是按照金融界高层的社会关系设计的。[1]设想存在物在这样的语言中，乃至于在一种隐匿的、蒙着面纱的状态中显现自身，这其实不过是逻各斯的否定之路（via negativa）罢了。

莫顿认为存在物不止于此，于是再一次运用了替换法。要是超客体与心灵的关系就像基础与上层建筑的关系那样呢？"因此，我的思想就是对超客体——气候、生物圈、进化论——的精神翻译，不是比喻意义上的，而是字面意义上的翻译。"(85)读者请注意，他在这里又隐匿了实践。心灵以自身的形象映照于自身，从而得出世界的模式。

《超客体》提出了一种没有物质、不存在当下的生态系统，它寓于一个人假想出来的本质的未来性中。

> 当下在未来与过去、本质与表象之间那豁开的裂缝中无处可觅……当下其实不存在。我们经历的是一系列纵横交错的力场集合，这些美学-因果性质的场是从众多客体发散出来的……时间是客体本身发出的一团混乱的魔咒与反魔咒……物的未知灵魂，也就是本质，仍然在这一边。(92—94)

---

[1] 参见 Quentin Meillassoux, *The Number and the Siren*, Falmouth, Urbanomic, 2012（中文版为《数字与塞壬》），这本讲马拉美的书相当于王尔德《W. H. 先生的画像》的法国版；McKenzie Wark, "The Nothingness That Speaks French," *Public Seminar*, November 13, 2014, at publicseminar.org。

这是跳出自我/他者，或客体/主体二分的**一种**思维方式，而不是**唯一**的方式，尽管这种成问题的二元论其实已经被放到另一条轴上。

没有那么一个外在的、独立的环境。"这种观念已经被揭示为虚构：我们嵌入一个现象的生命世界中，就像矮小的霍比特人窝在安全的地洞里一样。"（104）相反，我们与超客体的关系再亲密不过了，它们远远地超出我们，然而又从我们的身上穿过，就像核辐射或二噁英一样。我同意莫顿的一个看法：仅靠"可持续"或"韧性"的话术来回应这一切是不充分的。[1] 但与莫顿不同，我认为这意味着我们应当更多，而非减少关注分子层面的流动，比如石油或油基聚合物。研究地球各个系统的具体科学永远不会给我们完整的答案——与任何可验证的知识一样，它们依赖于特定装置进行分别的研究——但是，眼下应当坚持的策略似乎是更多，而不是更少地关注这些学科。

莫顿认为，我们必须抛弃自然这个范畴；他说的"自然"指的是某种类似于环境的东西，是背景，是外在的东西。他那句著名口号**没有自然的生态**就是这么来的。[2] 我欣赏这种修辞技巧，但我不知道它到底是不是长远的良策。有人甚至会把"生态"（ecology）理解成一个更可怕的词："家"（oikos）加上"逻各斯"（logos），仿佛人类的社会需求能够在其中得到满足的新陈代谢可以有一种逻辑或者说真理。实际上，我理解超客

---

[1] 关于韧性，参见 McKenzie Wark, "Heidegger and Geology," *Public Seminar*, June 26, 2014, at publicseminar.org.

[2] Timothy Morton, *Ecology Without Nature*, Cambridge, MA: Harvard University Press, 2009.

体理论的意思是：**根本就没有生态**。不存在一种可以通过减少人类干预来恢复的稳态生命循环。

自然这个词挺麻烦。简要概括雷蒙·威廉斯的想法，"自然"（nature）的本意与出生（natality）有关。[1]它至少有三种不同的意思。第一，一样东西的性质。第二，引导世界运行的力量。第三，物质世界本身。在以上任何一个义项中，人类可以被纳入，也可以被排除。或许，我们并不能脱离自然来思考生态，因为生态只是自然的可能意义空间内的一个点。正如莫顿本人所说："家，oikos，是不稳定的。"（117）但是，超客体仍然是一种自然理论，是拒绝将人类视角视为一种根本上独立于自然，或者说外在于自然来审视自然的视角来阐发自然这个词的多种可能之一。

莫顿对自然这个词的抵触似乎与华兹华斯对自然的把持有关。他更喜欢济慈对客体的关注。[2]但是，或许这只是书写自然诗的另一种方式，而不是与其决裂。或许，这条道路也有它自己的问题。"按照 OOO 的看法，**物化**只是将一个实在客体降格为它在另一个客体前的感官表象。物化是将一个实体降格为另一个实体对它产生的幻象。在这个意义上，自然是一种物化。"（119）

但是，OOO 对此的回应是**负面的物化**。未来的、本质的、隐匿的客体变成了物神，而为此付出代价的不只是具体的感性客体，还有在这些局部的、中介性的统觉（apprehension）之间

1　Raymond Williams, *Keywords*, Oxford: Oxford University Press, 2014, 164ff.（中文版题为《关键词：文化与社会的词汇》）
2　参见 Timothy Morton, *The Ecological Thought,* Cambridge, MA: Harvard University Press, 2012。

形成现实关系所需的协作实践。固守一种奇异、怪诞或诡异的美学本身就是负面偶像崇拜的产物，压抑了对实践的关注，臆想出了一种无根的物之魅影秀（phantasmagoria）。[1]

"两百年来，人类被视为存在的中心。现在，客体发起了复仇。它们庞大到骇人的程度，古老而长生，微小到危险的程度，侵入我们身体的每一个细胞。"（115）说得没错，但前提是忽略实践；通过实践，由劳动外加装置组成的介人性世界将自然转化为第二自然（乃至第三自然），包含了一切由此产生的、脱离了交换价值算计的事物。于是，这些事物看起来便很接近最纯粹的物神客体，艺术。

与雪莱一样，他认定诗歌的幻象具有道德和政治意涵："这个命运来自（人类）世界之外，宣告或者说命令了世界的终结。这个命令标志着地球历史上的一个决定性时刻，人类感受到了非人的存在，因此能更公正地推测地球的前途。"（148）我们不禁想起雪莱：他将自己煽动性十足的诗绑在热气球上，以此试探和缩小诗与它的受众、公众与行动之间的距离。[2] 一切都被化约为一项相当理想化的事业，即用**幻象**来对抗残缺的世界观："能对生态的非常时刻直接负责的是这种态度，而不是大企业或个人本身，是既寓于大企业，又寓于个人，且寓于对大企业和个体的批判之中的这种态度。"（155）

OOO 的陈腐气息正在于它试图为这种旧的形而上学策略赋

---

[1] Walter Benjamin, *The Arcades Project*, Cambridge MA: Harvard University Press, 2002.

[2] Richard Holmes, *Shelley: The Pursuit*, New York: New York Review Books Classics, 2003, 149ff.（中文版题为《雪莱传：追求》）

以新生。正如莫顿所说，我们面对的是旧可能性空间内的几个有限选项，他列出了三个。第一，本质无处不在。第二，本质不存在。第三，本质就在这里，但它是隐匿的。在这个问题上，我要和波格丹诺夫一起站在第二个阵营，宣告哲学主张有一个特殊对象，一个先于其他知识形式内部产生的对象，且比这些对象更实在的对象的企图破产了。或许，为了理解进化论、生态、量子力学或气候变化，我们不需要设想出奇诡的存在。或许，我们只需要用平常心**承认**这些事物。

莫顿给出的是**隐蔽的上帝**（属于第一种选项，本质无处不在）的一个变体。吕西安·戈德曼的专著《隐蔽的上帝》的研究主题是帕斯卡尔及其同代人，对当今或有教益。[1] 帕斯卡尔对人生有一种悲剧观。他承认有一个可以在其中行动的世界，但它的价值不能满足他。他既在社会之内，又在社会之外。世界的正义不是真正的正义，但他并没有像神秘主义者那样离开这个世界。他仍然信仰一个更高的世界，但那不是中世纪无处不在的神。神不会直接在自己的造物中显现。

在戈德曼看来，帕斯卡尔的世界观是权力正在衰退的管理阶层的世界观。他们身处一套强大的制度中，却不能掌控它，颇似今日的人文学者。于是，掌握世界的**权力意志**通过断言存在一个更高却隐蔽的实在得以展现：在帕斯卡尔那里是神，在莫顿那里是客体。后者的基础是戈德曼认为由康德完成的前者的形式化。康德让哲学成为立法者，规定了什么是思维的合法

---

[1] Lucien Goldmann, *The Hidden God*, London: Verso, 2016.（中文版题为《隐蔽的上帝》）

对象，规定了哪些属于现象，哪些属于本质。莫顿思想的基础则是在本质与现象之间的裂缝中言说这条裂缝的能力，这条奇异的裂缝刚刚越出现象的范围，同时它又是现象的源头。

营造出一个传统人文学问能够在其中传承的假象，或许有一定价值。而且，在假象的危险太大的时候，假象或许自有其用处。"在这些情况下，艺术即哀伤过程。我们正在失去一种幻想——幻想沉浸于中立或者慈爱的自然母亲。失去幻想的人是危险的"（196）。在紧迫的新形势下，莫顿为复兴旧的情感与感知模式所做的贡献当然是有意义的。

就我自己而言，我更接近哈拉维的路径：虽然同样试图与时代的**困境同在**，但也要留在现象的世界中。除了它能够沟通各个领域以外，我不会另外声称诗学是一种认识方式，尤其不会声称它能够获得关于非人事物在人文社科思想领域内如何发挥作用的实际知识。

因此，我可以接受下面这个版本的莫顿思想："非人存在对目的论发起了毁灭性的一击。达尔文发现了它，马克思则颂扬它。他还给达尔文写了一封粉丝信，赞扬达尔文对目的论的反对。目的论的终结就是世界的终结。"（95）但是，我们可以仅仅在现象世界中思考这些非人存在，这是一个知识实践的世界，其中的赛博格装置由人类劳动和介人技术组成。

我不会将这种工作方式称作面向对象本体论，而要称为（面向对象）实践（praxis [object oriented]），简称 P（OO）。我要将哈拉维所说的"与困境同在"改写为"**与粪便同在**"，既有与实践同在的意思，也是字面意思——与粪便同在。与废物、被忽略者、糟糕的副产品同在。在这里，我保留了"面向对象"的隐喻用法。正如加洛韦、全喜卿等人指出，它是计算发展史上的一个特殊时刻。但是，我保留的只是一个隐喻，而不是一个本体论断言。

第 19 章

甘丹·梅亚苏：绝对物的景观

这是一块锆石，全世界最古老的石头。它的年纪大约有 44 亿年，而地球的年纪是 45 亿或者 46 亿年。因此，这一小块锆石，世界上最古老的石头，它经历得可多了。它来自得名自冥王哈得斯的冥古宙，因为从人类或者任何一种生命的角度来看，那都是一个相当不舒服的酷热时代——或者说，普遍的看法是这样的。

当地质化学家马克·哈里森（Mark Harrison）与布鲁斯·沃森（Bruce Watson）研究这块小小的锆石时，他们发现了一些怪事。它是晶体，像其他所有晶体一样会生长，而在生长的过程中，也会纳入恰好在周围出现的其他原子——在它这里就是钛。温度越高，锆石的钛含量就越多。因此，我们可以通过测量锆石内钛元素的含量来了解锆石形成时的温度。

沃森和哈里森发现，这块锆石结晶时的温度在 680 摄氏度左右，这意味着它形成的环境里有水。沃森解释说："任何岩石在有水的环境下加热——任何岩石，任何时间，任何条件——到 650—700 摄氏度时都会开始融化。这是唯一一种可预测性如此之强的地质过程。"[1]

我自己不是地质化学家，只能相信沃森的话。我觉得这件事有两点值得注意。第一，我们有可能了解发生在人类出现几十亿年前的事情。那块小小的锆石正是甘丹·梅亚苏所说的**原化石**（arche-fossil）的一个好例子，是一个与我们这个物种毫无关系的世界的证据之一。[2]

但是，这里还有一件让我感兴趣的事，尽管梅亚苏未必有兴趣。这个问题是：是什么让掌握原化石的知识成为可能？我可以思考原化石，我可以写关于原化石的文字。但是，思想和语言对它的存在都没那么重要。我们还要把另一个东西从它的存在中排除出去：一门叫作地质化学的科学，它存在于大学院系中，通过同行评议期刊和学术会议进行交流。某种意义上，它就是社会学意义上的原化石的一种知识的思维和语言部分。

梅亚苏重视的是数学：这块锆石，一块原化石，它是对宇宙的一个可以数学化的描述。从大爆炸到星系、行星乃至小石块的形成，宇宙都可以用数学来描述。在他看来，这就意味着它们存在于思维或语言之外。宇宙可以存在于思考或写作的知识主体之外——只要你认为数学本身是实在的。

不过，我关注这块原化石的视角是：它是通过一种结合了

---

[1] 转引自 Robert Krulwich, "The Oldest Rock in the World Tells Us a Story," NPR.com, January 11, 2012。

[2] Quentin Meillassoux, *After Finitude: An Essay on the Necessity of Contingency*, London: Continuum, 2008.（中文版题为《有限性之后：论偶然性的必然性》）

劳动与科技的装置存在的，对宇宙过程的数学描述——乃至地质化学描述——都要通过这个装置来**检验**。上面提到的锆石经历了两次这样的检验。至少一次是科学测定年份，一次是测定内部结晶形成的钛元素含量。

我们可以将对世界的数学描述设想为**非人**的东西，不需要人类主体而存在。某种意义上，从原化石中产生出知识的技术工作也不需要主体，因为它是在**装置**上进行的，而装置是劳动与机器的结合体。我将这种对装置的依赖称为**介人**。我们之后会看到，它与数学描述的非人性并不是一码事。

一旦着手探究技术的部分，我们就会陷入硬核极客机械厂商网站的世界中。我在这里只提一家：Cameca Company。该公司的产品之一就是材料与地质科学电子探测分析仪：

> SXFive 配备兼容钨和六硼化镧的通用型电子枪。持续射束电流调节，12 小时内稳度 0.3%，确保长时段定量分析的可靠性。采用环形法拉第杯和静电偏转技术，精确测量射束强度。高压系统电压可达 30kV，重元素可用。[1]

我真是一句话都看不懂。我逛了不少同类厂家的网站，最后选择 Cameca 的原因是：这家公司是做电影放映机起家的，

---

1 参见 www.cameca.com/instruments-for-research/sxfive.aspx。另见 "Early Earth" special issue of *Elements: An International Magazine of Mineralology, Geochemistry, and Petrology*, vol. 2, no. 4, August 2006。科学论文经常会省略装置的参数配置，不过，我们可以通过广告找到包含此类内容的期刊，比如 *Rigaku*、*Australian Scientific Instruments*，还有名字起得非常好的 Rockware 和 Comeca 等公司的广告。

在有声电影刚出现的时候，它就推出了能播放声音的放映机。后来，它转入科学仪器行业，不过在 60 年代曾短暂地回归人人交互媒体，推出了著名的点映机 Scopitone。[1]

吉加·维尔托夫让我们明白，电影用电影眼睛（kino-eye）取代了人的视觉。[2] 电影向人的视觉呈现的已经是某种介人的东西了。科学仪器甚至进一步拓宽了感知的范围，创造出了各种空间和时间尺度的介人性感知。比方说，仪器能感知和测定远祖化石，对人类的感官频宽和记忆力来说，这些化石是完全陌生的。机器感官充当非人中的介人领域，从而将人与人隔离开来。

如果我们忽略这种机器视觉，这种介人性的媒体，我们就剩下一个明摆着的选择。一方面，我们有人的思维和语言，或许还有人的感知。这是一个有限度、有边界的领域。另一方面，我们有非人的数学领域。暂且假设数学确实能够与绝对物相通，不受人类的限制。那么，我们就可以像梅亚苏希望的那样，将原化石视为存在绝对物的标志，这种绝对物甚至超出了非人的领域，只有数学才知道它。

然而，绝对物的数学性与人类的有限性之间还有别的东西，一种梅亚苏甚至没有提及的东西：**装置**。它既不是人，也不是非人，它存在于边缘的、不定的介人空间内。装置需要人类劳动，但不能化约为科学话语中的主体间领域。它还包括机器，

---

[1] Jean-Charles Scagnetti, *L'aventure scopitone (1957–1983)*, Paris: Editions Autrement, Coll. Mémoires/Culture, 2010.
[2] Dziga Vertov, *Kino-Eye*, Berkeley: University of California Press, 1985.

机器感知和测量着远远超出人类世界的事物，记录着"广大户外空间"（the Great Outdoors）的存在，但并不与绝对物相通。

现在算是把装置问题拉了回来，那就可以问一问：当我们声称数学与绝对物相通时，这个绝对物是不是属于一个实在的世界。梅亚苏的思路是恢复对**第一性质**与**第二性质**的区分。任何物的第二性质都是可感知的。我看到了、摸到了这个客体，但是，这果真就是关于它的要紧事吗？也许，这只是它在我们的感官中的表象？第一性质是客体的数学本质，独立于表象存在。或者说，这是继承洛克与笛卡尔思想的梅亚苏想要提出的观点。

在这个节点上，我们可以像杰伊·伯恩斯坦那样论证道，这种区分，这种对第二性质的隔离包含着现代性的关键。[1] 现代性以及它一整套理解和转化事物的装置产生，或许都有某种介入性的东西在里面，同时第二性质在装置中只发挥极小的作用。与阿多诺一样，伯恩斯坦认为第二性质的领域就是艺术领域。艺术从计算中拯救了感性。

或者这样：我们可以说，第一性质的概念暗藏玄机。按照梅亚苏的叙述，它们是物所固有的、数学形式的性质。因此，在哲学意义上，第一性质可以说是实在的。但是，除非它们还可以被**测量**，否则就不是科学意义上的实在。测量第一性质需要装置，由机器和劳动构成的装置。借助装置，第一性质能像第二性质一样以可理解的方式——例如屏幕上的读数或者图

---

[1] Jay Bernstein, *Against Voluptuous Bodies: Adorno's Late Modernism and the Meaning of Painting*, Stanford, CA: Stanford University Press, 2007.

表——得到呈现说明。其实或许可以这样说：要想让第一性质成为科学意义上的实在，那就需要借助**第三性质**使其成为可理解的第二性质。一件东西的第三性质就是装置对它的感知。这是一种介人性的感知，让非人的第一性质借助人的第二性质变得可理解。

梅亚苏之所以能够摆脱现象学的束缚，提出一种思辨哲学，原因在于对他而言没有一种两者之外的哲学。我暂且不会给这个第三种哲学命名。它关注的不是绝对，也不是意识，而是装置，它既不属人，也不是非人，而是人与非人之间的介人。

我在这里试图避免一种做法：从广大户外空间——了不起的原化石，以及这个事实所代表的一切——退回到现象学；在现象学中，"除非它变成'为我之它'（for us），否则我就不能表征'在它之它'（in itself）"（4）。另外，尽管我钦佩梅亚苏漂亮地运用绝对物开创了一套关于实在的思辨哲学，但我的观点是，它只能是一种**沉思式的**实在论，因而是美学的实在论。因此，它还达不到哲学绝唱的程度。

梅亚苏论证的关键是抨击他所说的**关联主义**（correlation-ism）。这是他给出的定义："关联主义的核心在于抨击这样一种主张，即主体性和客体性这两个领域可以彼此独立地进行考察。"（5）尽管关联主义者可能会拿出主体和客体的替代品——比如，思维和存在——但他们还是在循环论证。梅亚苏写道：

> 意识及其语言自然会超越自身，迈向世界，但唯有当

意识超越自身迈向它时，世界才是存在的。于是，外部空间就只是面向我们之物的空间，空间里的物只是作为我们自身存在的关联物而存在。(7)

结果就是一种"与世隔绝"的思维，原化石在其中不再是真正令人惊叹的非人客体。曾经令康德之前的思想家们陶醉不已的绝对物——它与原化石不是一码事——同样不在了。梅亚苏的计划就是复兴前批判哲学，但要走思辨，而非独断的路子。这块古老的石头对他而言就是绝对世界的化身。但是，这里有一个问题。是什么建构了关于这块石头——作为真正的古老事物，远在一切属人的世界之前，甚至可以回溯到宇宙本身的起源——的知识呢？答案是："一种**我们知道**其放射性衰变速度的同位素。"(10，强调为本人所加)那么，我们是怎么知道的呢？通过装置。

梅亚苏写道："**显然**，评估得出此类命题所用技术的可靠程度不在我们的研究范围之内。"(10，强调为本人所加)显然吗？这里有一个错位。我的地质化学知识肯定连梅亚苏都赶不上。我没有资格评估 Cameca SXFive 或其他任何装置的可靠性。我敢肯定，锆石的案例中甚至都没有用到这台装置。但是，我认为思考**一般意义上的装置**在理论的研究范围之内。

关于一般意义上的装置，我们可以说的是：没有一个关于远祖事物的命题能不借助装置感知和测量**第三性质**的介人性能力。关联确实不存在，但不是因为客体可以独立于主体被思考，而是因为客体是通过某种别的东西产生的，对于这种东西来说，主体、意识、语言——无论你怎么称呼它,都是"第二性的"。简单地说,按照这种观点,第一性质和第二性质**都是**第三性质的产物。

因此,我们可以认同这句话:"从严格的关联主义角度看,远祖证物是不合法的"(11)。这对关联主义可不妙。但是,梅亚苏将原化石从关联主义的闭环中解放出来,同时又无视了装置,于是通向了一种怪异的哲学的广大户外空间。它表面看起来是科学的广大户外空间,其实恰恰相反。科学能够思考先于和无涉给予性(giveness)的时代,而思辨实在论只能通过诗(莫顿)或数学(梅亚苏)来玄想那个时代;但不管怎样,那个时代都是某个仍然无人去思考的装置的**结果**。或许,梅亚苏为哲学免掉某些责任的办法不止这一种。

在梅亚苏看来,关联主义至少有一个优点:它让思维免遭独断论之害。前批判时代的哲学提出了各种各样的形而上绝对物。批判思想以界定自身限度为己任。但是,拿起武器对抗独断论的思维将自己引向了另一条邪路,即梅亚苏所说的**狂热论**(fanaticism)。关联主义终结了哲学对绝对物的谈论,但没有终结神秘主义对绝对物的谈论,后者重新自封为物自体——物在意识中的表象的背面——的代言人。[1] 就这样,批判思想限制了自己对广大户外空间的谈论,却只是为某些神秘主义思想创造了机会。

梅亚苏写道:

> 针对独断论,重点是坚决抵制一切形而上绝对物;但

---

[1] 关于这种思路在当代焕发生命力的一种可能方式,可参见 Eugene Thacker, *In the Dust of This Planet: Horror of Philosophy*, vol. 1, Winchester, UK: Zero Books, 2011。

是，针对各种狂热论的经过论证的暴力，重点是在思维中重新发现**少许的绝对性**——不管怎么说，都要足以反击那些仅仅凭借某种启示，便自许为绝对性的**受托守护人**的妄言。（49，强调为本人所加）

对于偏爱一元论、世俗主义或唯物主义思想的人来说，这段论证是不错的。但是，梅亚苏对启示关上了大门，或许实际上打开了通往另一种神性、另一种"受托人"的传送门——掷骰子的人。

梅亚苏离弃了关联主义——它坚持认为，在关于客体的思维建构过程中，自我审视的主体占据核心地位——踏上另一条通往客体的道路，这种思路不依赖关联，但他用到的绝对性似乎不只是少许。在他看来，如果原化石代表远祖事物，而且是可以思考的，那么绝对物就是可以思考的。但是，这里又有一个错位，一方是科学视野下的原化石，一方是梅亚苏想从原化石得出的结论。原化石是远早于人类时代的东西，但它并不需要绝对物的介入。关于原化石的知识是装置的产物。它或许像我举的例子来自44亿年前，甚至来自宇宙的开端，但它是可测量的事物。如莫顿所说，想象长久存在要比想象永恒更难。

梅亚苏写道："那么，思想是如何为自身开辟出一条通往外界的路径呢？"（51）像大多数哲学家一样，他没有走装置路线。[1] 他想要的是一种关于绝对物的，非独断论的唯理主义。这

---

1 关于哲学界对装置，或者说技术的敏感态度，参见 Bernard Stiegler, *Technics and Time, 1: The Fault of Epimetheus*, Stanford, CA: Stanford University Press, 1998（中文版题为《技术与时间》第一卷）。

种唯理主义一方面要脱离关联主义的闭环,另一方面又不能搁浅在他所说的**事实性**(facticity)之上,也就是说,思想不能发现是者为什么是。换句话说,绝对物怎么能存在于思想或语言之外呢?再说了,为什么非要是**这个**世界,而不能是别的世界呢?

这里已经标明了一条至少能摆脱前一种局限性的路径,"形而上学对康德先验论发起的第一次反击"(51)。其中最有趣的一个流派是如今罕为人知的,由恩斯特·马赫等人提出的**实证批判主义**(empirio-criticism)。[1]从实证批判主义又发展出了"第三立场",我就是从它出发来认识梅亚苏的;它在今天比实证批判主义还要冷门,但上一辈的法国哲学界对它肯定是有了解的。它叫做实证一元论(empiriomonism),最重要的鼓吹者就是亚历山大·波格丹诺夫。[2]

按照梅亚苏的介绍,该学派最初的做法是将关联本身转化为一种绝对物。它首先认可康德提出的局限性,即物自体是不可知的,除非通过某种独断。但是,有一种可知的自体——关联本身。梅亚苏写道:"他们将彻底的无知转化为对一种存在的知识,这种存在最终会在真正的绝对性中揭开面纱。"(52)

我不同意他对"绝对"这个词的用法,因为我认为根本没有必要认为马赫要将关联转化为一种绝对物,更不用说波格丹诺夫了。但有一点是成立的:马赫与波格丹诺夫分别用**感性**

---

[1] John T. Blackmore, *Ernst Mach: His Life, Work, and Influence*, Berkeley: University of California Press, 1972 一书对该思想进行了批判性的评价。

[2] Alexander Bogdanov, *La Science, L'Art et La Classe Ouvrière*, trans. Blanche Grinbaum and Henri Deluy, Paris: Maspero, 1977. 收入路易·阿尔都塞主持的"理论系列"。

(sensation)和我所说的**装置**,将二元的关联替换为一个一元的概念,这个概念同样约束着自身不要预先对装置活动之外的实在下断言,但并不将意识或语言奉为外在的自我监控的观察者,可以漠不关心地沉思装置在认识世界的劳动过程中产生的成果。

不管怎么说,在梅亚苏看来,这条思路通过了绕道关联主义的第一道考验,但没有通过第二道考验:事实性。他认为思想在事实性中体验到的不是自身的局限,而是自身的真相。梅亚苏创立自己的非独断思辨哲学的方式与马赫、波格丹诺夫如出一辙:积极地看待"必然性"。在前者那里,必然性是克服关联的问题;在后者那里则是克服事实性的问题。

梅亚苏一上来就提出,原因的缺乏是事实性的根本属性。一切事物的存在或持存都是没有原因的。一切存在都是偶然。梅亚苏写道:

> 其实,万事万物都是可以**崩溃**的,从树木到星体,从星体到物理法则,再到逻辑法则。这不是因为有某种更高的法则规定一切注定要消亡,而是因为不存在任何更高的法则能够保全任何事物——不管是什么事物——免于消亡。(53,强调为本人所加)

偶然性在这里指的是事物如何持存或消亡。梅亚苏以偶然性本身的形式复兴了绝对物,但没有采用独断论的方式。偶然性不是对事实性这个问题的新的独断式回答。事实性既非必然性,亦非偶然性,而是我们不知道何时是偶然性适用,何时是必然性。就连偶然性本身也是偶然的。

有意思的地方来了：他接下来颇有说服力地论证道，关联主义预设了偶然性本身的绝对性。思维要想不依靠事物背后的独断论形而上学来把握它，那就意味着接受事物有可能是绝对的偶然性这一点，哪怕只是在一瞬间接受。于是，关联主义要破除教条主义的绝对物的幻象，那么偶然本身的绝对性就至少必须是可设想的。梅亚苏写道："这种原因的缺乏是实体的终极性质，而且唯有它可以是。"

现在总结一下。

第一，破除关联主义有一定价值。关联主义的一个局限是，它思考现代科学时不得不将思维真正应该感到惊奇的事物排除掉，比如非人世界的远祖证据。但是，梅亚苏假定其具有一种新的绝对性的事物也有问题。他可以脱离主体，从而脱离关联主义的闭环来思考物的非人的、可数学化的性质，但付出的代价是将探测和测量的问题一同排除了。我在这里将探测和测量称作第三性质，它们是介人的感性，其实是属于装置的。

第二，梅亚苏承认有两条走出关联的路径，其中一条——用我的话说——是取道**装置**，思考介人性的感知测量器械以及将其制造出来的劳动，哈里森、沃森等许多人走的是这条路，不妨名之为：走出关联性的实证主义出口。但是，梅亚苏选择的是唯理主义出口。[1] 它的基础是将事实性当成一个与关联性同

---

[1] 加洛韦也走这条路。参见他的 *Laruelle: Against the Digital*, Minneapolis: University of Minnesota Press, 2014. 另见 McKenzie Wark, "Laruelle's Kinky Syntax," *Public Seminar*, April 23, 2015, at publicseminar.org.

样实在的问题，并给出了一个富有创见的回应：是者没有为什么是。不止如此：我们没有办法知道为什么某些现象是偶然的，而某些不是。这种看法接着又成了撬开关联性的工具。按照梅亚苏的论证，关联性要是不想教条地思考世界，那就必须考虑"世界是偶然的"这种可能性，即便它勉为其难地接受了关联主义闭环的幽闭世界。

本章即将结束，现在要像开头那样探讨一个原化石的具体例子，虽然是与开头大不相同的例子。它或许不像锆石那么灿烂，甚至无法识别为一个事物。不谈宇宙论，我们来谈谈气候科学，它给我们提供了一种截然不同的**崩溃**的证据。气候科学让我们知道过去发生的事，比如冥古宙的气候，但也讲述了未来的情况：近在眼前的人类世气候。[1]

气候科学摆脱了对某个局部尺度（生物圈）中的具体、偶然行动的迷恋，向我们表明了一个已经发生的未来事件。大气碳元素——以及其他一些气体——的急剧增加已经造成了未来全球气温的升高。气候科学警告我们要注意一个缓慢发生的事件，它发生在我们所有人身边，但超出了人类思维或感知的尺度和记忆能力。这是又一个在关联主义的闭环内不能从充分思考的事情。

气候科学不知道什么绝对物。它依赖的是装置。事实上，一本优秀的气候科学发展史专著就叫作《大机器》。[2] 它有三个

---

[1] Intergovernmental Panel on Climate Change, *Climate Change 2014*, Cambridge: Cambridge University Press, 2015.

[2] 参见 Paul N. Edwards, *A Vast Machine: Computer Models, Climate Data, and The Politics of Global Warming*, Cambridge, MA: MIT Press, 2010。

要素：天气预测、气候建模、研究天气和气候原理的物理学。人们花了几十年时间才将三者结合起来。从位置与海拔各异的地点及时收集天气数据需要一套宏大的全球性基础设施。运用精确的物理学模型计算这些数据需要极大的计算能力。直到20世纪末，数据交流和计算过程中的摩擦都是气候研究的拦路虎。气候与气候变化的现代知识的基石是全球气候科研基础设施的进步，从孤立的系统到网络，再到万维网，而这需要全球性的协作劳动。

气候科学就是当代耶拿战役中的拿破仑，不是马背上的世界精神，而是借助通信卫星把握的生物圈整体。如果说现在有几样东西在召唤我们，要我们立即、不假思索地去思考，那气候科学必定是其中之一。但是，哲学已经对这些事物背过身去了。[1] 哲学厌倦了主体的双重局限，但它没有抬起眼光，凝视这个世界，而是设想出了另一个世界——**绝对客体**的世界。这种**沉思式的实在论**给我们打开了一扇窗，透过它可以看到一个事实上正在崩溃的世界的美，又提供了安慰，让我们知道世界会继续，尽管人类已走到尽头。哲学又一次在历史之外发现了景观，尽管我们身边到处都响起了警报，要我们把概念和现实中的火灾扑灭。

这就是我为什么选择回到马赫和波格丹诺夫（不过是在另一本书里），走上另一条摆脱关联主义闭环，通往介人领域的道路的理由。这条道路超越了现象学，但不涉及非人的事物，也

---

[1] 这是 McKenzie Wark, *Molecular Red*, London: Verso, 2015 的主题。

没有对绝对物的暗示。[15] 由于这种理论对装置的关切，它或许不再是哲学。不过，它可能还有几点微不足道的好处。它的起点和终点都是劳动与技术的融合，而这正是当今时代的特点。它的问题意识紧跟装置发现的当下难题——例如气候变化。它不自称是此世通往彼世大门的守护者。它不主张自己，或者自己的研究主题是一个稀罕的事件。它的目标只是为日常生活提供维持和改善自身的工具。它无意于将玄想出来的景观奉为绝对和永恒。它只想完全抛弃这种景观。对此它没有一丝犹豫。

第 20 章

伊莎贝尔·斯唐热：
盖亚入侵

实话说，没有人知道到底应该如何回应我们所处的缓慢危机，连用语言回应都做不到。没有一种修辞有把握将问题讲清楚。在《分子红》一书中，我的思路是认真看待人类世的语言，从前人成果中寻找应对人类世的新谱系。哈拉维和杰森·摩尔更喜欢将人类世称为**资本世**，得名自那个正在杀死地球的历史形态。[1]

莫顿提出了没有自然的生态。在《分子红》中，我认为更合理的想法是**没有生态的自然**，因为自然是一个更包容、历史变化更丰富的词，而我们现在已经不能说"家的**逻各斯**"——即生态——还存在了。与马克思一样，约翰·贝拉米·福斯特喜欢谈**新陈代谢断裂**。罗布·尼克松讲的是缓慢的暴力。伊莎

---

[1] Jason W. Moore, *Capitalism in the Web of Life*, London: Verso, 2015.

贝尔·斯唐热则复兴和改造了**盖亚**的比喻。[1] 这是更好的修辞吗？没有人知道。不过，它确实很吸引人。

罗莎·卢森堡有一句名言：未来的抉择在社会主义与野蛮之间。[2] 斯唐热将选择范围缩小到一个更地狱的非此即彼：**一种野蛮**还是**另一种野蛮**。在环保运动和社会主义运动没有联合起来发声反对的情况下，一个选项是放任气候变化，另一个选项是**进行气候工程**的未来，动用公共财政为私人牟利。[3] 那么，地球就成了大企业利益集团手里的人质。

是时候发起一种新运动了，它要同时应对通常意义上的社会和自然两方面的问题。在斯唐热看来，加塔利的《三种生态》一书中已经包含了它的原型；不过，我们也可以想到别的例子。[4] 我们之后会看到，斯唐热认为这场运动包含四个部分：**赋名盖亚、投入关注、高呼愚昧、创造机巧**。"我们要学会在我们从现在起了解到的状况下生活，要明白眼前正在发生的过程要求我们必须做什么。"（19）

我们悬在两种历史观之间。一种是现代的增长史观，时间之箭和永恒的发展。另一种则面目模糊，连名字或形象都没有。问题已经不再是如何保护作为环境的自然，而是自然正在挑战我们的思维与行为模式。它的出发点是一个令人目瞪口呆的对

1　John Bellamy Foster, *Marx's Ecology: Materialism and Nature*, New York: Monthly Review Press, 2000（中文版题为《马克思的生态学：唯物主义与自然》）; Rob Nixon, *Slow Violence and the Environmentalism of the Poor*, Cambridge, MA: Harvard University Press, 2011.

2　Helen Scott (ed.), *The Essential Rosa Luxemburg*, Chicago: Haymarket, 2007, 24.

3　Clive Hamilton, *Earthmasters*, New Haven, CT: Yale University Press, 2013.

4　Félix Guattari, *The Three Ecologies*, London: Bloomsbury, 2003.

照：我们知道的事情与我们能做的事情。

斯唐热希望找到一种方式，既继承反资本主义斗争史，但又去除其真理与进步的宏大叙事。**资本世**的问题就在这里。它倾向自动按照常规方式思考资本，将克服资本以外的一切事业推到遥远的未来。但是，我们已经没时间了。斯唐热想要联络那些已经开始尝试新生产模式的人们，不管是慢食、永续农业还是其他。

斯唐热所说的**卫道士**是指望不上的，他们自己也知道。选出来的也好，钦定的也罢，卫道士们只是维持了一种"冷恐慌"的状态而已（32）。他们的口号甚至都不自洽：继续消费吧，不过消费要"环保"啊！近年来，他们甚至认为中小学和大学这样的机构也应该被打破、点燃，然后扔进商品化的锅炉。[1] 即使在学校里，开放的探讨与协作也比以前更难了。有意思的是，斯唐热认为卫道士们连谴责都不配，他们应得的是嘲笑、粗鲁对待和讽刺。

斯唐热心目中的思考与行动榜样是反转基因作物运动及其禁止转基因食品进入欧洲市场的努力获得的微小成功。反转基因运动拒绝接受卫道士的视角，不认可他们的善意。它提出了自己的问题，创造出了真正的动态认知。它质疑技术权威，不接受"商业机密"作为隐瞒信息的理由。

转基因议题使"专家"意见发生了分歧，但斯唐热认为，太多科学和技术研究已经完全失去了"公共性"，因为它们的成果

---

[1] Stefano Harney and Fred Moten, *The Undercommons: Fugitive Planning and Black Study*, Wivenhoe: Minor Compositions, 2013.

被注册成专利，从而被私有企业收编。因此，转基因作物是不是只会导致害虫抗药性增强呢？这其实是不能问，也不能回答的问题，特别是抗药性本身就是农业企业的一项财源：除草剂和杀虫剂可以多卖卖了。面对公众的质询，农企的基本套路可以总结成一句简单的话："先撒谎，然后说已经太晚了。"（40）

斯唐热将我们必须回应的状况称作**盖亚的入侵**。我们必须要考察一下这个名字的缘起。在赫西俄德的《神谱》中，盖亚是最早的母亲，她生下了天神乌拉诺斯，然后与乌拉诺斯生下以克罗诺斯为首的提坦诸神。克罗诺斯推翻了乌拉诺斯，是黄金时代的统治者，之后又被自己的儿子宙斯击败。在斯唐热看来，盖亚是一位盲目而无情的神，代表着古希腊诸神产生是非观之前的时代。

盖亚这个名字让人想起远古的神话，还成了嬉皮士的口号。但奇怪的是，它变得广为人知是因为詹姆斯·拉伍洛克和林恩·马古利斯提出的一种科学理论，该理论认为有机体与其环境共同演化，形成了"生态的自调节系统"。[1] 这个概念被拿来做各种事情的复杂历史，在斯唐热看来，正是它的部分魅力所在。

在斯唐热想要的自然概念中，自然不是脆弱的，不是危险的，也不是供我们开发的，而是对我们一无所求。盖亚是一种"被遗忘的超验形式"。或许是一种消极的形式吧，因为它不是仲裁者，不是担保者，也不是资源。盖亚侵入人类的生活与认

---

[1] James Lovelock, *Gaia: A New Look at Life on Earth*, Oxford: Oxford University Press, 2000.（中文版题为《盖娅：地球生命的新视野》）

知，但没有互酬关系。没有我在别处所说的**异沟通**（xeno-communication）渠道。[1] 没有人可以自称是盖亚的大祭司。但是，不存在一个我们可以随意无视她的未来。"我们必须继续为自己的行为负责，在一个无法取悦的、对我们的辩护充耳不闻的存在面前。"（47）

这是一着修辞意义上的险棋，或许在美国尤其如此。美国人一谈到盖亚，自然就会想起某种嬉皮士的浪漫神秘主义。[2] 但是，我们只有修辞意义上的险棋可以走了，因此或许值得一试。斯唐热坚称，她借用盖亚这个词并不是反对科学，甚至可能鼓励科学家去思考。但总体来说，她认为就目前的危险来说，科学家们已经尽到了警告我们真实现状是什么的责任。

一个人对修辞手法的察觉，很可能来自对身边偶然事件的理解。在我身处的环境中，我自觉有必要对科学的求知形式多一些支持。在美国，气候和地球科学家遭受的打击手法只能用麦卡锡式的猎巫行动来形容。

但是，正如斯唐热阐明的那样，"科学"有多种不同的可能含义，其中有一些根本不是求知的形式或实践。被用来为现行企业制度正名的经济"科学"太多了。那些把灵魂献给永远向前的商品化征程的人是没有恐慌或反思能力的。对他们来说，没有哪种境遇不是"机遇"，不管它有多么神憎鬼厌。

---

[1] Alexander R. Galloway, Eugene Thacker and McKenzie Wark, *Excommunication: Three Inquiries in Media and Mediation*, Chicago: University of Chicago Press, 2013, 160ff.

[2] 例如 Starhawk, *The Fifth Sacred Thing*, New York: Bantam, 1994，这本书让哈拉维宣称，她宁愿当赛博格，也不想当女神。

斯唐热写道：

> 那些嘴角挂着下流而满足的微笑对我们说"马克思已经成为历史"的人，他们通常不会告诉我们，马克思描绘的资本主义为什么已经不再是一个问题了。他们只会暗示，资本主义是不可战胜的。今天，那些大谈反抗资本主义都是无用功的人其实是在说，"野蛮就是我们的命运"。(51)

资本主义虚构了自身的必然性，在马克思看来，这种必然性基本就是交换价值法则。作为一种超验模式，资本主义并非必然，只是极端不负责任而已。"资本主义不喜欢噪声。"(54) 它致力于消灭不属于市场信号，在它看来只是噪声的信号。

尽管如此，斯唐热还是不愿意将一切都归约为资本这个符号。谈论资本世就有忽略某些被斯唐热称为"盖亚入侵"的新信息的风险，因此，我还是偏向更传统的命名——人类世。斯唐热写道：

> 我的另一个担忧是，它会鼓励那些只是口头上赞同全球变暖是一个实实在在的新问题的人，这些人马上就会说，全球变暖——与所有其他问题一样——应该怪到资本主义的头上，然后根据这个结论，我们必须站定自己的立场，绝不能因为一个真相而乱了阵脚，失去斗争的希望。(56)

这是一个学会与盖亚共同创造的问题："为侵入者起名盖亚

意味着没有以后。"(57)这意味着要抛弃一种史诗般的唯物主义,自然在其中是等着人类去征服的资源,障碍只是普罗米修斯式飞跃的前戏——就像童话故事里那样。[1] 我们再也没有权利不去关注盖亚所代表的一切了。不管是认为资本能够被否定的人,还是认为资本只会加速前进的人,他们都要在这里为自己的失察负责。

现在的文明归根结底和之前的文明们一样盲目。即使有人关注"环境",往往仍然是表述成一种应当保存,而不应使用的资源的问题。对危险产品的戒备其实并没有挑战"企业家的神圣权利"(63),也就是可以不去关注品牌形象、竞争策略、股东价值最大化以外的任何事物。企业家在进行普罗米修斯式的飞跃,尽管再也没有人相信会有企业家以外的人从中受益。

但是,一个肮脏的秘密是:这些利润机器中的大人物其实并不想冒风险,他们想要安全。在布朗等人看来,这正是新自由主义的特征:国家的职责变成了确保在经济体系外部风险尽可能小的情况下获取利润。他们想要免受自身行为后果的伤害。他们想要把一切都变成自己的机遇。

我会把斯唐热所说的**创业者**叫作**向量阶级**。[2] 这个阶级对制造业已经不太感兴趣了,更别提种植业了。它只想从**不对称的信息流**中攫取利益。它想让国家为基础研究买单,等到基础研究变成私有的专利时,自己再去摘桃子。它想要按照自己的利

---

1 J. B. S. Haldane, *Daedalus*, London: EP Dutton, 1924 表达了一个著名的观点:为了实现科学技术的飞跃,他认为有死的人要好过希腊神话中的超自然形象。
2 McKenzie Wark, *A Hacker Manifesto*, Cambridge, MA: Harvard University Press, 2004.

益来影响国家资助研究项目的方向。它还想要国家对信息公地实施异常深入的私有化，守卫其圈地。我认为，相对于文德林所说的马克思**热力学**资本模型，这是一种全新的商品化机制。

对于科学在这个过程中发生的状况，斯唐热的解读很有意思，尽管她在这里谈得很简略。[1] 她的解读或许可以这样来表达：她维护具体的学科，反对大写的科学。斯唐热写道："这不是对科研活动的攻击，而是保护其免受一种权威意象的侵害，它与科研实践生命力和相对可靠性的来源是无关的。"（69）

按照她的表述，伽利略为一种相当局限、相当理想化的科学方法做了一次过于成功的宣传，这种方法后来被拔高成一种权威，用来打击单纯的"意见"。由此产生的恶果是：大写的科学被赋予了裁决者的角色，它决定只有能够客观解决的问题才是真问题。在此，我们不禁会想起安德烈·布勒东，他竟然宣称科学对解决许多问题是有用的，只可惜它们全部是次要问题。[2]

科学的问题在于，许多学科都与国家步调一致，研究计划也部分由国家制定。但是，随着国家的撤出，它们自己又不能抵御新的管理体制。怨愤的科研人员感觉被国家背叛，失去了自己的小天地。但是，国家一方面挡不住盖亚的入侵，另一方面也挡不住商业化的索求。国家使得与进步无关的商品化成为可能。它仍然在生产规则和规范，并在这个过程中消灭了本土

---

[1] 详见 Isabelle Stengers, *Cosmopolitics I and II*, Minneapolis: University of Minnesota Press, 2010 and 2011。

[2] 根据 André Breton, *What Is Surrealism?: Selected Writings*, Atlanta: Pathfinder Press, 1978, 166。

的、传统的东西，消灭了公共资源，摧毁了有可能滋养一种注意力的艺术的种种资源。

但是，斯唐热警惕的是建制化的大写的科学，而不是具体学科的实践活动。"我们需要科研工作者参与进来，共同发起回应，一个不野蛮的未来的可能性有赖于这个过程。"(73) 她并不是某种抽象的技术理性的批判者，好像它是我们的一切困境的罪魁祸首，因为"将一切归罪于技术理性的做法太草率了。作为实践者，技术人员能做到的事远远不止让一切活物从属于对其结果漠不关心的范畴"(74)。

然而，这是一个关键问题。公共辩论的词汇都按照创业者，也就是向量阶级的利益提前设定好了。"原本由全体享用的战利品已经被没有特定对象的范畴重新定义了，这些范畴造成了失忆，因而在资本主义杜撰出的可怕抉择面前脆弱无力。"(75) 任何人的具体需要、兴趣或欲望都得不到考虑。国家维持公共秩序，创业者维持负责权。两者之间则形成了对**注意力**的敌意。

因此，我们需要共同夺回的是注意力的艺术，国家在这里帮不上忙。关于什么才是重要事项，我们需要达成统一的叙事。斯唐热强调的叙事是当下正在进行的公共资源的圈占。所谓的知识经济——我将其称为向量主义而非资本主义的生产方式——抹杀了公共性研究和私人研究的界线。国家放任向量阶级挪用公共的知识生产，同时，向量阶级让国家负责强制执行它自己的那一套"知识产权"，或者创造出准国家组织来做这件事，比如跨太平洋伙伴关系协定或其他类似的协定。我们需要发明出抵抗圈地的新模式。

但对斯唐热来说，这里有两种故事可以讲。一种是重申马克思主义的"概念剧场"，布唐或拉扎拉托都讲过。它讲的是某种非物质意义上的无产阶级，这种非物质的使用价值直接就是社会性的。认知资本主义剥削的是这种社会性，一种抽象的、匿名的后工业公共资源。某种新的形象——比如说诸众——取代工人成为解放的能动者。

我向来对这种叙事持有部分异议。我认为"非物质"是一个无意义的范畴，"认知"和"符号"这样的修饰语并不能真正把握当代生产力和再生产力的特点。我还认为，当一个人其实谈的是生产过程内的各种不同经验和意义时，最好不要预先假定某种集体或阶级的存在。因此，我在《黑客宣言》里小心地将黑客与工人看成不同的人，两者需要通过文化、政治和组织手段寻找利益结合的方式。

尽管如此，我认为维尔诺、布唐、拉扎拉托、贝拉迪等意大利和法国作者至少问出了正确的问题，也在试图用一张概念网来把握当下商品化阶段的一些特征。斯唐热似乎对部分共有领域也有认同。她注意到一些计算机领域从业者，他们创造了一种抵制业内司空见惯的挪用的方式，其中最有主动意识的或许要属理查德·斯托曼和自由软件运动。[1] "他们界定程序员何以为程序员时的身份是'共有者'，而不是蓄养非物质的游牧民。"(85)

但是，在斯唐热看来，公共资源并没有向人们许诺一个超

1　Richard Stallman, *Free Software, Free Society*, Boston: GNU Press, 2002.（中文版题为《自由软件，自由社会》）

越对立的大同世界，它不是一种新的概念担保。她反感这种把目的论请回来的叙事，按照这种叙事，公共资源的社会化必然要冲破私有产权的枷锁，哪怕是后者先进的"知识产权"形式。我在《黑客宣言》中曾依赖一种关于信息本身性质的本体论论点，我认为信息与产权是敌对关系，信息必然只能作为共享物存在。我现在还不想彻底放弃这个观点，但斯唐热确实让我注意到了这条思路存在的问题，就像她指出了工人主义者和自治主义者的问题那样。我认为她让我们不得不面对一个没有保障的世界，"一种野蛮还是另一种野蛮"或许很准确地描述了这个世界给我们的政治-经济抉择。我们面临的挑战是：以一种既不野蛮，又不诉诸某个预先给定的结果的方式来回应盖亚入侵。

当然，一种形式的野蛮与注意力的衰落有关。衰落的原因在于，文理各学科都变成同一个**博弈空间**的无穷无尽的翻版，追求的都是专业"路数"。[1] 理科各学科尤其擅长"用新的存在物与能动者填满现实"（91）。但是，当它们在大写的科学约束下，为国家和向量阶级把守大门的时候，情况就不是这样了。科学变成象征着普罗米修斯式的人的某种图腾，在将整个自然转化为资源的竞赛中，它能够将一切阻碍排除。

这就是斯唐热不愿意对作为一种实践和信念模式的"大写的科学"做出太多让步的原因。最有创造力的具体科研活动其实与它无关，而且它封闭了其他的求知和组织方式。因此，一方面具体学科必须摆脱对大写的科学的信仰；另一方面，其他

---

1 参见 McKenzie Wark, *Gamer Theory*, Cambridge, MA: Harvard University Press, 2007, "Agony" 一章。

的"街头"组织形式也必须摆脱关于解放的史诗般的宏大叙事和对自发性的浪漫主义信仰。

斯唐热写道:"我们生活在一个名副其实的墓地里,下面埋葬着被摧毁的实践和共同知识。"(98)但是,当我们试图创造全新的,或复兴的公共资源形式时必须记住一点:它并不是保证。公共资源也有其危险——法西斯就是其中之一。墨菲提醒我们,民主状况下对共有的实体的承诺往往会附带强烈的排外意识,还有吉尔罗伊所说的那种危险:将被排斥者当作**亚人**(infrahuman)来对待。

我们或许已经受够了**药**(pharmakon)这个象征物,但斯唐热在这里用它来命名不可判定之物,因为对于一件既可能产生好效果,也可能产生坏效果的东西,我们未必总能提前知晓吉凶。[1] 她举出了一些将自身实践视为药的例子,那些用自由软件来挑战本行业一种相对狭窄的商品化的计算机从业者就是其中之一。

但是,科研工作者为什么没有做出某些程序员那样的回应呢?为什么大写的科学将自身与国家和向量阶级如此彻底地捆绑在一起呢?全喜卿提醒我们,今天的码农界其实也是如此,如果不是更彻底的话。但是,问题依然在那里。一个要素是对药,对不可判定之物的痛恨,对科学主义的渴望,尽管大写的科学给不出可行的方法。另一个要素是一种种族中心主义的信念,认为科学是一种属于西方的理性——尽管李约瑟曾驳斥过

---

[1] Jacques Derrida, *Of Grammatology*, Baltimore: Johns Hopkins University Press, 2016(中文版题为《论文字学》). 我的相关解读见 *Gamer Theory*, sections 219-222。

中国没有科学的错误观念。[1]

那么,现在是时候寻找一种新的、不与预先的允诺——不管是大写的科学,还是某种政治本体论,如墨菲、巴特勒和维尔诺以不同的方式给出的那种——挂钩的投入注意力的方式。"所有的创造都必须包含一条知识:它要冒险进入的不是友善的世界,而是一个不健康的环境。"这必然是一个实验的时代。"药一样的艺术是必要的,因为斗争的时代不能推迟创造的时代。它不能等到不再有任何危险的'以后'。"(104)

这可以是一个启蒙的时代,但前提是我们重新将启蒙理解为对自由思想与奔放想象的浅尝,那是"不服从"的滋味。在大写的启蒙这个符号下,小写的启蒙是无以为继的。大写的启蒙是食利者,是既得特权的代表,它用批判来对抗一切形式的倒退和神秘化,但这是有代价的,那就是尚未完全被国家理性和交换价值理性消灭的社会生活形式也受到了攻击。不无矛盾的是,斯唐热承袭德勒兹的风格,以更有建设性、更建构主义思路的名义,提出了一种对批判的批判。

现在是时候宣布"科学之争"的停战协议了。认为知识是"社会建构"的批判——比如哈拉维——没有看到,具体科学可以既浸润于历史和社会形态,同时又凝结出指向一个非人世界的稳定结果。另一方面,大写的科学确实需要为迎合业界、与国家共谋负责。

---

[1] Joseph Needham, *The Grand Titration: Science and Society in East and West*, Toronto: University of Toronto Press, 1969.(中文版题为《文明的滴定:东西方的科学与社会》)

人文思想与公开的科学探索的共同敌人是一种**愚昧**。它如今甚至影响到了大写的启蒙的捍卫者们，这些食利者捍卫的其实是特权，已经丧失了一切冒险和承担风险的意识。（斯唐热没有举例，但我不禁想到了理查德·道金斯的悲惨轨迹。）与声称看穿根源或本质，或者将一套第一性事物的本体论作为其他一切事物之基础的批判思想相比，斯唐热像德勒兹一样更喜欢由第二性和第三性事物组成的世界，从中间或者通过背景进行思考。[1]

那么，现在正是**弱势知识**（minor knowledge）的时代，这种知识质疑普罗米修斯式现代化的口令。[2]卫道士自视为守护闸门的人，将质疑的洪水猛兽挡住。我们必须学会自己提问题。当卫道士给出的答案是不面向任何人，不在意面向什么人的答案，而不是**给我们**的答案时，我们就要拒绝接受。而且，在做这些事情的时候，我们不能太执着于这种或那种信念，以为我们知道自己在做什么："这不是一个皈依新信仰的问题，而是要让想象力的荒漠再次生机勃勃。"（132）

我们要避免落入专家权威的陷阱，还要避免陷入两极对峙，这种对峙里除了相互对立阵营的利益以外空无一物。在一种被愚昧毒化的环境里，我们必须努力"让专家张口结舌"（138）。我们必须构造出不仅尊重差异，而且尊重**分歧**的信任。我们现在不是同路人，以后也不会是。不存在化差异为整体的办法。不存在"透过"表象，预先获得整全真相的办法。"对'自然'

---

[1] Gilles Deleuze and Claire Parnet, *Dialogues II*, New York: Columbia University Press, 2002.

[2] Gilles Deleuze and Félix Guattari, *Kafka: Towards a Minor Literature*, Minneapolis: University of Minnesota Press, 1986.（中文版题为《卡夫卡——为弱势文学而作》）

之物，即被认为不需要任何机巧的迫切寻求，它其实就是——又一次如此，且总是如此——对药的仇恨，对一旦运用就必然会产生艺术的事物的仇恨。"(144)

我认为斯唐热（还有我自己）是求知过程的实在论者，而不是知识客体的实在论者。我们对得出结果的过程可以有一些知识，对本体、自然或实在则不会有多少知识。正如我反驳梅亚苏时所说，**非人**之物出现在人类面前需要**介人**装置。斯唐热写道："科学解释永远离不开机巧，离不开实验设计，研究者对设计实验的热情要比对'真理'大得多"(146)。斯唐热没有跟上近年来的本体论转向，但也没有退回到对认识论的执迷中。正如本体论给不出真正通往不受遮蔽的客体的方法，认识论往往也给不出真正获得知识的规则。

对**机巧**的仇恨就是对药的仇恨，是渴望预先得到对真、对善的保证。具体来说，它可以成为一种对民主制度的机巧的仇恨。[1] 斯唐热写道："那些自以为有责任心的人要求，只有能保证像小孩子的玩具一样没有风险的政治行动才是唯一的合法手段。"(147) 这种政治与"自然"秩序构成了断裂。

这些都不能安抚盖亚，但或许有助于让未来少一点野蛮。**赋名盖亚**、直面**愚昧**、**投入关注**、尊重**分歧**、创造**机巧**，这或许是缓解将要到来的野蛮的一种方略或一种算法（我认为药的意思就是算法）。

---

[1] 斯唐热此处在向 Jacques Rancière, *Hatred of Democracy*, London: Verso, 2014（中文版题为《对民主之恨》）致敬。

第 21 章

唐娜·哈拉维：
介入的喜剧

女儿小的时候，我们会在她去学前班的路上玩"数狗屎"。这是一个数数游戏，你可以和任何孩子玩；不过，对一个小纽约客来说，这还是一个教她看路的游戏。人在纽约，狗在拉屎是几乎每天都能看到的养眼画面。因此，当我从《哈拉维宣言集》中得知唐娜·哈拉维在加州用《纽约时报》的蓝色塑料封套捡自家狗拉的屎时，我觉得这事挺搞笑的。[1]

除了与狗的关系以外，我发现自己与哈拉维还有许多有趣的感性差异。她说自己是"斯普特尼克天主教徒"(283)。她说，尽管在宗教家庭长大，"但我的天主教徒女儿的大脑却受到了教育——与我那到处宣传反堕胎、有十个孩子的母亲相反，因为在斯普特尼克卫星上天之后，我成了国家资源。我的大脑变得有价值了"(283)。我觉得，我或许可以自称"水星马克思

---

[1] Donna Haraway and Cary Wolfe, *Manifestly Haraway*, Minneapolis: University of Minnesota Press, 2016.

第 21 章 唐娜·哈拉维：介人的喜剧

主义者"。(不过，我有记忆的其实是阿波罗太空计划，而不是水星太空计划，神的名字搞错了。[1]) 冷战太空竞赛的尖锐对立指向了这样的可能性：人类变成另一种事物。

与世俗化天主教徒哈拉维不同，我是一名世俗化的新教徒，我对起中介作用的修辞手法不太感兴趣。我觉得，赤裸裸地直面问题的总体是新教感性(sensibility)的一项遗产。[2] 全身心投入劳动本身不是目的，而是一种让身体舒适起来的手段，以便向这个世界纯粹、崇高、陌生的他者性敞开。

因此，我阅读哈拉维的书时所处的情境与她的某些主题有一点偏差。有意思的地方正在这里。《哈拉维宣言集》收录了她思想发展历程中的三个作品，采取了对宣言的三次沉思的形式。书中再版了著名的《赛博格宣言》(最初发表于1985年)和《同伴物种宣言》(2003年)，还有一篇与卡里·伍尔夫的新访谈录，它可以当作"克苏鲁世(Cthulucene)宣言"的注释。[3] 我准备从最近的一篇开始，从后往前读。

现在给人类世改成其他名字——**随便**什么名字！——的冲动相当强烈，甚至可能已经成了一种病。人文学者花了那么长时间试图摆脱人类中心主义，自然绝不想让它回到中央。但是，这个名字是生物学家和地球科学家起的，尊重这个名字或许有利于持续交流。哈拉维写道："我真希望它不是他们的用

---

[1] 水星的原文是 Mercury，即信使神墨丘利。——译者注
[2] McKenzie Wark, "Kierkegaard's Frenemies," *Public Seminar*, December 23, 2013, at publicseminar.org.
[3] 另见哈拉维的优秀访谈录 Thyrza Nichols Goodeve, *How Like a Leaf*, Routledge, New York, 1999。

语。但它就是他们的用语……我们需要继续在这种话语的物质性——以及更好地表现了当代危机状况的某些关键方面的其他名字——之内做事情。"(242—243)用自然科学的语言与自然科学对话是有帮助的。

无论如何,正如哈拉维所说,"我用不着专门选一个词"。如果她选了,可能会像杰森·摩尔一样称其为**资本世**吧:"资本世的参与者至少包括其中的植物、动物、人类、微生物,还有它们内部和之间的层层叠叠的技术。"(240)这个名字点明了一种在气候变化、海洋酸化、大规模物种灭绝等生者苦、死者惨的种种迹象中发挥作用的力量。我对它只有一点疑虑:假如资本主义明天就被废除,仅仅否定它并没有真正解决任何问题。[1]

那么,让我们用另一个名字来思考吧。让我们做一做**克苏鲁世**的居民吧。哈拉维不是洛夫克拉夫特的粉丝。克苏鲁是洛夫克拉夫特笔下的终极怪兽,处于他带有种族主义色彩的关于他者的奇幻故事的最深处。[2] 她选这个名字的原因是,她居住的加州有一种蜘蛛名叫克苏鲁。奇幻小说的语言竟然与科学分类的语言有了交集,实在有趣。

下面是哈拉维对语言的进一步搅动:

> 我说的克苏鲁世是有机体彼此威胁的时代。这个时代是**最新世**(kainos-cene),是当下构成了地球的各种力量的

---

[1] Jason W. Moore, *Capitalism in the Web of Life*, London: Verso, 2015.
[2] Carl Sederholm and Jeffrey Andrew Weinstock (eds.), *The Age of Lovecraft*, Minneapolis: University of Minnesota Press, 2016. 尤其是 China Mieville 那一篇。

时代，是变幻多端、长着触手的存在的时代，它们的时间性、空间性、物质性在衍射，在结网。"最新"是厚重又肿胀，既古老又年轻的"现在"的时间性。(294)

我只挑出"衍射"(diffracted)这个词讲一讲。场景是这样的：有众多低等地神，但他们之间既不是神神秘秘，躲躲藏藏的关系，也不是呈现在一个大舞台上，而是更像碰撞后破碎又衍生的波浪。

它是一种凭着触角进入世界的方式，某些东西看起来相似，其实略有偏差。它不是一种**新唯物主义**，而是一种很古老的唯物主义。[1] 它不是**后人类主义**，因为它根本不怎么谈论人。它不是**生态主义**，因为它对于生态所执迷的健康繁殖持有异议。它不全是斯唐热所说的那个**盖亚**，而是更狂野的盖亚，来自赫西俄德让她成为一名勉强算是可敬的神之前。克苏鲁世更像是长着蛇头，连镜子都能击碎的戈尔工。"我决心与地球上那可怕的、方兴未艾的种种力量共命运。在地球上，我们仍然能够发现那不可分类的、进行中的有死事物所具有的危险、恐惧和希望。"(288)

哈拉维的兴趣点是聚合和构成不同世界的活动。"我认为，我的那些增殖的词语和符号就是肉体，能做很多事情。"(277) 但这并不是词语和肉体的同一，反而是对固定下来的名字变成物神、替代品、顶替者的抵制。这是一种神学家所说的否定之

---

[1] 例如 Rosi Braidotti, *The Posthuman*, Cambridge: Polity, 2013（中文版题为《后人类》）。

路（via negativa），它的目标不是通过某种姿态的缺失来标记无限可能在何处，而是要标记有限可能在何处。[1] 这种否定之路禁止了不仅拒绝表现，而且拒绝索引性、整体性事物的谦逊。"你不能从二或者多进入一，因为那正是否定之路想要阻碍的偶像崇拜。"（279）

这或许是哈拉维的天主教物质符号学残余，斯唐热和布鲁诺·拉图尔可能也有这一面。[2] 哈拉维写道："在我看来，道成肉身和圣事主义最关键的就是分享圣餐，在血肉之中、由血肉构成的圣餐。对血肉的欲望是天主教里一种严肃的东西。赛博格和狗，两篇宣言，都是见证！"（270）既然没有了能道出物的终极意义的大写的虚空、实在界或父之名，词与物不稳定的共存状态便不会终结。

它是对发端于瑞士语言学家索绪尔的符号学结构主义（或许还有新教色彩）转向的拒斥。[3] 它将抽象的意指层面与语言指涉的物和事件层面分开了，取而代之的是"各种共生性、肉体性过程的异常的、触手般的紧贴"（268）。这就好比剪刀石头

---

[1] 关于否定之路，参见 *Excommunication*, Chicago: University of Chicago Press, 2013 一书中 Eugene Thacker 的部分。

[2] Bruno Latour, *On the Modern Cult of the Factish Gods*, Cambridge, MA: Harvard University Press, 2010.

[3] Ferdinand De Saussure, *Course in General Linguistics*, Chicago: Open Court Classics, 1998.（中文版题为《普通语言学教程》）有意思的是，结构主义的缘起之一是"二战"期间克洛德·列维-施特劳斯与罗曼·雅各布森在新学院大学的会面。大多数说法语的流亡者都致力于在纳粹入侵之后延续天主教法国文化。当然，雅各布森和列维—施特劳斯对此没有兴趣，他们发展出了一套文化形态的结构分析理论。参见 Peter Rutkoff, *New School: A History of the New School for Social Research*, New York: Free Press, 1998。

布：没有压过其他的最大王牌；手和手势不可分离，却不是同一个东西。

不过，这里还有另一条路，从哈拉维新命名的资本世和克苏鲁世这两个名字中就能发现端倪。后者或许将滑溜的、血肉的、原生质的世界摆上了前台，但前者仍然指向背景，是更抽象、无实体的总体性的符号，特别是**坏的总体性**，它的意志是在灾难降临之后将自身完满，将它物排除。与其将前台上的具体事物复数化，还不如将背景中的普遍状况复数化更有趣。资本主义是一个普遍状况——如果这团乱麻还是以前那种资本主义的话——它用强力封闭了物寓于商品形式、作为商品形式以外的可能性。但是，还有一个普遍状况是气候科学，是含碳分子在大气和海洋中的真实流动。我们可以将具体事物的舞蹈视为在一股强风中转动，风的两端是这两个抽象词汇试图命名的东西。

古希腊和古罗马有一连串月亮女神：塞勒涅、福柏、阿尔忒弥斯、赫卡忒、卢娜、特里薇娅。想象一下把阿波罗登月计划改称特里薇娅吧！她是十字路口的女神，只有通过犬吠才能知道她的存在。假如有一种伦理学和政治学不仅是沾着泥的地底神灵，还是某些更接近我们环境中的神祇的"世俗"版，那会是什么样的呢？哈拉维近年来作品的重点一直是克苏鲁世伦理学。但是，我们或许不仅需要一门克苏鲁世伦理学，还需要一门资本世政治学，更不要说在修辞上宽容一些，与那些谈人类世的人协力共作了。

先讲克苏鲁世伦理学和它提出的问题：我们所有人要怎样

生活在"不无辜"里?（236）还有:"如何真正爱我们的时代,如何用某种方式与其他人在这里好好生活,好好死去?"（207）要点或许就在于,与不会在辩证法中消解的差异偶遇,但又不退回到相互孤立的飞地中。"如果我们想要在困境中与其他人好好生活,好好死去,那就必须一起来编排本体的舞蹈——必须要舞起来。"（224）哈拉维有一句话说得有点怪:"生孩子不如造**类属**（kin）!"（224）我要把它改写为:造类属不如交**友邻**（kith）!哈拉维写道:"我们需要另外的名词和代词来指称同伴物种的类属,就像我们对性别光谱做过（现在仍在做）的那样。"（187）或许可以是"友属"吧。

一种关于不一视同仁的关系的伦理学能够扩展为一门政治学吗?或者说,政治学——也许只是一种策略,而不是像墨菲所主张的一种本体论——是不是必然意味着与某个他者的**敌对**关系?或许我们都反对碳解放阵线（Carbon Liberation Front）及其对大气和海洋的接管。[1]但是,这不是哈拉维的政治学思路。"我认为一种积极的生命政治是关于有限性的,关于如何在对不断失败保持开放的情况下更好地生活和死去,好好地生活和死去,尽可能好地培育和终结生命。"（227）但是,这不是巴特勒和布朗那种关注政治学的生命政治,而是林恩·马古利斯和伊夫林·哈钦森那种关注生物学的生命政治。因此,它并不执着于杀生的权力或死亡的他者性。[2]"死亡不是问题,切开进行物

---

[1] Bill McKibben, "A World at War," *New Republic*, August 15, 2016, at newrepublic.com.

[2] Evelyn Hutchinson, *The Art of Ecology*, New Haven, CT: Yale University Press, 2011; Lynn Margulis, *Symbiotic Planet*, New York: Basic Books, 1999.

（ongoing-ness）的组织才是问题。"（232）

从积极的一面看，它或许是一种源于酷儿运动，主张公开享受生活的普雷西亚多式政治学。从阴暗的一面看，它或许是关于如何直面作为"当好好生活的可能性被积极堵死时，为求活而采取的暴力"的生命政治（229）。哈拉维在这里确实与巴特勒所说的"可哀悼之物"的范畴有联系，不过她更宽泛地拓展到人类身体之外，遍及生者与死者之间的种种关联。

气候变化对不同领域的影响极不平均，有的适应得慢，有的适应得快，甚至是太快。什么可以放任它生，什么可以放任它死，什么要让它生，什么要让它死，这都是迫切的问题。将某物称为**入侵物种**，这到底是什么意思呢？哈拉维写道："生态系统组配体（assemblage）的这个问题就是地球生命的这场游戏的名字。周期。"（249）政治学也许并不是——或者说，并不只是——对某个抽象事物的批判，而是"与世界设定（world-ing）的积极关系"（265）。

在哈拉维那里，政治学总是与"学会在不断衍射的各个世界内部创造可能的进行物。我们需要不断实践世界主义，专注于那些能够创建一个足够大同的世界的实践"（288）。这里的关键词包括关怀、学习、再次出现的"衍射"，还有**局部关联**（partial connections）。[1] "我们这些关心疗伤、局部关联和恢复的人都必须学会一件事：学会在触手般纠缠在一起的事物中间生活和死去，而不总是想要按照我们的方式来剪切和拼接一

---

[1] Marilyn Strathern, *Partial Connections*, Lanham, MD: AltaMira Press, 2005.

切。"（295）

从克苏鲁世的视角回头看《同伴物种宣言》，我觉得这份文本的框架是围绕一个寓言搭建起来的。寓言的主题是狗与人之间的爱，这二者是朋友而不是同类。这不是彻底合一、对等、同一、纯洁的爱——这些东西都是过去父权制天神的残余。"另外，你永远不会拥有正确的爱，因为爱永远是不合适的，不恰当的，不干净的。"（275）

尽管有人想要反思自由或平等在当下的意义，但在依然接受尚未死掉的现代欧洲思想框架的哈拉维看来，"博爱"才是关键。或者说，当不仅作为父亲的上帝已死，连自以为能够思考世界和取代上帝安排世界的人，彼此是兄弟的人类也已经死掉的时候，谁能取而代之呢？这才有了**同伴**（companion）这个词："我们是分享同一块面包（cum panis）的同伴。我们对彼此都是威胁，是彼此的血肉，吃，被吃，被消化。"（215）同伴物种"彼此造就，血肉的造就"（94）。他们还是**友邻**，靠在一起、挤在一起意义上的朋友、邻居、同乡、同俗。同伴物种一同进食，以彼此为寄主，以彼此为食物，但也会合流与合作。[1]

种（species）可能更多是一个名字，而非实体。这个词有好几种含义。生物学里的"物种"指的是基因流、选择、变异和种群。但是，它还有一个更古老的、可以追溯到托马斯·阿奎那的义项，也就是作为**类**（generic）的种，指的是一系列用来界定区别的抽象形式。这两层意思在犬育种等活动中发生了

---

[1] 参见另一位现代天主教哲学家 Michel Serres, *The Parasite*, Minneapolis: University of Minnesota Press, 2007。

碰撞：**遗传学**被用来生成**类**，也就是犬种。"纯种和贵种的话语像死灵一样缠绕着现代犬种。"（160）

种还有一个意思，像马克思和弗洛伊德那样，指的是某种更加抽象，而且重新与总体性相接的东西：它在马克思那里是黄金，在弗洛伊德那里是粪便，它是一种一般性的经济，作为类存在物的人在其中可能有多重意涵。但是，哈拉维总是把读者往回拉，不让他们太快地遁入抽象。她的概念和符号总是关于有限、不纯、历史性、复杂性、共同栖息、共同演化和跨物种团结的。

哈拉维把阿尔都塞的话拿过来做了一次令人愉快的异轨。她问：当我们招呼动物进入我们对自然和文化的建构时，它们会不会也在招呼我们？[1] 或许，阿尔都塞的**询唤**不仅适用于人类，呼唤人类进入相对于真实关系的意识形态的、虚构的关系，也适用于动物。如果一个人在被呼唤的时候知道了自己是自己，并成为那种呼唤的主体——或许狗也会如此。那么，当狗向人吠叫时又怎么样呢？也许，经过很长的一段时间，它会变成一种**后生质**（metaplasm），一种对狗和人的身体的重塑，不是在彼此的镜像中，而是差异性的重塑，反映各自的能力和需求。如果人和狗的关系，包括其中的种种虐待，是一则关于更普遍意义上的多物种生命的寓言，那会怎样？

书里既有狗的故事，也有狗的历史。故事是关于哈拉维亲

---

[1] Louis Althusser, *On Ideology*, London: Verso, 2008; 关于异轨，参见 Guy Debord, *The Society of the Spectacle*, New York: Zone Books, 1994, chapter 8（中文版题为《景观社会》）。

身了解的狗的；历史则是这些犬种来到美国的经历。故事里讲了狗的一些奇特的性快感，讲了许多狗和人的彼此影响。故事讲述了敏捷犬比赛（内容是人引导狗越过一系列障碍物）的准备过程，人在训练狗，狗也在训练人。这些故事关于尊重与信任，而不是"无条件的爱"。这是不对等的关系，不会将动物变成人的替代品。这是"情境化的局部关联"（140）。赛犬和引导人是作为具体的存在，而不是抽象在追求卓越。

狗的历史有众多行动者，包括狗、郊狼、狼、政府部门、牧场主、科学家和犬育种家。在个体和历史两个层面上，物种都会通过灵活的、在新环境中大量繁殖的行动来彼此影响。"关系是多态的，有危险的，未完成的，会造成重要后果的。"（122）这不只是人让自然服从自身意志的问题，像技术乐观主义者和——蹊跷得很——深层生态学家似乎都认为的那样。

哈拉维不愿意将任何一个物种历史中的行动者视为资本或帝国的原材料，但或许有的时候，前台紧密的关系网络或形象会将背景挤出。我们可以在坚持总是把叙事者纳入在内的"共同史"（co-history）历史叙事的同时，横向拓展讲述的范围。"我在宣言中反复提到，我和我的同胞们需要学会栖居于历史中，而不是抛弃历史，尤其是不能通过清教徒式的廉价批判把戏。"（181）实话说，我不能为我的清教徒友邻们代言，但如果我能的话，我或许会指出这样一种包容性的讽刺之处：它要求我们把自己排除在外来强调包容其他的一切。

哈拉维并非没有涉及抽象的领域。只是她笔下的爱总是关于具体的事物，她笔下的愤怒总是关于抽象的事物。将这个符号学四边形补全或许是有意义的,也就是在具体的事物中找到愤怒的点,甚至还有对抽象事物的爱,一种艰难的爱。[1] 抽象事物和愤怒,合起来就是**赛博格**的形象。

> 关怀、繁荣、权力的差别、时间的尺度——这些对赛博格都是重要的。例如,如何通过设定时间尺度来塑造劳动体系、投资战略和消费模式,让信息机器的倍增时间能够与人类、动物、植物群落和生态系统的倍增时间相兼容?(113)

《同伴物种宣言》强调情境化的局部关联,《赛博格宣言》则更偏向想象的总体。后者仍然是**情境化**(situated)的,只不过将重点放到了情境的背景,而非前台。我们要抵制一种诱惑:将想象的总体视为本体论意义上的基础,好像它是某种先于情境的东西(如莫顿的理论)。相反,它是派生的,是思辨性质的。

赛博格是作为一种日常形象登场的,作为女性经验的一个方面,或许也可以说是劳工经验的一个方面。更常见的方式是将赛博格设想为渗透进来的他者,人为了保全人的本质要与它打一场保卫边境之战。我们好像应该将自己设想成银翼杀手戴克,将介人的成分从人身上除掉,但我们或许都是人造人瑞秋,是血肉和科技层压形成的集合体:"我们都是'四不像'。"(7)

---

[1] A. J. Greimas, *On Meaning: Selected Writings in Semiotic Theory*, Minneapolis: University of Minnesota Press, 1987.(中文版题为《论意义:符号学论文集》)

因此，我们或许可以在一条条模糊的边界之间担负起爱和生命的责任，享受爱和生命的快乐。

除了其他方面，这是一个体裁之间的选择。这意味着我们要放弃这样的叙事：揪出冒牌货或渗透者，重新回到我们失去的整全。再也没有伊甸园了："赛博格坚守局部、讽刺、亲密、反常。它是对抗的，是乌托邦的，完全不无辜。"(9) 它深陷于种种令人困扰的边界之间：人和动物、有机体与机械、物质与信息。这是一出**介人的喜剧**。

哈拉维严守两个视角之间的模糊地带，一个是身体视角，一个是关系视角。她没有完全推翻既有观念，让身体从属于关系。我们一试又何妨？不用道德教化或批判的体裁，而是用思辨和讽刺的体裁。这一面在《赛博格宣言》中有，在哈拉维的后期著作中比较少见，但可能有其用处。

哈拉维写道："'发达资本主义'这个词不足以展现当前历史阶段的结构。"(27) 这是一个大胆而有预见性的主张。"一个在新颖程度和涵盖范围上与工业资本主义创造的世界秩序体系相当的体系正在出现，阶级、种族和性别的本质都在其中发生了根本性的变化，而我所支持的政治学的根基就是关于这些变化的主张。"(28) 它有两方面的意义，一是如何阐述坏的总体的形态，二是如何在坏的总体形态内播撒反对它的种子，朝向一种更宜居的总体形态。

> 从一个角度看，赛博格世界意味着整个地球终于被套上了管控网格……从另一个角度看，赛博格世界也可能

意味着活生生的社会和身体现实，人们不再害怕与动物和机器成为同类，不再害怕永远是局部的身份认同和永远相互矛盾的立场。政治斗争就是同时从两个角度看问题的意志。(15)

或者说是四个角度：不宜居的个别和总体；宜居的个别和总体。

因此，这不仅仅是好的个别与坏的总体之间的对立，尤其是在个别本身也成为坏的总体的形态本身的这个时代："这样做的危险就是回到漫无边际的差异中，不去承担建立局部的、真实的关系这项难免令人迷惑的任务。有些差异只是游戏；有些则是支配的世界历史体系的不同端点。'认识论'就是要认识差异。"(27) 人们可能补充说：有些关于总体的情境化思辨或许也是支配的一部分；有些或许不是。

哈拉维玩了一场卓越的跨界，跨出了建构起某些让我们无力的思维定式的边界。不过，我认为有一对词语可能应该再跨回去。"基础与上层建筑、公共与私人、唯物与唯心这些维持边界的意象从未显得如此脆弱。"(36) 第一对词语与其他两对有一个不同的方面。思考一个人在基础，或者说基础设施中的处境本身就是一种拒绝二元对立的方式，只要对基础设施这个概念保持开放。或许，在一个对信息向量的依赖不亚于煤矿和高炉的世界里，我们甚至都不知道什么算是基础设施。或许，我们甚至不知道它的运行过程牵涉了谁的劳动。

《赛博格宣言》对我所说的新兴向量基础设施确实讲得很好。这种基础设施的职责是监视边界、度量信息流和管理加洛韦所说的**协议**，协议负责监管什么可以与什么建立连接。[1] 它对自然客体的完整性不感兴趣，因为它要深入一切类别或者说友邻群体的客体之中，衡量其价值，然后确定其可以和不可以与哪些事物建立联系。

向量基础设施不仅生产出了**客体**的表象，而且正如拉扎拉托所说，还附带产生出了**主体**的表象。哈拉维早就说过："与任何组件或子系统一样，人类必然要定位到一个以概率和统计为基本运作模式的系统架构中。"（32）不仅是身体，连情境也从属于向量。向量横跨了家庭、工作、市场、公共和身体。它基本上就是军方所说的指挥、控制、通信和情报（C^3I）——只不过针对的是平民。

这仍然是资本主义吗，还是某种更糟的东西？哈拉维的《赛博格宣言》已经在尝试新的语言了。不管它是什么，它都产生了一种新的全球无产阶级、新的族群和性倾向分布、新的家庭形态。哈拉维在宣言中写的是当年还是芯片加工中心的硅谷，厂里的工人以有色人种女性为主。如今，芯片生产环节的大部分都转移了，只留下超级基金污染场（Superfund sites）。但是，这些数字生产资料仍然在全球各地继续分工生产，而且是在更宏大的全球化尺度上进行。[2]

当时**脆弱不安**（precarity）这个词还没有造出来，但哈拉

---

[1] Alexander R. Galloway, *Protocol: How Control Exists After Decentralization*, Cambridge, MA: MIT Press, 2003.

[2] Andrew Ross, *Bird on Fire*, New York: Oxford University Press, 2011.

维已经在描述它了。工作发生了一种矛盾的女性化现象。[1] 一方面，女性必须工作；另一方面，工作是脆弱的、没有力量的、有毒的。向量有能力绕过工人们当作筹码发起的任何停工或罢工。[2] "待遇相对较好，以白人男性为主、组建了工会的岗位所受的冲击与新通讯技术的力量紧密相关，这些技术能够在分散化、去中心化的情况下控制和整合工人。"（39）

哈拉维发现了这个世界的一些重要弊病，包括"双模态社会结构"，也就是我们现在说的不平等（44）。女工尤其严重。采用电子媒介的巨型教会或许就是当代人的奥施康定。接着还有"高科技永固军事工事"（42），也就是我们现在所说的监控国家。它催生了一种部分程度属于"社会生物学起源传说"的意识形态（43）。此处混杂了安·兰德的元素。正如哈拉维所说，我们对这个世界的视野是局限的，这已经在电子游戏中表现得淋漓尽致。而我在《博弈者论》中补充道，电子游戏中也能找到视野的某些可能性。[3]

哈拉维写道："大部分马克思主义流派对支配看得最准。"（50）对日常生活就不太准了。但是，与其将所有坏的迹象都放到一种总体化的悲观主义之下，同时"从微观层面理解新生的快感、体验和权力"也是有好处的（51）。辩证法或许是一种梦想中的语言，而不是通往实在的魔法钥匙。但是，如果

---

[1] 普雷西亚多对女性化劳动这个概念的抱怨似乎不适用于哈拉维，因为劳动也改变了"女性气质"的含义。

[2] Timothy Mitchell, *Carbon Democracy: Political Power in the Age of Oil*, London: Verso, 2013.

[3] McKenzie Wark, *Gamer Theory*, Cambridge, MA: Harvard University Press, 2007.

你知道它是梦想,那么这种思辨的、总体化的视野或许不无用处。哈拉维觉得它主要的用场在乌托邦科幻小说中,但理论或许能够为有益的事物和有害的事物、前台和背景提供某些情境化的视角,而不会将一切都归约为那四种思维和感受方式之一。

哈拉维选择了一种关于噪声和污染的赛博格政治学,但我认为这只是它所能支持的策略风格之一。在一个被向量圈成博弈场的世界中,赛博格可以做玩家,可以泼冷水,可以出老千,也可以当逍遥派。[1] 他可以接受规则,也接受目标;可以拒绝规则,也拒绝目标;可以接受目标,但不接受规则;也可以接受规则,但不接受目标。

每一种策略都有一些共通的条件、概念、故事和情怀:"种族、性别和资本要求一种关于整全和部分的赛博格理论。赛博格没有动力去提出总体性理论,却对边界、边界的建构与结构有着切身的体验。"(66)这或许只是一种模式。我们可以思考模糊的边界,也可以思考模糊的向量。赛博格或许也会写下总体性理论,但并不当回事。好的事实是关于某个具体事物**大体上**正确;好的理论是关于许多事物**有一点**正确。

因此,当哈拉维说"提出普遍性的、总体化的理论是一个大错"时,我们可以将普遍性和总体化区分来看(67)。正如亨利·列斐伏尔所提出的那样,总体化可以是一种情境化的行为,它知道自己不是普遍的,并与其他的总体化理论或友善,或敌

---

[1] Bernard Suits, *The Grasshopper*, Boston: David Godine, 1990.(中文版题为《蚱蜢》)

对。[1] 个别事物之间的关系一部分来自具体的表达，但也有一部分来自与更宽广的世界观的相遇，这种相遇或多或少地带有游戏性。每个人都会向外，由身处的地点、手头的事情朝向绝对。

亚历山大·波格丹诺夫所说的**系统科学论**（tektology）是对产生于具体情境的不同世界观的各个组成部分进行共享、比较和检验。[2] 我们只需要有一点共识：我们的共同目标是打造一个可能的宜居世界。我们甚至不需要放弃对抗世界的宏大理想——不管怎么说，我们当中那些有"新教徒"气质的人都是不会放弃的。

在克苏鲁世，打造一个可能的宜居世界的共同使命中有一点似乎很关键：不仅要包括自然科学工作者，也要包括那些世界观超出自然科学范围的人们。哈拉维写道："为科学技术的社会关系担起责任意味着要拒绝反科学的、将技术妖魔化的形而上学。"（67）

这就需要我们透过哈拉维"用奇怪的迂回表达描述的科学技术的社会关系"来思考问题（37）。这种描述曾经并不奇怪。**科学中的社会关系**研究是 20 世纪 30 年代的一场大运动，发起者是一批当年著名的马克思主义和左翼科学家，如 J.D. 贝尔纳、李约瑟和 J.B.S. 霍尔丹，参与者包括李大斐、夏洛特·霍尔

1　Henri Lefebvre, *Critique of Everyday Life*, London: Verso, 2014（中文版题为《日常生活批判》）; McKenzie Wark, *The Beach Beneath the Street*, London: Verso, 2015, chapter 8.

2　Alexander Bogdanov, *Essays in Tektology*, 2nd edition, Seaside, CA: Intersystems Publications, 1984.

丹、多萝西·霍奇金和朗丝黛耳。[1] 运动没有挺过冷战期间的学术大清洗。科学论研究已经重启了其中的许多主题，并进行了多方面的完善。然而，或许正如哈拉维不经意地指出的，"肇始自托马斯·库恩的自由主义神秘化倾向"已经将它的激进过往抹杀了太多（69）。幸好，唐娜·哈拉维和她的友邻们使其重现天日。

---

[1] Gary Werskey, *The Visible College*, New York: Holt, Rinehart & Winston, 1979 一书把这个过程讲得很好，不过要是把女性参与者也加进来，那就是另一番景象了。另见 Georgina Ferry, *Dorothy Hodgkin: A Life*, London: Bloomsbury, 2014; Judith Adamson, *Charlotte Haldane: Woman Writer in a Man's World*, Houndmills: Macmillan, 1998。

致谢

除一篇以外，本书收录的全部内容均登载于社会研究新学院主办的免费网络期刊《公共研讨会》(Public Seminar)。我要感谢期刊创始人杰夫·戈德法布（Jeff Godfarb）邀请我加入这段自由一般知识分子的大冒险。他邀请我自由地写作，不必小心谨慎，着实令人振奋。我还要感谢其他维护和支持《公共研讨会》期刊的编辑和工作人员。

讲梅亚苏的一篇出自我与苏海勒·马利克（Suhail Malik）的一次谈话，最初收录于 Christoph Cox, Jenny Jaskey and Suhail Malik (eds.), *Realism Materialism Art*, Berlin: Sternberg Press, 2015 一书。在此感谢相关编辑。

我还要感谢 Verso Books 出版社的每一个人，特别是提议出这本书的利奥·霍利斯（Leo Hollis）。我还要感谢出版编辑马克·马丁（Mark Martin）和文字编辑迈克·安德鲁斯（Mike Andrews）。原稿大多是发表于《公共研讨会》网站的急就章，文字不免粗糙，幸得编辑润色。这些工作都应该获得相应的报酬，因此如果你喜欢这本书，但没有为它付钱，不妨考虑支持任何格式的正版。我在这里要大声地说一句：Verso 出版社的新老成员，与你们共事一直非常愉快。

最后，我要感谢我在尤金郎学院的同事，尤其是学生们。过去十多年间，他们让我身处一个美好的思想家园。本书许多篇目的缘起都是我给尤金郎学院的高年级本科生，或者社会研究新学院的研究生上课用的讲义，而且每一篇都得益于师生的共同讨论。本书献给你，也献给世界各地的学生——未来的一般知识分子。

图书在版编目（CIP）数据

21世纪的21位思想家 / (澳)麦肯齐·沃克著；姜昊骞译.
-- 上海：上海文艺出版社，2023（2023.12重印）
ISBN 978-7-5321-8297-8

Ⅰ.①2… Ⅱ.①麦… ②姜… Ⅲ.①思想家－人物研究－世界－21世纪
Ⅳ.①B152

中国版本图书馆CIP数据核字(2022)第113511号

GENERAL INTELLECTS: Twenty-One Thinkers for the Twenty-First Century
Copyright©2017 by McKenzie Wark
First published by Verso 2017
Simplified Chinese rights arranged through CA-LINK International LLC (www.ca-link.cn)
Simplified Chinese translation copyright©2023
by Shanghai Literature &Art Publishing House
ALL RIGHTS RESERVED
著作权合同登记图字：09-2018-994

发 行 人：毕　胜
策划编辑：肖海鸥
责任编辑：余静双
营销编辑：高远致
封面设计：周安迪
内文制作：常　亭

书　　名：21世纪的21位思想家
作　　者：[澳]麦肯齐·沃克
译　　者：姜昊骞
出　　版：上海世纪出版集团　上海文艺出版社
地　　址：上海市闵行区号景路159弄A座2楼 201101
发　　行：上海文艺出版社发行中心
　　　　　上海市闵行区号景路159弄A座2楼206室 201101　www.ewen.co
印　　刷：苏州市越洋印刷有限公司
开　　本：1240×890　1/32
印　　张：12.75
插　　页：2
字　　数：258,000
印　　次：2023年4月第1版 2023年12月第3次印刷
I S B N：978-7-5321-8297-8/G.351
定　　价：78.00元
告 读 者：如发现本书有质量问题请与印刷厂质量科联系　T:0512-68180628